USBEKISTAN
Taschkent
TURKMENISTAN
TAJIKISTAN
Duschanbe
Aschgabad
Kabul
AFGHANISTAN
2001
Krieg gegen
Taliban-Regierung
2006
Sicherheitsrat
Islamabad
PAKISTAN
Maskat
OMAN

Ulrich Tilgner

Zwischen Krieg und Terror

Ulrich Tilgner

Zwischen Krieg und Terror

Der Zusammenprall von Islam und westlicher Politik im Mittleren Osten

C. Bertelsmann

FSC
Mix
Produktgruppe aus vorbildlich
bewirtschafteten Wäldern und
anderen kontrollierten Herkünften

Zert.-Nr. SGS-COC-1940
www.fsc.org

Verlagsgruppe Random House FSC-DEU-0100
Das für dieses Buch verwendete FSC-zertifizierte
Papier *EOS* liefert Salzer, St. Pölten.

1. Auflage

Umschlaggestaltung:
R·M·E Roland Eschlbeck und Rosemarie Kreuzer,
Kartographie: Hadish Bigdeli Shamloo
Satz: DTP im Verlag
Druck und Bindung: GGP Media GmbH, Pößneck
Printed in Germany
ISBN-10: 3-570-00932-7
ISBN-13: 978-3-570-00932-1

www.cbertelsmann.de

Inhalt

Krieg ist nicht – ich wiederhole –, Krieg ist nicht »die Fortsetzung der Politik mit anderen Mitteln«. Im Gegenteil – er stellt ein katastrophales Versagen politischen Könnens und Vorstellungsvermögens dar.

Kofi Annan
(UN-Generalsekretär
1996 bis 2006)

Einführung

Im Mittleren Osten steht das Politbarometer auf Sturm. Versuche, Krisen beizulegen, verkehren sich in ihr Gegenteil. Bis heute sind Diplomaten und Militärs gescheitert, das Ausufern der Gewalt einzudämmen. Der Konflikt um Irans Atomprogramm eskaliert, in Teilen Iraks herrscht Bürgerkrieg, und in Afghanistan gewinnen die Taliban erneut an Boden. Auch im Nahen Osten zeigen der Libanonkrieg und die Kämpfe im Gazastreifen, dass die Gewalt immer wieder ausbricht, solange die Ursachen der Konflikte ungelöst bleiben.

Scheitern prägt die westliche Politik im Orient. In immer neuen Formen tritt der Terrorismus auf. Militante Organisationen in der arabischen und islamischen Welt sehen im Terror die wirkungsvollste Kampfform in der Auseinandersetzung mit dem Abendland. In den Staaten des Westens verüben Einwanderer oder gar deren dort geborene Kinder Anschläge, ohne dass sie dabei aus dem Orient angeleitet werden. Der Preis, den die Welt bei dieser Eskalation der Gewalt zahlen muss, lässt sich noch nicht abschätzen.

Mich irritiert die Leichtfertigkeit, die viele Politiker in Europa und den USA veranlasst zu glauben, Menschen im Orient wünschten sich nichts sehnlicher, als an der westlichen Zivilisation teilzuhaben. Dabei zeigt sich immer deutlicher, dass weite Teile der islamischen Welt Lebensweisen ablehnen, wie sie sich in den westlichen Industriegesellschaften ausgeprägt haben. Oft bildet Angst vor Überfremdung das entscheidende Motiv für die Gewaltausbrüche: sei es, dass sich Händler in Bazaren vor der Ausbreitung der Filialen von Supermarktketten fürchten, dass Stammesführer um ihre Vormachtstellung in seit Jahrhunderten von ihnen kontrollierten Gesellschaften bangen, dass sich Mütter um die Moral ihrer Töchter sorgen oder dass Geistliche gleich den Glauben insgesamt gefährdet sehen. Aus unterschiedlichen Motiven speist sich eine zunehmende Ablehnung der abendländischen Kultur, die nur zu leicht in Aggressionen gegen alles Fremde umschlägt. Dem Westen wird unterstellt, Begriffe wie »Frieden« und »Demokratie« zu missbrauchen, um die Region in wirtschaftliche und politische Abhängigkeit zu bringen.

In solch einer Atmosphäre können bereits kleine Fehler von Politikern, ungeschicktes Verhalten von Diplomaten oder falsches Auftreten von Soldaten Gräben vertiefen oder gar Brücken einreißen, die zwischen Orient und Okzident existieren und eigentlich genutzt werden müssten, um gemeinsame Interessen zu stärken und kulturelle Gegensätze zu überwinden. Den Akteuren vor Ort fehlt sehr häufig die Kraft, ihre Differenzen friedlich aus der Welt zu schaffen.

Im israelisch-arabischen Konflikt bricht die Gewalt periodisch immer wieder aus. Terror auf der einen Seite und staatliche Vergeltung auf der anderen (so die israelische Sicht) oder (vom Standpunkt der Araber aus) Besatzung durch eine fremde Macht und Terror als wirkungsvollste Form des Widerstands dagegen bilden eine Spirale der Gewalt. Keine der beiden Seiten ist in der Lage, diesen Kreislauf zu durchbrechen.

Die Unfähigkeit, den Konflikt um das iranische Atomprogramm bereits in seinen Anfängen zu entschärfen, das bisherige Scheitern beim Aufbau einer Zivilgesellschaft im Irak wie in

Afghanistan und die Hilflosigkeit gegenüber dem Terrorismus haben ähnliche Ursachen. Kulturen und Traditionen des Morgenlandes werden ignoriert und bei der Lösung von Problemen nicht berücksichtigt.

Wie sonst können Politikern Begriffe wie »Kreuzzug«[1] in der Auseinandersetzung mit dem Orient über die Lippen kommen? US-Präsident George W. Bush macht es sich zu leicht, wenn er meint, in gewissen Teilen der Welt werde er falsch interpretiert. Denn nur zu oft handelt es sich um mehr als Missverständnisse oder Naivität. Wenn in den Demokratien des Westens nicht einmal mehr vorstellbar ist, dass dort Zivilisten von Soldaten auf das Fürchterlichste gefoltert, erniedrigt oder sogar ermordet werden, warum nimmt man es dann ohne größere Anzeichen von Empörung hin, dass Soldaten westlicher Staaten solche Verbrechen im Orient begehen? Mit Doppelmoral allein lässt sich dieses unterschiedliche Verhalten nicht erklären. Arroganz und Überlegenheitsgefühl führen zur Verharmlosung, wenn es um die Bewertung verbrecherischer Aktionen in der Fremde geht. Dann darf es nicht verwundern, wenn sich die Kluft zwischen Morgen- und Abendland vergrößert. Mit dem Einsatz moderner Militärtechnik lassen sich solche Diskrepanzen nicht beseitigen. Das Heer Alexanders des Großen und die römischen Legionen mussten dies genauso erfahren wie die Kreuzritter und die britischen Kolonialtruppen.

Mit ihrem »Krieg gegen den Terror« haben die USA Kräfte gestärkt, die sie eigentlich aus dieser Welt verbannen wollten. Im Irak hat sich dies besonders deutlich gezeigt. Es sind keineswegs nur terroristische Zirkel, die sich von der Weltmacht angegriffen fühlen. Viele Gläubige in der Region argwöhnen, das eigentliche Ziel des Westens sei die Schwächung des Islam. So fällt es Osama bin Laden nicht sonderlich schwer, sich als gemäßigt und als Verteidiger der Religion gegen eine äußere Bedrohung zu gerieren. In großen Teilen der islamischen Welt wird ihm mittlerweile stille, wenn nicht gar unverhohlene Sympathie oder Bewunderung zuteil. Die USA haben sich mit ihrer Verlegung auf militärische Mittel im Kampf gegen den Terrorismus in eine Sackgasse manövriert und somit für eine Eskalation der ohnehin bereits brisanten Situation gesorgt. Das Scheitern westlicher Politik spielt dem Terrorismus in die Hände.

Dabei sollten die Erfahrungen im Irak und in Afghanistan die Einsicht stärken, dass sich solche Konflikte auf militärischem Wege nicht lösen lassen. Damit wird die Atomkrise um Iran zur Nagelprobe, da sich eine diplomatische Lösung weiterhin nicht abzeichnet. Die USA sind entschlossen, den Aufbau des iranischen Atomprogramms im äußersten Fall mit Waffengewalt zu unterbinden, um Iran bereits im Vorfeld daran zu hindern, in den Besitz von Atomwaffen zu gelangen. Andererseits sieht die iranische Führung in der Entwicklung des Atomprogramms langfristig ein Mittel, das eigene System zu stärken. Ein Nachgeben gegenüber äußerem Druck würde in Teheran als Anfang vom Ende der eigenen Herrschaft empfunden.

Der Streit um die Mohammed-Karikaturen und die Empörung vieler Moslems über die Äußerungen des Papstes zum Islam belegen anschaulich, wie angespannt die Lage heute ist. Gegenseitiges Misstrauen erschwert Kompromisse. Im Wiederaufbrechen alter Konfliktlinien zeigt sich, dass die wirtschaftliche Globalisierung Kräfte im Abend- und im Morgenland mobilisiert, die bereits als überwunden galten. So droht sich die Bekämpfung des Terrorismus, mit der die USA auf die Anschläge vom 11. September 2001 geantwortet haben, zu einem Krieg der Kulturen auszuweiten. Politiker beider Seiten sehen sich im Recht, und manche glauben gar, in göttlichem Auftrag zu handeln. Präsident Bush etwa beansprucht, im Rahmen einer »Berufung von jenseits der Sterne für die Freiheit einzustehen«[2]. Madeleine Albright, die seinerzeit als US-Außenministerin die Koalition gegen Saddam Hussein aufbauen half, wirft ihm vor, Moslems in aller Welt vor den Kopf gestoßen zu haben, indem er sich einer absolutistisch-christlichen Rhetorik bediente, um außenpolitische Themen zu erörtern.[3] Bush selbst fühlt sich gründlich missverstanden. Nach den Terrorakten des 11. September habe er zu heftige Worte gewählt.[4] Allerdings brauchte er fünf Jahre, um zu bedauern, dass es nicht richtig gewesen sei, dazu aufzurufen, Osama bin Laden »tot oder lebendig« zu fassen. Künftig werde er in der Wahl seiner Worte größere Umsicht walten lassen, gelobt er Besserung.[5]

Damit zeigt Präsident Bush nur, dass die US-Regierung ihre Fehler nicht einmal oberflächlich aufarbeitet. Statt sich über die falsche Begründung, mit der die USA und Großbritannien 2003 in den Irak einmarschiert sind, Gedanken zu machen und sich zu fragen, ob man einen solchen Krieg überhaupt hätte führen dürfen, wenn die Bedrohung durch Massenvernichtungswaffen gar nicht existierte, werden andere Argumente nachgeschoben. Eigentliche Absicht sei gewesen, die Freiheit in der Welt zu verbreiten. Denn ihr Fortbestand in den USA hänge zunehmend von dem Erfolg der Freiheit in anderen Ländern ab, erklärte der Präsident zwei Jahre nach dem Angriff auf Irak. Und da laut seiner Diktion die größte Hoffnung für Frieden auf der Verbreitung der Freiheit in der gesamten Welt beruht, hatte Bush auch keine Skrupel, den Angriffskrieg als probates Mittel einzusetzen. Angesichts eines solch messianischen Weltbildes rückt ein Ende der Auseinandersetzungen zwischen Orient und Okzident in weite Ferne.

Im Konflikt zwischen Israelis und Arabern zeigt sich, wohin

die Anwendung von Gewalt führt, wenn darin ein Mittel gesehen wird, Frieden zu schaffen. Auch der jüngste Versuch Israels, die libanesische Hisbollah militärisch zu zerschlagen, blieb erfolglos, weil seit Jahrzehnten bestehende politische Defizite und Versäumnisse nicht durch den Einsatz von Soldaten ausgeglichen und nachgeholt werden können. Selbst wenn sich in den Kämpfen nur Hisbollah-Kommandos und israelische Truppen gegenüberstanden – auch der neue Libanonfeldzug Israels enthielt Elemente eines Stellvertreterkriegs.

Syrien und Iran haben die libanesischen Schiiten auch aufgerüstet, um mit ihrer Hilfe den Staat der Juden unter Druck zu setzen oder sogar angreifen zu können. Solange die syrischen Golanhöhen von israelischen Truppen besetzt sind, wird das Regime in Damaskus die Hisbollah als permanente Bedrohung Nordisraels nutzen. Und für Iran bilden die Kommandos der Schiiten im Libanon sogar eine Möglichkeit, die Fehde mit dem Westen, und hier vor allem mit den USA, auszuweiten, ohne selbst direkt beteiligt zu sein.

Die Brutalität bei den Auseinandersetzungen zwischen Israelis und Arabern wurde allzu oft von Außenstehenden angeheizt. Diese Einmischung Dritter verschärft die Spannungen im Orient. Schon immer handelte es sich bei der von den arabischen Staaten propagierten Solidarität mit den Palästinensern vor allem um Lippenbekenntnisse, die in erster Linie von eigenen Schwierigkeiten ablenken oder um Unterstützung für völlig andere Zielsetzungen werben sollten. Saddam Husseins Raketen auf Israel im Jahre 1991 sind ein Beispiel dafür. Ihrem Einsatz lag die zynische Überlegung zugrunde, in der arabischen Welt zusätzliche Sympathien für den Krieg mit den USA zu erhalten. Heute nutzt Iran den Konflikt auch, um eigene Ziele im Atomstreit besser durchsetzen zu können.

Seit der Gründung des Staates Israel wird das explosive Verhältnis von Palästinensern und Israelis durch äußere Einmischung erschwert, ohne dass die internationale Gemeinschaft sich auf ihre Verantwortung besinnt, zur Normalisierung dieser Beziehungen beizutragen – eine Verantwortung, die nach dem Sechstagekrieg im Jahre 1967 nur gestiegen ist. Damals besetzte Israel den Gazastreifen, die Westbank und die Golanhöhen. Der Mangel an Entschlossenheit der arabischen Staaten, diese Gebiete den israelischen Truppen wieder zu entreißen oder durch Verhandlungen zurückzugewinnen, führte bei den Palästinensern zu einer Besinnung auf die eigene Stärke und löste damit eine Blüte des palästinensischen Nationalbewusstseins aus.

Erst der Kuwaitkrieg im Jahre 1991 setzte international Kräfte frei, den palästinensisch-israelischen Konflikt zu beenden. Auch wegen des in der arabischen Welt verbreiteten Antiamerikanismus drängten die USA auf ein Ende der Auseinandersetzungen und unterstützen Bemühungen hinsichtlich einer friedlichen Koexistenz beider Völker. Die Amerikaner müssen ihren Ruf in der arabischen Welt verbessern, wenn sie langfristig im Nahen und Mittleren Osten Einfluss gewinnen wollen.

Mit dem Abkommen von Oslo, in dem Israelis und Palästinenser sich verpflichteten zu verhandeln, um eine Annäherung zu erzielen, ergab sich eine historische Chance, Frieden zu schaffen. Doch der Prozess scheiterte, weil sich die internationale Staatengemeinschaft wieder nur sehr zögerlich bereit fand, die Umsetzung des Friedensplans mit Nachdruck voranzutreiben. Religiöse Fanatiker auf israelischer und palästinensischer Seite bekämpften eine nationale Aussöhnung und setzen sich damit zunächst einmal durch.

Auch dadurch verliert der Nationalismus, die treibende Kraft des Osloer Abkommens, an Dynamik. Er wird zerrieben zwischen dem Prozess der Globalisierung und dem Rückfall in religiöse Denkmuster. Radikale islamische Organisationen im Gazagebiet und im Westjordanland kämpfen nicht mehr für die Bildung eines eigenen Staates an der Seite Israels, sondern für die Zerstörung des Staates der Juden – ein Ziel, dem sich auch die libanesische Hisbollah verschrieben hat. Deren Raketenangriffe beantwortet Israel mit einer Großoffensive. Doch die Entwicklung der Kämpfe zeigt, wie ungeeignet Krieg ist, um Frieden zu schaffen. Auch die Stationierung internationaler Truppen kann eine politische Lösung des arabisch-israelischen Konflikts nicht ersetzen. Dafür bedarf es gewaltiger diplomatischer Anstrengungen. Deren Ziel muss es sein, mit weltweiter Unterstützung die Grundlagen für die Bildung eines lebensfähigen palästinensischen Staates an der Seite Israels und ein dauerhaftes friedliches Verhältnis zwischen Israel und Syrien zu schaffen. Dies wären auch große Beiträge, um die Lage im Irak und in Afghanistan zu beruhigen und die Krise um das iranische Atomprogramm zu entschärfen. Statt Kampf und Krieg könnte Dialog das Verhältnis der Kulturen prägen.

Erster Teil

Iran und die Bombe

1 Eine neue Atommacht?

»Wir sind schon ein Atomstaat, und wir können die Atomtechnologie zu hundert Prozent anwenden. Wir werden sie für friedliche Zwecke nutzen, zum Beispiel in der Medizin und in der Landwirtschaft. Wir arbeiten nicht heimlich. Kameras der IAEA befinden sich überall. Wir sind nicht wie andere, die alles heimlich machen.«[1] Blufft Mahmoud Ahmadinejad nur, und will er damit von einem geheimen Waffenprogramm ablenken? International hat Irans Präsident seine Glaubwürdigkeit verspielt. Gilt er doch als skrupelloser Politiker, der in den Besitz der Bombe gelangen möchte und auch einen Krieg mit dem Westen nicht scheut, um iranische Großmachtsträume zu verwirklichen. Sicher ist nur, dass Iran bei der Entwicklung der Atomtechnologie wichtige Fortschritte erzielt hat und damit auch in der Lage wäre, eine eigene Bombe zu bauen.

Für Israel ist der Fall klar. Laut der Überzeugung von Ministerpräsident Ehud Olmert steht Iran an der Schwelle, Atomwaffen zu entwickeln.[2] Es sei nur noch eine Frage weniger Monate, bis die Islamische Republik sie besitze. Dabei vermochten iranische Techniker im April 2006 Uran bisher nur auf 4,5 Grad anzureichern. Dies ist zwar ein wesentlicher Schritt, doch die Mengen sind zu gering, und der Anreicherungsgrad ist viel zu niedrig, um eine solche Waffe zu entwickeln. Außerdem werden diese Bemühungen zur Beherrschung der Atomtechnologie von der »International Atomic Energy Agency« (IAEA), der

Internationalen Atomenergie-Behörde, mit Argusaugen überwacht. In den Medien der Islamischen Republik werden sie dennoch als Meilenstein in der Entwicklung des Landes gefeiert. Ahmadinejad übertreibt den Erfolg. Ihm geht es auch um eine Demonstration, den Eindruck zu erwecken, letztlich sei es seiner politischen Entschlossenheit zu verdanken, dass Iran es trotz internationaler Proteste gewagt habe, Uran anzureichern. Mit dieser Maßnahme – so der Präsident – erhielten das Regime und das Land die Anerkennung, die ihnen bisher verwehrt worden seien. Dabei verschweigt Ahmadinejad wohlweislich, dass die Anreicherung von Uran das Ergebnis einer jahrelangen Geheimpolitik der islamischen Führung darstellt, die weit vor seiner Präsidentschaft ihren Anfang nahm.

Das nukleare Versteckspiel der Mullahs

Ob es binnen weniger Monate oder erst in einigen Jahren geschafft werden kann, sei dahingestellt – eines ist sicher: Iran verfügt über die Voraussetzungen zur Konstruktion von Atombomben. Eindeutige Erkenntnisse über den möglichen Zeitpunkt gibt es nicht. Beim Internationalen Institut für Strategische Studien (IISS) in London hegt man die Erwartung, dass es bereits 2010 so weit sein könnte. Die Politik solle von den schlimmsten Annahmen ausgehen, erklärt Institutsleiter John Chipman bei der Vorlage des Jahresberichts 2006.[3] Allerdings hatte er bereits vier Jahre zuvor die Möglichkeit einer irakischen Bombe in Erwägung gezogen und damit weltweit blinden Alarm ausgelöst. Bei der Schätzung der Frist für den Zeitraum, den Iran zur Fertigstellung einer Bombe benötigt, gleichen sich die Prognosen. John Negroponte, der Direktor der US-Geheimdienste, spekuliert im Juni 2006, bis 2010 werde es so weit sein.[4] Auch private Institute und Stiftungen in den USA gehen von einem Zeitraum von drei bis vier Jahren aus.

In zwei Punkten ähneln sich alle Aussagen: Niemand behauptet, dass Iran schon im Besitz der Bombe sei. Und in den Prognosen und Spekulationen über das diesbezügliche Potenzial des Landes heißt es, es fehle ihm die für eine Bombe benötigte Menge an hoch angereichertem Uran. Es herrscht sogar weitgehend Einigkeit darüber, dass Iran ohne zusätzliche geheime Produktionsstätten in absehbarer Zeit nicht genügend Uran herzustellen in der Lage sei. Die Kapazität der bisher bekannten Anlagen reiche zudem nicht aus, um bereits in den kommenden Jahren eine Bombe herstellen zu können. Es werden sogar Vermutungen geäußert, der iranische Präsident übertreibe die Erfolge bezüglich der Urananreicherung, um seine Stellung zu festigen. So stamme das zu diesem Prozess erforderliche Uran-Hexafluorid gar nicht aus der eigenen Produktion, sondern es sei 1991 von China gekauft worden.[5] Allerdings wird damit auch deutlich, wie schwer es ist, den iranischen Machthabern eine zeitlich exakte Entwicklung eines militärischen Atomprogramms nachzuweisen.

Den Beteuerungen aus Teheran, man habe nicht die Absicht, eine Bombe zu bauen, schenkt die internationale Staatengemeinschaft allein schon deshalb keinen Glauben mehr, weil die iranische Führung in den vergangenen Jahren die Öffentlichkeit weltweit über das Ausmaß des Atomprogramms und die Arbeiten daran getäuscht hat. Vor Ort lässt sich kein Eindruck gewinnen, zu sehr sind Dichtung und Wahrheit vermengt, zu üppig sprießen Gerüchte. In den vergangenen fünf Jahren bin ich mit vollkommen widersprüchlichen Aussagen konfrontiert worden. Dozenten und Professoren behaupten, wenn im Lande an militärischen Atomprogrammen gearbeitet werde, müssten sie es wissen; deren Existenz sei auszuschließen. Gleichzeitig wird aber von Forschungszentren in Bergstollen und unterirdischen Produktionsstätten gemunkelt. Nur gibt es dafür keine Beweise, und auch den Inspektoren der IAEA mangelt es diesbezüglich an konkreten Belegen.

In dieser Situation könnte es sich vielleicht als hilfreich erweisen, die offiziellen Aussagen von Verantwortlichen zu bewerten. Vor allem Hojatoleslam Hassan Rohani, der ehemalige Generalsekretär des iranischen Nationalen Sicherheitsrats, geht in Reden und Artikeln auf Details der iranischen Verhandlungen und des Atomprogramms ein.[6] Aber auch hieraus ergibt sich keine Indizienkette, aus der ersichtlich wird, dass man in der Islamischen Republik bereits an der Entwicklung der Bombe arbeitet. Dies zeigen auch die IAEA-Berichte. Bis heute hat die Wiener Behörde Iran nicht vorhalten können, ein militärisches Atomprogramm zu betreiben. Fragen der IAEA, die Teheran nicht beantwortet, deuten auf mögliche militärische Planungen. Aber auch das muss noch lange nicht heißen, dass das Land die Bombe konstruiert oder ihre Entwicklung plant.

Iranische Militärs wie etwa der langjährige Verteidigungsminister Admiral Ali Shamkani haben mir gegenüber beteuert, Iran baue keine Atomwaffen und wolle sie auch nicht. Schließlich sei die Herstellung der Bombe aus religiösen Gründen verboten. Diesen Hinweis habe ich immer als Totschlagargument empfunden. Denn bei genauerem Nachfragen würde ich die Befragten indirekt beschuldigen, nicht gläubig zu sein. Gleichzeitig ist das Lügen aber aus religiöser Sicht erlaubt, wenn damit eine Gefahr vom Islam abgewendet werden kann. Also ist – genau gesehen – der Hinweis auf das Verbot der Atomrüstung aus Glaubensgründen nicht wirklich entlastend.

Aus iranischen Erklärungen lassen sich Schlussfolgerungen ziehen. Dabei ist eine Rede von Rohani aufschlussreich. Dieser Geistliche, der jahrelang mit der IAEA in Verhandlungen gestanden hat, erstattet am 30. September 2005 iranischen Spitzenpolitikern eine Art Rechenschaftsbericht mit höchst brisanten Details. Zwar werden die Ausführungen des Geistlichen in einer Zeitschrift wiedergegeben, deren Erscheinen letztlich allerdings verhindert. Doch der Wortlaut der Rede gelangt ins Internet. Aufgebrachte konservative Abgeordnete fordern nach der Veröffentlichung sogar, Rohani wegen Verrats vor Gericht zu stellen – vielleicht wegen folgender Aussage zur besonderen Bedeutung des atomaren Brennstoffkreislaufs: »Über ihn zu verfügen, gleicht ungefähr der Fähigkeit, atomare Waffen herzustellen, falls der politische Wille des Landes danach verlangt.«

Genau diese Schwellenfähigkeit zum Bau der Bombe ist es, die Iran meiner Meinung nach anstrebt. Da ist es dann nicht mehr wesentlich, ob der Schritt auch vollzogen werden soll. Denn diese Entscheidung kann schnell gefällt werden.

Rohani geht in seiner Rede auch auf die Entwicklung des Atomkonflikts ein: »In den letzten Jahren – ab 1999 – beschlossen wir, unsere Möglichkeiten besser zu nutzen und aktiver zu werden. Die Behörden, die sich mit den Angelegenheiten der Atomenergie befassen, erhielten Handlungsmöglichkeiten, die sie davor nicht hatten: weniger Papierkram, weniger Verbote und mehr Möglichkeiten für die Entwicklung von Atomenergie. Daraufhin schrieben die westlichen Medien immer öfter, Iran baue an einer Bombe. Das war im September 2002. Kurz danach schaltete sich auch die IAEA ein. Sie begann diverse Fragen zu stellen, um herauszufinden, ob sich das alles noch im legalen Bereich bewege oder ob der Iran heimlich aktiver sei, als man in der Öffentlichkeit denke.«[7]

Die Islamische Republik arbeitet mit Hochdruck an ihrem Atomprogramm, andere Deutungen lassen diese Ausführungen gar nicht zu. Und es wird auch deutlich, dass die Verantwortlichen Anweisung haben, im Geheimen vorzugehen. Bei der Beschaffung der erforderlichen Geräte und Anlagen werden unkonventionelle Wege beschritten und Importe verdeckt organisiert. Das geplante Umgehen der Exportbeschränkungen anderer Länder kann eine der Konsequenzen dieser »größeren Freiheiten« sein, die den Projektplanern eingeräumt werden. Doch die Aktivitäten fallen auf, in Wien schrillen die Alarmglocken. Die Atomenergie-Behörde entdeckt, dass Iran unkontrolliert ein Atomprogramm entwickelt.

Aber es kommt nicht zur Krise, weil im Herbst 2002 der bevorstehende Irakkrieg alle anderen Probleme des Nahen und Mittleren Ostens in den Hintergrund drängt. Irans Atomprogramm verschwindet wieder von den Titelseiten, obwohl die Atomenergie-Behörde in Wien neue Untersuchungen in die Wege geleitet hat. Mohammed Al Baradei, der Generaldirektor der UN-Organisation, fordert im Februar 2003 nach einer Besichtigung der geheim gebauten Anlage bei Natanz, in der mit Gaszentrifugen Uran angereichert werden soll, dass Iran ein Protokoll über zusätzliche Kontrollen unterzeichnet.[8] Die iranische Regierung sichert Al Baradei dann auch zu, künftig vorab Informationen über geplante neue Atomanlagen zu liefern. Iran steht unter Verdacht, Beobachtung und verstärktem Druck. Die Regierung in Teheran befürchtet, dass der Gouverneursrat der IAEA den Fall an den Weltsicherheitsrat in New York weiterleitet.

Um diese Zuspitzung zu verhindern, versucht Iran, das Atomproblem in Zusammenarbeit mit den europäischen Staaten zu lösen. Die Regierung in Teheran möchte die während des Irakkriegs aufgetretenen Differenzen zwischen den USA und einigen westeuropäischen Staaten nutzen, um etwaige internationale Sanktionen gegen die Islamische Republik abzuwenden. Aber Verhandlungen mit den Europäern können nur erfolgreich sein, wenn Iran auf seine Bemühungen, einen geschlossenen Brennstoffkreislauf herzustellen, verzichtet. Diese Forderung, der sich auch Russland nicht verschließt, wurde zuvor von Großbritannien, Frankreich und Deutschland in einem Brief erhoben.[9]

Iran lädt im Herbst 2003 die Außenminister der drei europäischen Staaten ein, um den enormen Druck abzufedern, der international entsteht. Rohani beschreibt den iranischen Politikern in seiner Rede das Dilemma, mit dem sich die für das Atomprogramm Verantwortlichen konfrontiert sahen: »Wir wussten: Wenn wir keine komplette Übersicht über unseren Atomfall abgeben, würde die IAEA sofort erkennen, dass wir nicht bereit sind, mit ihr zusammenzuarbeiten. Schließlich hatten Länder wie China oder Russland, mit denen wir Geschäfte gemacht hatten, der IAEA alles berichtet, während wir das nicht gemeldet hatten. Wir haben nachträglich erfahren, dass die IAEA sogar über geheime Laborversuche informiert war, selbst wenn diese Jahre zurücklagen.«[10]

Im Iran ist man überrascht über die Detailkenntnisse der IAEA. Rohani erläutert an einem Beispiel die Überwachungsdichte der Wiener Behörde: »Es gab einen Test von einem Universitätsprofessor. Einer seiner Studenten schrieb darüber einen Bericht. Ein Exemplar davon lag der IAEA vor, wobei wir davon nichts wussten. Sie kannten alles, was wir geheim gehalten hatten. Es gab sogar einen Fall, der zwölf Jahre zurücklag. Als wir den Bericht abgeben mussten, fragte einer der Zuständigen der IAEA, ob wir auch über diese Sache berichten würden. Er wollte uns klar machen, dass sie bereits alles wussten.«[11] Die UN-Behörde in Wien scheint bestens informiert zu sein.

Der Bericht des ehemaligen iranischen Chefunterhändlers lässt keine Zweifel: Iran hat sein Atomprogramm bewusst vor der Weltöffentlichkeit abgeschottet. Es handelt sich nicht um irgendwelche Missverständnisse oder, wie Teheran offiziell verlauten lässt, um einige offene Fragen, die noch geklärt werden müssen. Iran kann seine Aktivitäten auf dem atomaren Sektor auch nicht öffentlich machen, ohne mit heftigen internationalen Reaktionen rechnen zu müssen. In Russland und auch in den nach dem Zerfall der Sowjetunion entstandenen zentralasiatischen Republiken sind für eine Bombenproduktion wichtige Elemente und auch Sprengköpfe, Granaten und komplette Bomben gekauft worden. Dies geschah unter dem Eindruck des achtjährigen Krieges mit Irak, den die Islamische Republik nur mit einer Mobilisierung der letzten Reserven durchstand. Ohne nennenswerte ausländische Unterstützung fehlten der Regierung im letzten Kriegsjahr die Devisen, neue Waffensysteme zu kaufen oder deren Entwicklung zu bezahlen. Vor allem die Revolutionswächter drängten darauf, neu aufzurüsten und auch Laserwaffen und Atombomben zu beschaffen. Am 16. Juli 1988, vier Tage bevor er einem Waffenstillstand öffentlich zustimmte, begründete der damalige Staatsführer Ayatollah Khomeini seine Entscheidung in einem Brief an die Spitzenpolitiker des Landes. Als Hauptgrund, den Krieg nicht fortzusetzen, nannte er die fehlenden Möglichkeiten, Waffenanforderungen der Kommandeure erfüllen zu können. »Wenn wir stark wären und über eine große Menge Laser- und Atomwaffen verfügen würden, die für einen Krieg derzeit notwendig sind, könnten wir eine Angriffsaktion durchführen«, lautete seine Lageeinschätzung. Um die Existenz des islamischen Systems nicht zu gefährden, akzeptierte er die UN-Bedingungen für einem Waffenstillstand. Mit dem Ende des Krieges bestand keine Notwendigkeit mehr, ein militärisches Atomprogramm fortzusetzen.

Vor diesem Hintergrund müssen die iranischen Bemühungen Ende der achtziger und Anfang der neunziger Jahre gesehen werden, eine Atombombe zu entwickeln.

Genau diese Bemühungen werden heute unter dem Hinweis auf die außergewöhnlichen Umstände des Krieges mit Irak nicht mehr erwähnt, weshalb die damaligen Atompläne auch nicht als Beweis dafür dienen können, dass Iran dieses Vorhaben keineswegs aufgegeben hat. So legt Rohani in seiner internen Rede denn auch Wert darauf, zu betonen, Iran strebe ausschließlich eine zivile Nutzung der Atomtechnik an. Und in einem Artikel schreibt er: »Wenn wir die Absicht gehabt hätten, eine Bombe zu bauen, so hätten wir dies in der Zeit tun können, in der die IAEA unsere Arbeiten nicht aktiv überprüft hat.«[12] Doch dies ist gar nicht der entscheidende Punkt. Die offenen und die verdeckten Teile des Programms deuten darauf hin, dass die Islamische Republik seit mehreren Jahren systematisch auf die Schwellenfähigkeit zur Produktion von Atomwaffen hinarbeitet.

Iran will nicht nur einer der führenden Rohstofflieferanten weltweit und das wirtschaftlich stärkste Land der Golfregion werden, sondern auch – zumindest indirekt – zum Club der Atommächte aufschließen. Aus einer Position der Stärke soll die internationale Isolierung durchbrochen und die weltweite Anerkennung erzwungen werden. Diese Politik wird von allen Fraktionen der iranischen Führung getragen. Vor diesem Hintergrund beginnen im Oktober 2003 die politischen Gespräche mit Großbritannien, Frankreich und Deutschland. Bundesaußenminister Joschka Fischer erklärt mir nach seiner Ankunft in Teheran, die europäischen Staaten beabsichtigten, die Islamische Republik zu einem Verzicht auf einen geschlossenen Kreislauf atomarer Produktion zu bewegen und somit den Ausbruch einer neuen Krise im Mittleren Osten zu verhindern.

Nach stundenlangen Verhandlungen willigt Iran ein, alle Arbeiten an der Urananreicherung auszusetzen. Dabei werden Gespräche jedoch mehrfach unterbrochen, weil die iranische Delegation für die Zugeständnisse an die Europäer eine Zustimmung von Ayatollah Khamenei, der höchsten geistlichen Autorität des Landes, einholen muss. Rohani zeigt sich in der Rückschau mit der Entwicklung sehr zufrieden: »Für uns war das ein sehr schönes Erlebnis. Wir haben die Sitzung im Oktober gut hinter uns gebracht. Leider hat das Vertrauen zwischen uns und Europa später einen Knacks bekommen.«[13]

Und das ist kein Wunder – während die Europäer Wort halten und im Gouverneursrat der IAEA verhindern, dass das iranische Atomproblem an den Weltsicherheitsrat verwiesen wird, erfüllt Iran seine Zusage, mit der IAEA zusammenzuarbeiten, nur teilweise. Trotz der Vereinbarung mit den Europäern verheimlicht die Islamische Republik weiterhin bedeutende Teile ihrer Forschungsarbeiten und meldet der Behörde in Wien unter anderem nicht den Besitz von in Pakistan gekauften P-2-Zentrifugen. Der Schwindel fliegt auf, weil Libyen Washington und London über Details eines weltweiten geheimen Handelsnetzes für waffenrelevante Atomtechnologie informiert, an dem auch Iran beteiligt ist.

Offensichtlich hat die Teheraner Führung ihre den europäischen Außenministern gegebenen Zusagen nicht eingehalten. Zwar behauptet Iran, die Zentrifugen seien nicht benutzt worden, doch ungeklärt bleibt, warum der Kauf verheimlicht wurde und für welchen Einsatz die modernen Zentrifugen vorgesehen sind. Möglicherweise sollen auch keine Hinweise auf das Programm aus der Endphase des iranisch-irakischen Krieges gegeben werden.

Rohani räumt in seiner Rede weitere gravierende Brüche der Absprachen mit den Europäern ein. Demzufolge wurden vom Iran nur solche Teile der Atomanlagen stillgelegt, die wegen technischer Probleme ohnehin nicht einsatzbereit waren, während in anderen Werken produziert beziehungsweise die Produktion vorbereitet wird.

Dieser schwere Vertrauensbruch gegenüber den Europäern konnte bis heute nicht gekittet werden. Auch der Kauf von Laserausrüstungen, mit denen Uran angereichert werden kann, wird der IAEA verschwiegen. Rohani allerdings spielt das Nichteinhalten der Übereinkunft herunter: »Wir haben in allen Fällen die Wahrheit gesagt, aber es ist möglich, dass wir unsere Mitteilungen manchmal ein bisschen verspätet gemacht haben.«[14]

Der Lieferant aus Pakistan

Als Libyen den USA und Großbritannien 2003 die Lieferanten für das eigene militärische Atomprogramm nennt, werden damit auch die verdeckten Aktivitäten Irans bekannt. Geschäftsleute, die über verschwiegene Kanäle Ausrüstungen zum Bau einer Bombe beschaffen, haben Iran Zentrifugen verkauft. Frontmann dieser Atommafia ist der aus Sri Lanka stammende Buhary Seyed Abu Tahir, der auf der Gehaltsliste des pakistanischen Atomkonstrukteurs Abdul Kadir Khan steht. Abu Tahir organisiert für Kadir Khan aber auch die Atomlieferungen an Libyen: Im Oktober 2003 werden auf dem deutschen Schiff *BBC China* Bauteile einer Anlage zur Anreicherung von Uran gefunden, die für Libyen bestimmt sind.[15]

Abu Tahir hat eine bemerkenswerte Karriere vorzuweisen. Seit den achtziger Jahren leitet er die in Dubai ansässige Firma »SMB Group«. 1985 lernt er Kadir Khan kennen und steigt ins Atomgeschäft ein. 1995 organisiert er den Transport von zwei Containern mit Zentrifugen von Pakistan nach Iran. Abu Tahir wird nach Aufdeckung der Libyengeschäfte verhaftet. Bei seiner Vernehmung in Malaysia erklärt er, Iran habe für die Lieferung drei Millionen Dollar bezahlt.[16] Libyen kontaktierte Kadir Khan ein weiteres Mal im Jahre 1997, so Abu Tahir in seinen Aussagen weiter. Und 2001 verkauft Kadir Khan den Libyern angereichertes Uran, das direkt aus Pakistan angeliefert wird. Zentrifugen des Typs P1 erhält Libyen während des letzten US-Krieges in Afghanistan gegen die Taliban.

Kadir Khan unterhält bereits seit den achtziger Jahren ein geheimes Netzwerk zur Beschaffung der erforderlichen Technik für das pakistanische Atomprogramm. Es sind vor allem Ingenieure und Firmen aus Mitteleuropa, die dem Land ihr Knowhow verkaufen. In dieser Zeit entwickeln sich auch Kadir Khans erste Kontakte mit dem Iran. Damals überließ er der Regierung in Teheran sogar zumindest einige Pläne zum Bau von Zentrifugen für die Anreicherung von Uran, und 1987 verkaufte er sie dorthin. Die Islamische Republik will Zehntausende dieser ersten pakistanischen Zentrifugen – deshalb auch P1 genannt – nachbauen. Kadir Khan kann Iran beliefern, weil er aus Europa, vor allem aus Holland, Deutschland und Frankreich, Materialmengen nach Pakistan importiert, die den Bedarf für den Bau der pakistanischen Atombomben bei weitem übersteigen. Diese ersten Exporte des Managers des pakistanischen Atomprogramms blieben über viele Jahre geheim, sie zeigen aber die zentrale Bedeutung, die Kadir Khan bei der Verbreitung der militärischen Atomtechnologie zukommt.

Erst als Libyen die Importe einräumt und Mitarbeitern britischer sowie US-amerikanischer Geheimdienste Einsicht in die höchst geheimen Waffenprogramme gewährt, wird das Ausmaß der Geschäfte Kadir Khans bekannt. Der Pakistani ist von Geldgier getrieben, gleichzeitig aber auch ein Überzeugungstäter. Es erfülle ihn mit Stolz, die Technologie für Atomwaffen an islamische Länder weitergegeben zu haben, erklärt er Besuchern.

Einige der Maschinen für die Entwicklung der Atomtechnik werden von der Firma »Scomi Precision Engineering« (Scope) in Malaysia gebaut. Heute beteuert die Unternehmensleitung, nichts von der Bestimmung ihrer Produkte gewusst zu haben. Hauptaktionär von Scope ist der Sohn des damaligen Premierministers Kamaluddin Abdullah. Der Auftrag stammt von der Firma »Gulf Technical Industries«, die Abu Tahir gehört.

Auch an dieser internationalen Verschachtelung lässt sich erkennen, wie wichtig es den Hauptakteuren ist, Spuren zu verwischen. So wird bei einem der Gerichtsverfahren im Zusammenhang mit dem Atomschmuggel Kadir Khans die Behauptung protokolliert, der an den Geschäften beteiligte Schweizer Ingenieur Urs Tinner habe sogar Originale von Konstruktionsplänen für den Bau einer Atombombe erhalten.[17] Tinner soll diese Pläne an die Atomenergie-Behörde weitergegeben haben.

Der Ingenieur war bei Scope für die Maschinenproduktion zuständig. Mitarbeiter der Firma berichten der Staatsanwaltschaft, der Schweizer habe immer sehr genau darauf geachtet, dass keine seiner Konstruktionszeichnungen in die falschen Hände gerieten. Selbst die Dateien in den Computern der Firma seien gelöscht worden. Der Schweizer habe alles versucht, um Spuren seiner Tätigkeit zu beseitigen. Tinner weiß offensichtlich, dass die in der Fabrik gefertigten Elemente für den geplanten Bau einer Atombombe in Libyen bestimmt sind.

Das Netzwerk von Kadir Khan operiert jahrelang unbehelligt und macht gewaltige Umsätze. Bis heute sind die genauen Details nicht bekannt. Vor allem gibt es keine Informationen, ob der in Pakistan lebende Wissenschaftler nicht auch direkt oder indirekt Al Kaida beliefert hat. Kadir Khans Umsätze sind gewaltig, allein die Islamische Republik entlohnte seine und die Dienste seiner Mitarbeiter mit insgesamt zweihundert Millionen Dollar.

Halbherzige Verhandlungen der Europäer

In Teheran wissen die Politiker genau, dass ihr Atomprogramm weltweit oder doch wenigstens vom Westen abgelehnt wird. Aber die islamische Führung glaubt aus zwei Gründen, ihr Projekt heimlich fortsetzen zu können. Beim Nationalen Sicherheitsrat rechnet man nicht damit, dass Iran wegen seiner Atompolitik militärisch angegriffen wird: »Jetzt gibt es keine Wahrscheinlichkeit für einen Krieg, auch wenn unser Fall an den Sicherheitsrat verwiesen wird. Amerika hat noch viele Probleme im Irak. Daher ist der Beginn einer neuen Krise sehr unwahrscheinlich«, meint Rohani.[18] Gleichzeitig geht er aber auch davon aus, dass die USA auf weit mehr als die Einstellung des unterstellten iranischen Atomprogramms aus sind: »Europa will nur, dass wir keinen geschlossenen Kreislauf haben, aber Amerika will uns vor den Sicherheitsrat bringen mit Atomenergie als Ausrede, und dann kommen wir da nicht mehr raus, weil sie alle Probleme, die sie mit uns haben, mit einem Mal aus der Welt schaffen wollen – Probleme wie der Nahe Osten, Terror und so weiter…«

So strebt die iranische Führung die atomare Schwellenfähigkeit an, um diesem Druck aus einer Position der Stärke begegnen zu können. Auch durch den Bau von Raketen, die mit Atomsprengköpfen bestückt werden können, verspricht sich die Islamische Republik eine größere Sicherheit. Doch damit werden die Verhandlungen nur erschwert. Iran zieht die Gespräche in die Länge, und auch die Europäer lassen sich Zeit. Mit dem Verzicht auf die Anreicherung von Uran scheint das Problem zunächst einmal entschärft. Dabei betonen die iranischen Unterhändler zumindest indirekt immer wieder, es handle sich um eine freiwillige, zeitlich begrenzte Aussetzung.

Im Frühjahr 2005 drängen die Iraner auf eine Fortsetzung der Gespräche. Rohani kritisiert die bis dahin von den Europäern ins Gespräch gebrachten Leistungen für einen iranischen Verzicht auf die Anreicherung als ungenügend. Der Sekretär des iranischen Sicherheitsrats bezeichnet die angebotene Lieferung von Ersatzteilen für gebrauchte Flugzeuge als »Witz« – im Gegensatz zu den zehn Atomkraftwerken, die ihm vorschweben.[19] Dabei verweist er allerdings auch auf die Probleme seiner Forderungen. Denn die Hersteller der fortgeschrittensten Atomtechnologie kommen aus den USA, und damit würden Lieferungen unter das von den USA gegen Iran verhängte Handelsembargo fallen. Für einen Verhandlungsvorschlag, wie ihn die Iraner von den Europäern erwarten, wäre also eine Zustimmung seitens der USA erforderlich. Doch die Europäer unterbreiten gar kein Angebot. Denn sie haben es nicht eilig, weil sie lieber mit dem neuen Präsidenten, der im Juni gewählt werden wird, eine Einigung erzielen würden. Khatami, dem Reformpräsidenten, mangelt es in den Augen der westlichen Regierungen an Durchsetzungsvermögen, um die gesamte iranische Führung für ein verbindliches Abkommen gewinnen zu können. In Teheran sind die europäischen Diplomaten stolz auf ihre Idee, mit dem Nachfolger Khatamis, der in ihren Augen nur Altpräsident Hashemi Rafsanjani sein kann, das Atomproblem aus der Welt zu schaffen.

Und der verspricht im Wahlkampf offen und verdeckt, Iran aus der außenpolitischen Isolierung zu führen. Als ehemaliger Oberbefehlshaber der Streitkräfte während des Krieges gegen den Irak ist er über Irans atomare Rüstungsbemühungen Ende der achtziger Jahre bestens im Bilde. Und als Mitglied des Nationalen Sicherheitsrats weiß er auch, welches Doppelspiel die Islamische Republik während der Verhandlungen mit den Europäern in den Jahren zuvor betrieben hat.

Zwei Wochen vor der Wahl habe ich die Gelegenheit, Rafsanjani zu interviewen. Ruhig und selbstsicher geht er von einer Einigung mit den Europäern aus: »Wir müssen uns bemühen, dass sie einsehen, dass unsere nukleare Technologie friedlichen Zwecken dient. Deswegen sind auch die Gespräche sehr schwierig, aber es gibt viel Verhandlungsspielraum. Im Endeffekt muss in diesen Verhandlungen eine Lösung gefunden werden, wie die Welt sicher sein kann, dass Iran diese atomare Technologie nur für friedliche Zwecken nutzt – und das ist möglich.«

Philippe Welti, der Schweizer Botschafter, gibt sich nach einem Treffen mit Rafsanjani vorsichtig optimistisch. Er geht davon aus, dass Rafsanjani seinen politischen Einfluss »für politische Änderungen in der Außenpolitik nutzen wird«. Welti macht jedoch eine wichtige Einschränkung: »Das setzt natürlich voraus, dass er gewählt wird.«

Eine mögliche Wahlniederlage wird von den EU-Staaten kaum ins Kalkül gezogen. Möglicherweise hätte ein wirklich gutes Angebot an den Iran in der Atomfrage im Wahlkampf für entsprechenden Diskussionsstoff und neuen Schwung bezüglich der außenpolitischen Öffnung des Landes sorgen können.

Rafsanjani verfolgt dieses Ziel zwar auch, doch auf außenpolitische Argumente setzt er erst in der Endphase des Wahlkampfs. Stunden vor der Wahl überrascht er mich, als er in einem weiteren Interview von politischen Fehlern Irans gegenüber den USA spricht und dann fordert: »Es muss Bemühungen geben, die Atmosphäre zum Nutzen beider Länder zu verbessern. Mit dem, was die USA und auch wir gegen diese schlechte Atmosphäre unternehmen, und mit besseren Kontakten müssen wir in der Praxis zeigen, dass wir unsere Probleme lösen wollen.« Rafsanjani setzt darauf, dass die Mehrheit der Iraner eine Lösung der außenpolitischen Konflikte wünscht. Doch hierin täuscht er sich und muss eine bittere Niederlage einstecken.

Mahmoud Ahmadinejad, der neue Präsident, verkündet noch am Tag seines Sieges, er wolle Iran zu neuer Stärke führen und einem Druck von außen nicht nachgeben. »Atomenergie ist ein Ergebnis der wissenschaftlichen Entwicklung des iranischen Volkes. Und niemand kann ein Volk an der wissenschaftlichen Entwicklung hindern. Das Recht des iranischen Volkes wird bald von denen anerkannt werden, die dies bisher verweigert haben.«[20] Hinter diesen Worten zeichnen sich für die Europäer kaum überbrückbare Probleme bei der diplomatischen Suche nach einer Verständigung auf einer vernünftigen Basis ab.

Am 8. August legen die Europäer Iran ihr Kompromissangebot vor. Chancen für eine Einigung in letzter Minute bestehen nicht mehr, da die Offerte politisch zu spät erfolgt. Zudem enthält sie keine wirklichen Anreize für den neuen Präsidenten, seine radikale Politik in der Atomfrage zu ändern, und europäische Diplomaten verhehlen nicht, dass es sich auch nur um einen Einstieg zu weiteren Verhandlungen handelt. Prompt wird das Angebot von den Iranern denn auch als ungenügend abgelehnt.

Die europäische Diplomatie wird eine Einigung mit Iran nicht mehr aus eigener Kraft schaffen. Irans Reformer trifft es noch schlimmer. Sie stehen vor einem politischen Scherbenhaufen. So bildet die Wahlschlappe denn auch den Endpunkt eines kontinuierlichen Niedergangs. Mohammad Khatami, der sein Amt 1997 als Hoffnungsträger angetreten hat, gilt unter Studenten in den letzten Tagen seiner Amtszeit nur noch als Symbol für das Scheitern der Reformbewegung.

Das Scheitern der Reformbewegung

Im Juni 2003 fordern Studenten auf Demonstrationen erstmals den Rücktritt Khatamis. Dabei hatten Schüler und Studenten mit ihrem Einsatz dem Geistlichen zum Überraschungssieg bei der Präsidentschaftswahl 1997 verholfen. Doch Khatami kann in den Jahren seiner Regierung seine angekündigten Vorhaben nicht verwirklichen. Kritische Journalisten werden bis heute verhaftet, Zeitungen weiter verboten, und das Demonstrationsrecht ist praktisch abgeschafft. In unzähligen Reden erneuert Khatami in den ersten Jahren seiner Amtszeit immer wieder seine Reformversprechen. Aber trotz einer ihn stützenden Mehrheit im Parlament kann die Regierung die Bürgerrechte nicht erweitern. Die Konservativen nutzen den von ihnen kontrollierten »Wächterrat« mit seinen verfassungsgerichtsähnlichen Kompetenzen, um vom Parlament verabschiedete Gesetze zurückzuweisen. Und da die demokratischen Rechte nur wenig entwickelt sind, läuft jeder, der die Herrschenden herausfordert, Gefahr, inhaftiert und verurteilt zu werden.

In den ersten zwei Jahren nach der Wahl Khatamis glauben die Menschen noch an eine behutsame Demokratisierung ihres

Landes, doch der 9. Juli 1999 markiert einen Wendepunkt in der innenpolitischen Auseinandersetzung. Am Abend dieses Tages stürmen von Gegnern der Reformregierung organisierte Schlägertrupps zusammen mit Polizisten ein Studentenwohnheim in Teheran. Ein Student wird erschlagen, Dutzende werden schwer misshandelt. Tagelang demonstrieren die Studenten, aber ihre Proteste bleiben ohne Wirkung. Die Rädelsführer des Überfalls auf das Studentenwohnheim werden nicht einmal bestraft. Es sind die Demonstranten, die verhaftet und abgeurteilt werden. Präsident Khatami ergreift nur indirekt Partei für die Studenten und zieht sich deren Zorn zu, weil er von den Betroffenen fordert, sich an die Gesetze des Landes zu halten. Seine Anhänger vertröstet er auf langfristige Änderungen, die er wie immer als Ergebnis seiner Reformpolitik in Aussicht stellt. Viele Studenten sehen darin nur noch leere Versprechen, da die Schließung von Zeitungen, die Verhaftung von Journalisten und die Verurteilung von Oppositionellen fortgesetzt werden.

Der 9. Juli bleibt ein symbolträchtiges Datum. Doch in den Folgejahren schwindet die Beteiligung an den Kundgebungen zu den Gedenktagen. 2003 scheitert der bisher letzte Versuch, mittels öffentlicher Proteste eine Änderung der politischen Atmosphäre herbeizuführen. Bereits vier Wochen vor dem Jahrestag demonstrieren die Studenten an verschiedenen Universitäten. Ihre Aktionen werden vor allem durch Sendungen der in Los Angeles stationierten persischen Fernsehstationen unterstützt und bekannt gemacht. Für iranische Exilgruppen bieten die Proteste in Teheran eine Möglichkeit, sich in die innere Auseinandersetzung einzumischen. Auch die US-Regierung versucht auf diese Weise indirekt die Entwicklungen im Iran zu beeinflussen und unterstützt seit Jahren finanziell Rundfunk- und Fernsehstationen, die von Exiliranern betrieben werden.

Damit wird den Sendern ein Teil ihrer Wirkung genommen, da viele Iraner sie für ferngesteuert halten.

Auch die aufmunternden Bemerkungen, die der US-Präsident im Juli 2003 an die Demonstranten richtet, in denen vom Beginn eines »freien Iran« die Rede ist[21], einigen eher deren Gegner in ihrer Ablehnung äußerer Einmischung, als dass sie den Oppositionellen den Rücken stärken. Demonstranten werden sehr schnell zur »fünften Kolonne« des Feindes oder schlicht zu »Söldnern unserer Feinde« abgestempelt. Leitartikler der konservativen Zeitungen verweisen auf 1953, als US-Agenten Gelder an schahtreue Demonstranten verteilten, die gegen Mohammad Mossadegh, den gewählten Ministerpräsidenten, protestierten, nachdem dieser die Ölindustrie im Iran verstaatlicht hatte. Bis heute haben viele Iraner nicht vergessen, dass der Schah nach seiner Rückkehr die Verstaatlichung wieder aufhob.

Einige der Demonstranten in Teheran wünschen sich tatsächlich ein Eingreifen der US-Truppen wie im Irak. Unter den Gegnern des islamischen Systems wachsen im Frühjahr 2003 Hoffnungen, dass die Einheiten der »Koalition der Willigen« unter dem US-Präsidenten Bush ihren Vormarsch bis Teheran fortsetzen und nach dem Sturz Saddam Husseins auch gleich die religiöse Herrschaft im Iran beseitigen. Diese Menschen fühlen sich gestärkt, wenn US-Präsident Bush sie direkt mit einer Erklärung unterstützt: »Ich würdige diese mutigen Seelen, die sich für die Freiheit im Iran aussprechen. Sie müssen wissen, dass Amerika entschlossen an ihrer Seite steht.«[22] Doch die Demonstranten in Teheran stehen auf verlorenem Posten, denn der staatliche Druck auf sie nimmt zu.

Polizeieinheiten und Revolutionswächter verhindern Proteste, Schlägerbanden verprügeln Oppositionelle und Passanten, die sie dafür halten, gleich mit. Geheimpolizisten verhaften vermeintlich Verdächtige. Einer der konservativen Ayatollahs, Mohammad Yazdi, fordert in einer Freitagspredigt, »Randalierer« zu verurteilen, weil sie »Krieg gegen Gott führen«. Damit meint er allerdings nicht die Horden, die über oppositionelle Studenten herfallen, sondern die Demonstranten. Der Prediger war immerhin schon einmal oberster Richter des Landes, und somit wissen seine Zuhörer, dass er für die Verhängung von Todesstrafen plädiert. Für die paramilitärischen Verbände sind die Demonstranten, gegen die sie eingesetzt werden, die Kräfte »des großen Satans«. »Wir werden das islamische System bis zum letzten Blutstropfen verteidigen«, lautet das Motto dieser von den Konservativen gestellten Ordnungskräfte.

Am 9. Juli 2003 werden Journalisten offiziell aufgefordert, nicht mehr über Demonstrationen und Unruhen zu berichten. Konservative innerhalb der Sicherheitsorganisationen und im Justizapparat versuchen systematisch, den Reformflügel zu schwächen. Die Polizei Teherans scheint auf die veränderte Situation gut vorbereitet zu sein. Wie Ninjas durchkämmen mobile Einheiten auf ihren Motorrädern die Stadt. Bereits ihr martialisches Aussehen flößt Furcht ein, wobei sie gleichzeitig auch immer das Gespräch mit Demonstranten suchen. Die Gemüter sollen sich nicht zu sehr erhitzen und eine Atmosphäre von Aggression und Gewaltbereitschaft gar nicht erst aufkommen.

Mitglieder der regimetreuen Banden, deren Treiben geduldet wird, üben ihren Terror verdeckt aus. Sie zerkratzen oder besprühen den Lack von Autos, deren Fahrer als Zeichen des Protests Staus provozieren und Hupkonzerte initiieren. Viele dieser Schläger sind Mitglieder der gut organisierten paramilitärischen Gruppen. Einige dieser Freiwilligenverbände werden von den Revolutionswächtern trainiert und ausgerüstet.

In solch einer Stimmung geraten selbst Feiern nach Siegen von Fußballmannschaften zu Politik-Happenings. An derartigen spontanen Freudenfesten sind die unterschiedlichsten Bevölkerungskreise beteiligt. Studenten, die wegen der Bevormundung an den Universitäten aufgebracht sind und den Präsidenten kritisieren, weil er seine Reformversprechen nicht verwirklicht, kommen genauso wie Jugendliche, die nur feiern wollen. Vereinzelt nutzen Frustrierte die Situation für Ausschreitungen. Und schließlich machen auch diejenigen mit, die auf die USA setzen und sich für Iran den »American Way of Life« wünschen. Zwar verursachen vor allem jugendliche Autofahrer gerne Staus auf den großen Straßen, aber wenn die Bürgerkriegspolizei auftaucht und islamische Eiferer im Anmarsch sind, machen sie sich rasch aus dem Staub. Denn mit der Staatsmacht anlegen wollen sich nur die wenigsten.

Trotz aller Unzufriedenheit setzt die junge Generation auf das System der staatlichen Versorgung. Auch in den Augen ihrer Gegner ist die Regierung verantwortlich für die Lösung von Problemen. So bereit Jugendliche auch sind, staatliche Vorgaben mit Doppelmoral und passivem Widerstand zu beantworten, darf diese Art des Protestes nicht mit einer grundsätzlichen Bereitschaft zu revolutionären Aktivitäten – also mit dem Willen, das System zu stürzen – verwechselt werden. In Gesprächen mit jungen Leuten irritiert mich oft deren Sprunghaftigkeit. Fast alle kritisieren die existierenden Verhältnisse. In ihren Augen kann nur jemand Karriere machen, der auf Korruption setzt – also bereit ist, Amtsmissbrauch von Verwandten oder Bekannten auszunutzen – oder die Kunst der Verstellung beherrscht.

Meist sind es Menschen, die ich nicht kenne, die mit kritischen Äußerungen nicht hinter dem Berg halten, wenn sie auf mich treffen. Sie nutzen nur zu gern jede Möglichkeit, Ausländern ihr Herz zu öffnen. Taxifahrten, Familienfeste und Empfänge bieten Gelegenheiten, von Skandalen zu berichten und die Fehler der Regierung aufzulisten. Doch es wäre falsch, solch eine Ablehnung der Verhältnisse mit der Bereitschaft zu verwechseln, sich aktiv für den Sturz des Regimes einzusetzen. Bei allem Wunsch nach sozialer und politischer Änderung wissen Iraner ihren seit Jahren steigenden Konsum sehr wohl zu schätzen.

Kritik und Stolz auf Erreichtes gehen oft nahtlos ineinander über. So lehnen Studentinnen die von der Staatsführung angeordnete islamische Kleiderordnung ab, um Sekunden später zu betonen, wie überlegen sie ihren männlichen Kommilitonen seien. Kampfsport und selbst Mannschaftssportarten wie Fußball, bis vor wenigen Jahren reine Männerdomänen, werden mehr und mehr von Frauen erobert. Professoren, die noch vor Jahren ihre wissenschaftlichen Vorbilder im Ausland sahen, strotzen heute vor Selbstbewusstsein. Der Stolz auf das eigene Land und das Erreichte setzt der Beeinflussung von außen zunehmend Grenzen. Selbst das Auftreten der Staatsführung in der Atomfrage spiegelt diesen Trend wider.

Wie radikal die Iraner derzeit umdenken, zeigt sich an Menschen, die in den Tagen des Irakkriegs insgeheim auf das Eingreifen ausländischer Truppen im Iran setzen. »Hoffentlich bleibt uns das Schicksal Afghanistans und Iraks erspart«, kommentiert eine Dozentin heute entsprechende Verbalattacken von US-Präsident Bush gegen Iran. Noch vor zwei Jahren habe ich erlebt, wie sie sich bei einer Diskussion im Familienkreis den Einmarsch von US-Truppen wünschte. Auch die Bedeutung der Auslandssender für die politische Diskussion im Iran ist zurückgegangen. Viele Gegner der islamischen Führung haben angesichts der Entwicklung im Irak ihr Vertrauen in die Politik der

US-Regierung verloren, weil sie Tag für Tag Zeugen des amerikanischen Desasters im Nachbarland werden.

Diese Woge neuen Selbstbewusstseins ist auch auf den ökonomischen Aufschwung in der Islamischen Republik zurückzuführen. Getragen von der Welle der sich stetig erhöhenden Ölpreise, legt die Wirtschaft seit 2000 um jährlich etwa sechs Prozent zu.[23] Staatliche Firmen erhalten Geld für Investitionen, und die Infrastruktur wird großzügig ausgebaut. Die Einnahmen aus den Ölexporten verhelfen der iranischen Führung aber nicht nur zum Aufbau des Landes, sondern auch zur Festigung der eigenen Macht. Infolgedessen sind Behauptungen von Oppositionellen oder Kritikern der islamischen Herrschaft, der Zusammenbruch des Systems stünde kurz bevor, unrealistisch und nicht besonders hilfreich. Sie sind geprägt von Wunschdenken und so alt wie die Islamische Republik.

Menschen, die über eine große Krise klagen, fahren häufig im Neuwagen vor. Auf meine Frage nach dem neuen Gefährt bekomme ich zur Antwort, auch die Tochter habe zum zwanzigsten Geburtstag einen kleinen Peugeot erhalten. Der französische Automobilkonzern hat Lizenzen für verschiedene Modelle an den Iran verkauft. Der inländische Automobilsektor mit einer Jahresproduktion von einer Million Fahrzeugen bildet nur ein Beispiel für erhöhtes Wirtschaftswachstum und ein gesteigertes Konsumverhalten.

Die iranische Hauptstadt entwickelt sich zu einer Metropole, deren Puls von Wirtschaftsinteressen bestimmt wird. Hochhäuser schießen wie Pilze aus dem Boden. Die Zwölf-Millionen-Stadt Teheran sucht Anschluss an die internationale Entwicklung. Vor allem die Jugend gibt sich dem Konsum hin. Angebote existieren im Überfluss. Junge Frauen haben schon lange gelernt, mit modischen Klamotten die enge Interpretation der islamischen Bekleidungsvorschriften zu lockern. Mit neckischen Accessoires unterlaufen sie den Kopftuchzwang. Und nur ein leerer Geldbeutel zeigt dem Kaufrausch seine Grenzen auf.

Aber an einem großen Teil der Bevölkerung rollt die Konsumwelle vorbei. Mindestens fünfzehn Prozent der Iraner sind arbeitslos, und während die Region Teheran boomt, stagnieren vor allem die Grenzprovinzen. Mit gewaltigen Subventionen wird dort einer dramatischen Verarmung entgegengewirkt. So nutzt der Staat die in Rekordhöhe sprudelnden Öleinnahmen auch, um die Preise verschiedenster Konsumgüter niedrig zu halten. Waschmittel werden jährlich mit hundertdreißig Millionen Euro subventioniert, Zucker mit vierhundert Millionen Euro unterstützt, und billiges Benzin lässt sich die Regierung gleich vier Milliarden Euro kosten.

Ahmadinejad als Antwort

Sechsundzwanzig Jahre nach dem Sturz des Schahs kann Revolutionsführer Khamenei ein hohes Wirtschaftswachstum, die Ausschaltung der Opposition und die Festigung des islamischen Systems in der Erfolgsbilanz der Islamischen Republik verbuchen. Aber zwischen den USA und Iran besteht immer noch offene Feindschaft, die als Schatten über der weiteren Entwicklung der Islamischen Republik lastet. Unterschiedliche Versuche, das Verhältnis zu Washington zu verbessern, sind gescheitert. Der Pragmatiker Rafsanjani wurde von der US-Regierung genauso zurückgewiesen wie sein mehr zu Reformen tendierender, wenn auch unentschlossener Nachfolger Khatami.

Statt die vorsichtig eingeleitete Umwandlung in eine Zivilgesellschaft zu fördern, verstärkt US-Präsident Bush seine Angriffe auf die Regierung in Teheran und arbeitet dort den Gegnern der Öffnung des Landes in die Hände. Diese nutzen das Scheitern der Reformer und die politische Lethargie, um ihre Stellung zu untermauern. Mit dem Sieg Mahmoud Ahmadinejads bei der Präsidentschaftswahl im Juni 2005 erringen sie ihren bisher größten Erfolg. Auch viele Iraner haben nicht damit gerechnet, dass der weitgehend unbekannte Bürgermeister von Teheran die notwendigen Stimmen erhält. Doch der wird von den Revolutionswächtern und den paramilitärischen Verbänden unterstützt. Es sind mehrere Millionen Wähler, die von diesen Revolutionsorganen mobilisiert werden können. Sie dürften ihm im ersten Wahlgang die für den Einzug in die Stichwahl entscheidenden Stimmen eingebracht haben. Hinzu kommt, dass wenige Stunden vor dem ersten Wahlgang aus Ghom, dem Zentrum der schiitischen Geistlichkeit, Anweisungen an Freitagsprediger in ganz Iran gefaxt werden, zur Wahl Ahmadinejads aufzurufen. Auch das trägt zu dem Überraschungsresultat von neunzehn Prozent der Stimmen und damit zum für die Stichwahl entscheidenden zweiten Platz hinter Rafsanjani bei.

Mehdi Karrubi, ein Geistlicher aus dem Reformlager und ehemaliger Parlamentspräsident, verliert im ersten Wahlgang knapp gegen Ahmadinejad und erklärt empört seinen Rücktritt aus allen staatlichen Gremien. Indirekt beschuldigt er in einem Brief an Revolutionsführer Khamenei die Revolutionswächter, die Wahl für eine Art Putsch genutzt zu haben: »Falls einige Freunde bei den Revolutionswächtern und den Paramilitärs an die Macht kommen sollen, ist es das Beste, ihnen diese Verantwortung direkt zu übertragen. Sie müssen dann nicht auf Kosten des Rufes der Revolutionswächter versuchen, irgendjemanden auf illegale Weise an die Macht zu bringen.«

In Teheran kursieren Gerüchte, bei der Wahl sei es nicht mit rechten Dingen zugegangen. Sicherlich kann das Eingreifen der Revolutionsorgane Ahmadinejad die entscheidenden Stimmen gebracht haben. Doch letztlich sichern ihm zwei Faktoren den Sieg. Aus Politikverdrossenheit und Enttäuschung über die Unfähigkeit der Reformer nehmen viele Gegner der religiösen Herrschaft ihr Wahlrecht überhaupt nicht wahr. Zusammen mit den überzeugten Nichtwählern, deren Zahl bei etwa fünfundzwanzig Prozent liegen dürfte, sind das nahezu fünfzig Prozent der Wahlberechtigten. Da Hashemi Rafsanjani nicht einmal einen kleinen Teil der zum Wahlboykott Entschlossenen auf seine Seite ziehen kann, fehlen ihm bei der Stichwahl wichtige Stimmen. Dies gewinnt entscheidende Bedeutung, weil Ahmadinejad mit seinen Parolen von der nationalen Würde Irans und Verteidigung der Selbstständigkeit des Landes selbst unter den Reformwählern Wirkung erzielt.

Viele Iraner haben nicht vergessen, dass ihr Land in seiner Geschichte mehrfach von ausländischen Mächten dominiert wurde. Bis heute wird den USA unterstellt, die riesigen Ölreserven Irans unter ihre Kontrolle bringen zu wollen. Mit ihrem Auftreten in Afghanistan und Irak nähren die USA in der iranischen Bevölkerung Zweifel, ob es ihnen tatsächlich um den Aufbau von Demokratie in den Nachbarländern geht. Auch diese Besorgnis nutzt Ahmadinejad, um sich mit einem bedingungslosen Festhalten an der Atomtechnologie und einem Eintreten für die Armen einen entscheidenden Stimmenanteil zu sichern. Die Anhänger des Teheraner Bürgermeisters vertrauen dessem Wahlversprechen, er werde sich nicht ausländischen Interessen unterwerfen.

Bereits Stunden nach seinem Wahlsieg bleibt vom Image der Bescheidenheit wenig übrig. Eine seiner Aussagen auf einer Pressekonferenz will ich zuerst gar nicht glauben. Er maßt sich eine Ausnahmestellung an: »Viele, die für mich gestimmt haben, taten dies mit der Absicht, einen religiösen Akt zu begehen. Sie haben es getan, um Gott näher zu kommen.« Der Wahlgewinner demonstriert seine neue Macht und lässt seinen Leuten freie Hand. Leibwächter prügeln vor dem Saal, in dem er auftritt, auf Polizisten ein, weil diese kritisieren, dass Ahmadinejad und seine Gefolgschaft ihre Wagen in einer Halteverbotszone abstellen.

Das will gar nicht zur Atmosphäre einer Feier passen, die Bewohner in dem Stadtteil organisieren, in dem Khatamis Nachfolger wohnt. Diese Menschen haben ein anderes Bild von ihrem neuen Präsidenten. Sie sprechen davon, dass es künftig im Land weniger Bestechung und mehr Gerechtigkeit geben werde. Vor dem Haus des Achtundvierzigjährigen haben sich keine religiösen Fanatiker versammelt, die Leute, die ihm zujubeln, erhoffen sich ein besseres Leben und für das Land soziale Gerechtigkeit. Sie sehen Ahmadinejad völlig anders als das Ausland. Für sie ist er der gebildete Politiker, der sogar an einer Teheraner Hochschule unterrichtet hat. Seine Wahlkampfhelfer nennen ihn »Doktor«. Damit wird der Unterschied zwischen ihm und dem Mann auf der Straße hervorgehoben. So wird im Präsidentschaftswahlkampf der akademische Hintergrund Ahmadinejads bewusst betont.

Bei Nachbarn und Anhängern zeigen Vorwürfe, die aus den USA kommen, keinerlei Wirkung. In US-Zeitungen steht zu lesen, Ahmadinejad sei einer der Drahtzieher der Besetzung der amerikanischen Botschaft in Teheran am 4. November 1979 gewesen.[24] Zwar wollen ihn ehemalige Geiseln, die 444 Tage im Iran gefangen gehalten wurden, erkannt haben, aber der Mann, der auf einem Foto, das um die Welt geht, gezeigt wird, ist gar nicht Ahmadinejad. Zu sehen ist ein Botschaftsbesetzer, der kurz nach dem Sturm auf die US-Vertretung verhaftet wurde, weil er Mitglied einer regierungsfeindlichen Untergrundgruppe gewesen sein soll. Ahmadinejad hatte sogar die Erstürmung des Gebäudes abgelehnt: Auf der Sitzung, bei der Vertreter verschiedener Teheraner Universitäten sich für diese Aktion entschieden, stimmte er dagegen. Der neue Präsident nimmt zu den Vorwürfen nicht direkt Stellung. Aber er reagiert mit außenpolitischen Attacken auf die internationale Ablehnung, die ihm entgegenschlägt.

Es ist anfangs auch eine Flucht in die Außenpolitik, denn Kritiker Ahmadinejads im Iran werfen ihm zunehmend Unfähigkeit in der Wirtschaftspolitik vor. Mit seiner Ankündigung, »Spielern« an der Börse das Handwerk zu legen und die Korruption in der Wirtschaft zu beseitigen, hat er Investoren verunsichert und eine massive Kapitalflucht ausgelöst. Die mehrmals täglich von Teheran nach Dubai verkehrenden Flugzeuge sind ausgebucht von Passagieren, die ihr Geld in dem arabischen Emirat anlegen wollen. Dollarbeträge in Milliardenhöhe würden ins Ausland geschafft, berichten die iranischen Zeitungen. Der allgemeine Vertrauensverlust in das islamische System wird durch die zunehmende Konfrontation mit dem Westen in der Atomkrise gesteigert. Hoffnungen auf eine Fortsetzung des Wirtschaftsbooms schwinden. Mehr und mehr Iraner ziehen sich aus Politik und Wirtschaft zurück und warten ab.

Mit den außenpolitischen Attacken versucht Ahmadinejad nicht nur, sich als selbstbewussten Staatsmann zu positionieren, sondern auch den akuten Problemen der iranischen Wirtschaft auszuweichen, die sich im Gefolge seiner Wahl ergeben haben. Sein provokatives Auftreten imponiert auch seinen innenpolitischen Gegnern. Es ist mehr als ein üblicher machtpolitischer Schritt, mit dem er seine schwache Stellung im Herrschafsgefüge Irans festigen kann. Mit seinen Tiraden gegen das Existenzrecht Israels überwindet er die Krisen seiner ersten Amtswochen endgültig. In den Tagen der traditionellen Großdemonstrationen gegen Israel im Fastenmonat bezeichnet er den Holocaust als eine Legende, die Israel zur Unterdrückung der Palästinenser nutze. Er nennt Israel nicht einmal mit Namen, als er die Beseitigung des Staates der Juden fordert: »Ich bin überzeugt, dass in unserem geliebten Palästina eine neue Welle entstanden ist, eine neue Welle der Erleuchtung in der gesamten islamischen Welt. Und diese neue Welle der Religiosität wird sehr bald zur Beseitigung dieses Übels aus der islamischen Welt führen.«[25]

Mit solchen Aussagen beschleunigt er den Kollisionskurs der Islamischen Republik mit dem Westen. Vergleichbare Verbalattacken gegen Israel hat es von führenden Politikern Irans seit Jahren nicht mehr gegeben. Ayatollah Khomeini hatte eine revolutionäre Außenpolitik propagiert, zu deren Zielen auch die Beseitigung Israels gehörte. Doch der jungen Islamischen Republik fehlten die Möglichkeiten, diese Politik umzusetzen. Siebenundzwanzig Jahre später verfügt Iran über Streitkräfte, deren Stärke etwa fünfhunderttausend Mann beträgt. Mit der Shahab-3-Rakete können die Revolutionswächter Israel sogar direkt unter Beschuss nehmen.

Während Ahmadinejad gegenüber den Nachbarstaaten wie Saudi-Arabien auf jede in den Tagen der Revolution entwickelte Rhetorik verzichtet und nicht mehr zum Sturz der dort Regierenden aufruft, lässt er seiner extrem antiisraelischen Einstellung weiterhin freien Lauf. Viele Führer der Revolutionswächter haben anders als Politiker aus dem Lager der Reformer ihre Drohungen gegen Israel auch in den Phasen der Neuorientierung der iranischen Außenpolitik nicht abgeschwächt. Ob sie tatsächlich zu einer militärischen Auseinandersetzung entschlossen sind, wird von der Entwicklung der Konflikte in der Region abhängen. Ahmadinejad kann sich bei seiner Politik gegen Israel auf diese Kräfte verlassen.

Die Anhänger des Präsidenten triumphieren, dessen innenpolitische Gegner schweigen. Sie sehen in den Angriffen auf das Existenzrecht Israels ein Ablenkungsmanöver. Einer der leitenden Manager eines staatlichen Fahrzeugkonzerns bezweifelt sogar, ob Ahmadinejad es mit seinen Reden ernst meint, denn für ihn steht fest: »Mit solchen Reden wird den Palästinensern nicht geholfen.« Auf meine Frage nach dem Motiv Ahmadinejads verweist er auf dessen Wirtschaftspolitik. Der Präsident habe kein Konzept, deshalb lenke er die Aufmerksamkeit auf die Außenpolitik. Und dann kommt der entscheidende Vorwurf: »Ich denke, diese Radikalität führt in die Isolation.« Viele Iraner befürchten, in den vergangenen Jahren mühsam wieder hergestellte Kontakte mit den europäischen Ländern und auch in die USA könnten erneut abreißen. Dennoch machen sie nicht gegen Ahmadinejad mobil.

Damit scheint dessen Konzept aufzugehen. Seine Kritiker halten sich zurück. In privaten Gesprächen wird an Vorwürfen gegen den neuen Präsidenten nicht gespart. »Machthunger«, »Abbau der Pressefreiheit«, »Dummheit« sind nur einige der Klagen, die ich von Reformpolitikern höre. Aber keiner ist bereit, in einem Interview Ahmadinejad offen zu kritisieren. Staatlicher Druck und politische Feigheit führen zu einer Lähmung der innenpolitischen Auseinandersetzung. Mohammad-Ali Abtahi, der ehemalige stellvertretende Staatspräsident, ist einer der wenigen, die sich zu dem selbst auferlegten Schweigen der Gegner Ahmadinejads offen äußern. Die Reformer würden sich nicht in die Politik einmischen, damit man ihnen nicht dessen Misserfolge anlasten könne. Abtahi ist sicher, dass

Ahmadinejad scheitern wird. Deshalb sei Zurückhaltung geboten.

Auf das politische Klima des Landes wirkt sich die Zurückhaltung der Opposition verheerend aus. Monatelang wird die Politik der Regierung kaum noch öffentlich diskutiert. Die Schwächen der Reformer sind den Funktionären der unterdrückten Studentenbewegung wohl bewusst. »Sie schweigen, weil sie über keine klare Analyse und keine konkrete Strategie verfügen und keinen konkreten Denkrahmen. Dies ist das Ergebnis des Scheiterns ihrer Strategie.« Praktisch sind die Gegner des Präsidenten handlungsunfähig. Ahmadinejad kann seine Politik weitgehend ungehindert durchsetzen.

Ein Jahr nach der Wahl hat er die Schlüsselstellungen in Politik, Verwaltung und auch den meisten Staatsbetrieben mit seinen Gefolgsleuten besetzt. Gegner werfen ihm vor, politische Freunde an den Hebeln der Macht zu platzieren. Meist sind es jedoch junge Mitglieder der »Koalition der Entwickler eines Islamischen Iran«. Die Gruppe wurde 2003 in Teheran aus Anlass der Kommunalwahl gegründet und errang – bei einer Wahlbeteiligung von lediglich zwölf Prozent – nahezu alle Sitze. Ein Jahr später stellt sie im neu gewählten iranischen Parlament sechzig Prozent der Abgeordneten. Bis heute hält sich die Organisation in politischen Auseinandersetzungen zurück. In der Koalition haben sich konservative, nationalreligiöse Gruppierungen Irans zusammengeschlossen. Die Schaffung von Arbeitsplätzen und die Bekämpfung der Armut gehören zu ihren wichtigen Zielen. Sie agieren zurückhaltend, um andere Kräfte des religiösen Lagers nicht von einer Zusammenarbeit abzuschrecken. Dieser Haltung entspricht auch Ahmadinejads Eintreten für die Modernisierung und Entwicklung Irans. Doch mit Parolen lässt sich die Stagnation nicht überwinden. Die Wirtschaftskrise dauert an, die Kapitalflucht ist ungebrochen, und die Inflationsrate steigt. Nur mithilfe der reichlich ins Land fließenden Petrodollars kann er Arbeitsplätze sichern und die ansonsten labile Wirtschaftssituation stabilisieren.

Ob sich die Lage normalisiert, wird vor allem von der Entwicklung des Atomkonflikts abhängen. Anhänger und Gegner Ahmadinejads sind gleichermaßen verunsichert. Auf beiden Seiten wächst die Überzeugung, dass sich Ahmadinejad und die gesamte Führung des Landes letztlich doch mit den USA einigen werden. Doch angesichts des Libanonkriegs vergrößert sich die Kluft zwischen Teheran und Washington, und die Schaffung eines Ausgleichs zwischen beiden Kontrahenten wird immer komplizierter. Dabei ist der Atomkonflikt nur zu lösen, wenn das überreizte politische Klima in beiden Staaten wieder in normale Bahnen gelenkt werden kann. Glaubt man allerdings den Reden der Verantwortlichen, so wird eine Aussöhnung zwischen den Regierungen in Washington und Teheran nicht so schnell zustande kommen.

2 Die Geschichte einer Erzfeindschaft

Der Krieg der Worte zwischen Iran und den USA ist bereits seit 1979 voll entbrannt. »Großer Satan« und »Tod Amerika« gehören auf iranischer und »Achse des Bösen« auf US-amerikanischer Seite zum Arsenal dieses verbalen Schlagabtauschs. Bereits vor dem Sturz des Schahs entwickelt die islamische Bewegung im Iran eine deutliche antiamerikanische Stoßrichtung. »Weder Ost noch West – Islamische Republik« lautet eine ihrer zentralen Parolen. Mit der Flucht Mohammed Reza Pahlewis, des letzten Schahs, am 16. Januar 1979, der Auflösung des Parlaments und dem Rücktritt der letzten von ihm eingesetzten Regierung ist die Ära der Monarchie beendet. Vor einer Volksbewegung mit einer in der Geschichte beispiellosen Beteiligung kapitulieren die Sicherheitsapparate des alten Regimes.

Nationalisten und Linke ordnen sich dem islamischen Charakter des Aufstands weitgehend unter. Mit dem aus dem Exil zurückgekehrten Ayatollah Khomeini stellt die islamische Bewegung eine Führungsfigur, die über eine scheinbar natürliche Autorität verfügt. Nach einer Volksabstimmung am 1. April ruft der siebenundsiebzigjährige Geistliche die »Islamische Republik Iran« aus. In der revolutionären Atmosphäre bauen die Anhänger Khomeinis systematisch ihre Positionen aus. Sie gewinnen die Wahl zur verfassunggebenden Versammlung und bestimmen die Ausarbeitung einer Verfassung, die ganz auf

Khomeini zugeschnitten wird und ihm als religiösem Staatsführer eine nahezu unumschränkte Machtfülle einräumt.

Die Besetzung der US-Botschaft in Teheran

Doch trotz der radikalen Umwälzungen im Inneren verfolgt die Übergangsregierung Mehdi Bazargans, der sein Amt vom im Untergrund regierenden Revolutionsrat erhalten hat, einen gemäßigten außenpolitischen Kurs. Bazargans Ziel ist es, die internationale Isolierung der jungen Islamischen Republik zu verhindern. Für radikale Mitglieder des Revolutionsrats grenzt das bereits an Verrat. Denn im Sturz des Schahs sehen sie nur den ersten Schritt auf dem Wege, an dessen Ende sie alle ihnen verhassten Monarchen und politischen Führer in der islamischen Welt hinwegzufegen gedenken.

Den Koran verstehen sie als Anleitung, jegliches Korrupte auf Erden zu beseitigen. Kapitalismus und Kommunismus sind für die Anhänger Ayatollah Khomeinis das ideologische Gift, mit dem die Gemeinde der Gläubigen geschwächt werden soll. Bereits in den Tagen des Aufstands gegen die Monarchie verteilen islamische Studentenvereinigungen Flugblätter mit Bildern, auf denen US-Präsident Carter dem Schah zuprostet. Aber auch die Sowjetunion und ihren Atheismus lehnen sie ab. Den Sozialismus verdammen sie ebenfalls als ein System, das eine auf religiösen Gesetzen beruhende Gesellschaft verhindern will.

Trotzdem schließen sich vor allem in Teheran radikalislamische und linksradikale Kräfte in den Revolutionskomitees immer wieder zu Bündnissen zusammen. Oftmals kennen sich die Mitglieder dieser so verschiedenen Flügel, weil sie im Untergrund gemeinsam die Bewegung gegen die Monarchie angeführt haben. Ein solches Revolutionskomitee von Studenten plant die Besetzung der US-Botschaft, um eine erste vorsichtige Kontaktaufnahme zwischen US-Diplomaten und der Übergangsregierung gleich im Keim zu ersticken: Denn bereits am 1. November hatten sich in Algier Ministerpräsident Mehdi Bazargan und Außenminister Ibrahim Yazdi mit Carters Sicherheitsberater Zbigniew Brzezinski getroffen. Am 4. November stürmen Studenten unter den Rufen »Tod Amerika« und »Tod dem Schah« den durch hohe Mauern gesicherten Gebäudekomplex der amerikanischen Botschaft und nehmen sechsundsechzig Angehörige der US-Vertretung als Geiseln. Dabei werden die Botschaftsbesetzer von einem Geistlichen angeführt, dessen Name auf der Lohnliste des sowjetischen Geheimdienstes KGB stehen soll.

Bereits im Februar, nur Tage nach dem Sturz der Monarchie, hatte es einen ähnlichen Zwischenfall gegeben. In den nachrevolutionären Wirren waren marxistische Fedajin in die US-Botschaft eingedrungen und hatten William Sullivan, den Geschäftsträger Washingtons, gefangen genommen. Seinerzeit hatte Außenminister Yazdi diese Heißsporne nach wenigen Stunden zum Rückzug bewegen können. Doch diesmal nimmt die Besetzung einen anderen Verlauf: Der Revolutionsrat billigt den Gewaltakt der Studenten und stützt ihre Forderung, den geflohenen Schah im Gegenzug für die Geiseln an die Islamische Republik auszuliefern. Reza Pahlewi hält sich mittlerweile in den USA auf. Wenige Tage zuvor ist er aus Ägypten eingetroffen, um sich in einer amerikanischen Spezialklinik gegen Krebs behandeln zu lassen.

Mit der Erstürmung der Botschaft werden nicht nur die Beziehungen zu den USA zerstört, sondern auch die innenpolitischen Weichen neu gestellt. Ministerpräsident Bazargan reicht bereits achtundvierzig Stunden später seinen Rücktritt ein. Khomeini nimmt das Gesuch an, löst die Regierung auf und überträgt dem Revolutionsrat die Regierungsgeschäfte und damit vollends die Macht. US-Präsident Carter lässt alle iranischen Guthaben in den USA einfrieren und untersagt Erdölimporte aus der Islamischen Republik. In Teheran spitzt sich die Lage dramatisch zu, Khomeini stellt sich auf die Seite der Geiselnehmer und droht, die Gefangenen vor Gericht zu stellen. Als er deren Freilassung trotz der Aufforderung des Weltsicherheitsrats verweigert und auch Geheimverhandlungen mit Iran scheitern, schwenken die USA auf eine Politik der Härte um.

Fünf Monate nach der Botschaftsbesetzung verfügt Präsident Carter am 7. April 1980 den Abbruch der diplomatischen Beziehungen zur Islamischen Republik und verhängt Wirtschaftssanktionen, denen sich die Staaten Westeuropas und Japan anschließen. Am 11. April beschließt der Nationale Sicherheitsrat der USA, die in Teheran festgehaltenen Botschaftsangehörigen durch ein militärisches Sonderkommando befreien zu lassen. Außenminister Cyrus Vance erklärt aus Protest gegen die geplante Militäraktion seinen Rücktritt. Er kann sich mit seinem Konzept von Verhandlungen auf diplomatischer Basis nicht gegen den Sicherheitsberater des Präsidenten, Brzezinski, und Vertreter des Verteidigungsministeriums durchsetzen. Dieses Scheitern des Außenministers ist ein spektakuläres Beispiel, wie leicht sich in der US-Politik militärische Überlegungen und Strategien gegen diplomatische Interessen durchzusetzen vermögen. Schon wenige Tage darauf scheinen die Ereignisse die Haltung Vances zu bestätigen.

Denn das Kommandounternehmen »Adlerklaue« scheitert am 24. April bereits in seiner Anfangsphase kläglich. Von acht auf dem Flugzeugträger *Nimitz* gestarteten Hubschraubern muss einer vorzeitig zurückkehren, zwei werden wegen technischer Probleme in der Wüste zurückgelassen, woraufhin der Befehl zum Abbruch der Aktion erfolgt. Beim Rückzug prallen in der zentraliranischen Salzwüste bei Tabas ein Hubschrauber und eine Hercules-Transportmaschine zusammen und brennen aus. Acht US-Soldaten sterben. Die Kommandotruppen werden mit Flugzeugen evakuiert und müssen auch die vier einsatzfähigen Hubschrauber aufgeben.

Damit endet die Befreiungsaktion nicht nur mit einem für die Weltmacht USA beispiellosen Desaster, sondern stärkt in Teheran auch die politischen Kräfte, die sich einer diplomatischen Lösung der Botschaftsbesetzung widersetzen. In allen Städten Irans nehmen antiamerikanische Demonstrationen wieder zu. Die antiiranische Stimmung in den USA erreicht einen neuen Höhepunkt, als in Teheran die Leichen der acht im Iran zurückgelassenen Soldaten zur Schau gestellt werden.

Der Konflikt zwischen Iran und den USA schlägt in eine unverhüllte Feindschaft um, da auf beiden Seiten die Konfrontationsbereitschaft zunimmt. Während sich die USA durch die Besetzung der Botschaft und das rücksichtslose Vorgehen der Demonstranten angegriffen fühlen, wertet Iran die Militäraktion und die Wirtschaftssanktionen als Belege dafür, dass die Amerikaner die neue islamische Herrschaft möglichst rasch wieder beenden wollen. Die Führung in Teheran sieht sich in dieser Auffassung bestärkt, da man in Washington nicht bereit ist, sich für die Beteiligung am Putsch gegen die Regierung Mossadegh im Jahre 1953 zu entschuldigen und den gestürzten Schah der iranischen Justiz auszuliefern.

Im Mai, sechs Monate nach dem Sturm auf die Botschaft, erringt die konservative Islamisch-Republikanische Partei im neu gewählten Parlament die Mehrheit. Damit haben die religiösen Kräfte ihre Macht konsolidiert. Die Besetzung der US-Botschaft verliert ihre Bedeutung in der innenpolitischen Auseinandersetzung, und die radikalen Anhänger Khomeinis geben ihren Widerstand gegen eine diplomatische Beilegung der Geiselkrise auf. Dem bundesdeutschen Botschafter in Teheran, Gerhardt Ritzel, werden die iranischen Forderungen mitgeteilt: Die USA sollen sich verpflichten, künftig auf jede Einmischung in die iranische Politik zu verzichten, des Weiteren die eingefrorenen Vermögenswerte freigeben und das Privatvermögen der Schahfamilie dem Iran überlasssen.

Am 15. September 1980 beginnen in Bonn Geheimverhandlungen zwischen Iran und der US-Regierung. Teherans Unterhändler Sadegh Tabatabai und der stellvertretende US-Außenminister Warren Christopher wollen im Beisein von Bundesaußenminister Hans-Dietrich Genscher ein Kompromisspaket zur Geiselfreilassung erarbeiten. Aber die Gespräche werden nicht fortgesetzt, obwohl sogar Khomeini sie befürwortet hat.

Revolutionswächter torpedieren die Verhandlungen, weil sie Tabatabai, dem Schwager von Khomeinis Sohn Ahmad, unterstellen, die Freilassung der Geiseln nur deshalb aushandeln zu wollen, um anschließend bessere Geschäfte mit US-Firmen machen zu können. Teile der Führung in Teheran wollen zudem verhindern, dass US-Präsident Carter die Befreiung der Geiseln für eine Steigerung seiner Popularität und damit eine Wiederwahl nutzt. Bis heute ist unklar, inwieweit die Geiselfreilassung auch durch Teheran-Kontakte von Wahlhelfern des Carter-Herausforderers Ronald Reagan hintertrieben wurde. Als sicher gilt, dass eine Freilassung in den letzten Tagen des Präsidentschaftswahlkampfs in den USA zur Wiederwahl Jimmy Carters führen würde. Diese wollen viele Khomeini-Anhänger jedoch erst recht unterbinden, nachdem irakische Truppen im Oktober in die iranische Erdölprovinz Khusistan einmarschiert sind. Für die iranische Führung bestehen keine Zweifel, dass die US-Regierung den irakischen Diktator Saddam Hussein ermuntert hat, sich auf einen Krieg mit der Islamischen Republik einzulassen, nachdem die eigene Militäraktion zur Befreiung der Geiseln gescheitert ist. Zudem wollen die Radikalen in Teheran Jimmy Carter auch nicht entgegenkommen, weil er mit dem gestürzten Schah zusammengearbeitet und das Friedensabkommen von Camp David zwischen Israel und Ägypten ausgehandelt hat.

Erst nach der Wahlniederlage Carters einigen sich Washington und Teheran auf die Bedingungen zur Rückführung des Botschaftspersonals in die USA. Iran verzichtet auf die Übertragung des Schahvermögens und auf eine Nichteinmischungsgarantie der USA. Gegen die Freigabe von in den USA eingefrorenen Vermögenswerten werden die Geiseln am 20. Januar 1981, dem Tag der Amtseinführung des neuen Präsidenten Ronald Reagan, nach 444-tägiger Gefangenschaft freigelassen. Trotz aller Probleme und Verzögerungen ist die diplomatische Lösung der Geiselnahme ein Beispiel dafür, dass Konflikte ohne den Einsatz militärischer Mittel beendet werden können.

So wünscht sich Warren Christopher, der mit den Verhandlungen zur Freilassung der US-Geiseln beauftragt war, fünfundzwanzig Jahre später auch für die Atomkrise eine diplomatische Lösung. Wie bei dem Geiseldrama sei militärischer Aktionismus unklug und wahrscheinlich unmöglich, schreibt er in einem Aufsatz. Christopher fordert von der US-Regierung: »Auch wenn die Möglichkeit eines Militäreinsatzes nicht ausgeschlossen werden darf, müssen wir auf dem diplomatischen und, soweit notwendig, auf dem Weg wirtschaftlicher Strafmaßnahmen bleiben.«[1]

In den ersten Jahren der Amtszeit von Präsident Reagan gleitet das Verhältnis zwischen der Islamischen Republik Iran und den USA in ruhigeres Fahrwasser. Bei den Freitagsgebeten in Teheran werden zwar immer noch Parolen gegen die USA skandiert, und zum Jahrestag der Besetzung der US-Botschaft ziehen Demonstranten weiterhin lautstark den »Tod Amerikas« fordernd vor das von Revolutionswächtern besetzte Gelände der US-Vertretung, aber die Wirtschaftsbeziehungen zwischen beiden Ländern verbessern sich wieder, und im Geheimen werden sogar Waffengeschäfte abgewickelt.

Die Anschläge auf die US-Botschaft in Beirut im April 1983 und auf das Hauptquartier der US-Truppen im Libanon im Oktober desselben Jahres treiben die Beziehungen zwischen Iran und den USA erneut auf einen Tiefpunkt zu. Selbstmordattentäter fahren Lastwagen mit gewaltigen Sprengsätzen in die Botschaft und in den Stützpunkt der US-Marines auf dem Flughafen von Beirut. Zwar fehlt es an Beweisen, dass die Hisbollah (»Partei Gottes«) Drahtzieherin dieser Anschläge ist, gleichwohl wird die 1982 in Iran gegründete und aufgebaute Schiitenorganisation für den Tod von 241 amerikanischen Soldaten verantwortlich gemacht.

Die Regierung in Washington betitelt die Islamische Republik auch wegen ihrer Unterstützung der libanesischen Hisbollah als »Sponsor des internationalen Terrorismus«. Im März 2003, also zwanzig Jahre später, verurteilt ein US-Gericht Iran, Entschädigung an die Überlebenden und die Hinterbliebenen der Toten zu zahlen. Die Hisbollah habe die Anschläge mit Billigung und Unterstützung iranischer Funktionäre ausgeführt, heißt es in dem Urteil. Mit dieser Entscheidung wird die Islamische Republik zu einem Terrorstaat erklärt. Die strikte Ablehnung der Hisbollah durch die US-Regierung kommt auch in der nahezu bedingungslosen Unterstützung Israels während des Libanonkriegs im Sommer 2006 deutlich zum Ausdruck.

Doch in den Jahren nach diesen Terroraktionen kommt es nichtsdestotrotz wieder zu vorsichtigen Geheimkontakten zwischen Washington und Teheran. Unter Umgehung des eigenen Waffenembargos verkauft die US-Regierung dem angeblichen Erzfeind während des Krieges gegen den Irak sogar panzerbrechende Raketen. Mit den Lieferungen verfolgt die US-Regierung unterschiedliche Ziele. Einerseits soll die iranische Führung die Freilassung amerikanischer Geiseln durchsetzen, die sich in den Händen der libanesischen Hisbollah befinden. Andererseits nutzen die USA die Gewinne aus den Waffengeschäften mit Iran, um in Nicaragua den Guerillakrieg der rechtsgerichteten »Contras« gegen die sandinistische Regierung zu finanzieren. Sowohl die geschäftlichen Kontakte mit Iran als auch die Unterstützung der Rebellen in Nicaragua werden verdeckt abgewickelt, da der von der Demokratischen Partei dominierte US-Kongress eine offizielle Hilfe für die mittelamerikanischen Regierungsgegner abgelehnt hatte.

An einer indirekten Zusammenarbeit ist sogar Israel beteiligt. Bereits wenige Monate nach Ausbruch des ersten Golfkriegs beginnen israelische Waffenhändler, Iran Ersatzteile für die noch während der Schahherrschaft in den USA gekauften Kampfjets des Typs F-14 zu verkaufen. Mitte der achtziger Jahre planen sogar höchste Mitarbeiter der US-Regierung dann die Waffenexporte in den Iran. Robert C. McFarlane, der Sicherheitsberater Reagans, liefert 1400 modernste panzerbrechende Waffen persönlich in Teheran ab und nutzt seinen Aufenthalt zu ersten direkten Gesprächen mit iranischen Politikern. Doch erneut sind es inneriranische Meinungsverschiedenheiten, die zur Veröffentlichung der Geheimkontakte führen. McFarlanes Besuch wird von einem Freitagsprediger publik gemacht und scharf kritisiert.

Wie wichtig die Waffenlieferungen für Iran sind, zeigt sich wenige Monate später. Iranische Revolutionswächter können im Februar 1986 Fao, den einzigen irakischen Ölhafen, nur deshalb erobern, weil sie die von den USA gelieferten Panzerabwehrraketen einsetzen. Zuvor hatten sie in Speedbooten nachts das Grenzgewässer Shat Al-Arab überquert. Frühere Versuche, den Ölhafen des Kriegsgegners zu besetzen, waren gescheitert, weil die im Iran hergestellten oder von der Sowjetunion erworbenen panzerbrechenden Waffen gegen die modernen, ebenfalls aus der UdSSR an Irak gelieferten Panzer des Typs T-72 wirkungslos blieben.

Beide Kriegsparteien erhalten ihre Rüstungsgüter während des achtjährigen Krieges, der etwa eine Million Tote fordert, aus Ost und West. In einigen Fällen werden die gleichen Waffensysteme an Iran und Irak geliefert. Während die DDR IFA-Transportfahrzeuge per Eisenbahn in die Islamische Republik befördert, gelangen Fahrzeuge der gleichen Bauart auf dem Seeweg über den jordanischen Hafen Aqaba in den Irak. Bei Raketenwerfern und gepanzerten Mannschaftstransportern aus Russland oder Schwertransportern aus Westeuropa ist es ähnlich.

Für mich ist es ein Schock, als ich 1983 die irakische Front besuche und erkenne, dass dort vielfach die gleichen Waffensysteme wie auf der iranischen Seite zum Einsatz kommen. Bei erbeuteten Waffen und Ausrüstungsgegenständen sind nur die Hoheitszeichen neu aufgemalt, bevor sie im Kampf gegen die ehemaligen Besitzer genutzt werden. In einigen Fällen sind erbeutete Motorräder, vor allem aber die IFA-Transporter, bereits wieder im Einsatz, bevor ihre alten Militärkennzeichen überpinselt werden konnten. Aus den Staaten des Warschauer Paktes gelieferte Systeme finden überwiegend im Frontbereich Verwendung. Die wesentlich teureren Importe aus den Staaten des Westens verbleiben meist in der zweiten Linie, weil dort die Gefahr deutlich geringer ist, dass sie den gegnerischen Truppen bei einem Überraschungsangriff in die Hände fallen.

Auch die USA rüsten beide Seiten auf. Während an die iranischen Streitkräfte wichtige Waffensysteme verkauft werden, erhält Irak unter anderem Anthrax-Bakterien-Stämme, mit denen Saddam Husseins Wissenschaftler biologische Waffen entwickeln wollen. Bedeutsam für die Verlängerung des Krieges sind auch Geheimdiensterkenntnisse, die die USA gezielt an Irak weitergeben. So erhält der irakische Generalstab nach Auswertung der von US-Satelliten gemachten Fotos immer wieder Hinweise auf bevorstehende iranische Großangriffe.

Doch der Skandal um die Iran-Contra-Affäre beendet die verdeckten Annäherungsversuche zwischen den USA und Iran und die Waffenlieferungen nach Teheran endgültig. 1986 wird das Gesetz zur Kontrolle des Waffenexports um einen Abschnitt erweitert, dem zufolge keine Waffen mehr an Staaten geliefert werden dürfen, die den internationalen Terrorismus unterstützen, womit ausdrücklich Teheran gemeint ist. Im Oktober 1987 kommt es zu einer weiteren Verschärfung der Sanktionen gegen die Islamische Republik. US-Firmen dürfen weder Ölnoch andere Waren aus dem Iran einführen. Ex-Staatspräsident Rafsanjani macht im September 2006 in einem Zeitungsinterview Offiziere der Revolutionswächter und ihre Anhänger für das zwanzig Jahre zurückliegende Scheitern der geheimen Zusammenarbeit zwischen den USA und der Islamischen Republik verantwortlich. Mit der Kritik an den Waffenlieferungen und Veröffentlichungen gegen diese Kooperation sei damals das eigene Land im Krieg geschwächt worden. Rafsanjani erinnert auch an Khomeinis Zustimmung zum Waffenstillstand, um zu betonen, wie wichtig es für Iran sein kann, Kompromisse einzugehen. Diese Hinweise Rafsanjanis sind ein Zeichen für den erbitterten Machtkampf, der unter den Spitzenpolitikern Irans in der Atomfrage tobt. Rafsanjani gilt als Führer einer Fraktion, die einen Kompromiss befürwortet, um eine Eskalation in Form von Wirtschaftssanktionen oder gar Militäraktionen gegen die Islamische Republik abzuwenden. Auch seine Gegenspieler wollen keinen Krieg. Sie sind jedoch bereit, das Risiko einer Eskalation einzugehen, weil sie darauf setzen, dass die USA zu schwach sind, um eine Wirtschaftsblockade oder gar Militäraktionen durchsetzen zu können.

Welch weitreichende Konsequenzen innenpolitische Auseinandersetzungen für Geheimdiplomatie haben können, hat sich zwanzig Jahre vorher gezeigt. Von Iran zurückgestoßen, greifen die USA ab 1987 direkt zugunsten des Iraks in den Krieg ein, als sich der militärische Druck Irans erhöht.

Dabei ist der Auslöser überraschend. Am 17. Mai attackieren irakische Flugzeuge des Typs F-1 Mirage die *USS Stark*, eine Fregatte der US-Marine, die von zwei Exocet-Raketen getroffen wird. An Bord des brennenden Schiffes sterben siebenunddreißig Seeleute. Tariq Aziz, Iraks Außenminister, weiß in den Stunden nach dem Angriff genau, was für sein Land auf dem Spiel steht. In Interviews bedauert er immer wieder den Zwischenfall als ein fürchterliches Versehen. Eigentlich verantwortlich sei aber der Iran, weil er gegen den Irak Krieg führe. Für mich wird seine Argumentation von Stunde zu Stunde absurder. Aziz bittet uns Journalisten wiederholt in sein Arbeitszimmer, weil er mit unterschiedlichsten Erklärungen erreichen will, dass die von der US-Öffentlichkeit geforderten Vergeltungsschläge nicht gegen den Irak, sondern gegen den Iran gerichtet werden. Mich erstaunt, dass ihm dieses Vorhaben gelingt und die US-Streitkräfte tatsächlich iranische Ziele angreifen. Iranische Ölplattformen werden bombardiert und Einheiten der iranischen Seestreitkräfte unter Beschuss genommen. Welches Ausmaß die Militäraktionen gegen das Land annehmen, wird nicht bekannt. Iranische Offiziere berichten, selbst bei der Rückeroberung des Ölhafens Fao im April 1988 seien die Republikanischen Garden Saddam Husseins von US-Hubschraubern der Typen Sikorski und Apache unterstützt worden.

In Iran weckt die offene Parteinahme der Amerikaner für Irak den alten Hass gegen die USA zu neuem Leben. Als der US-Zerstörer *Vincennes* am 3. Juli einen Airbus der iranischen Fluggesellschaft auf dessen Linienflug nach Dubai abschießt, sterben alle 290 Insassen, unter ihnen 66 Kinder. Die US-Streitkräfte behaupten, es habe sich um ein Versehen gehandelt, der Angriff habe einer F-14 der iranischen Luftwaffe gegolten. Doch eine Maschine dieses Typs befand sich gar nicht in Reichweite der Waffen des Kriegsschiffs. Zudem verschweigt der US-Generalstab, dass die *Vincennes* zum Zeitpunkt des Zwischenfalls in iranischen Hoheitsgewässern unterwegs war. Dies dürfte den vorschnellen Feuerbefehl des später ausgezeichneten Kapitäns ausgelöst haben. Zwar zahlen die USA an die Familien der Opfer eine Entschädigung, doch die politische Kluft zwischen der Islamischen Republik und Iran scheint nun unüberbrückbar.

Terrorismusvorwürfe gegen Iran

1992 erneuert Präsident George Bush das Waffenexportverbot und schließt dabei auch »Dual-Use«-Güter ein. Davon sind große Bereiche des Exports betroffen, weil viele auf den ersten Blick zivile Produkte, die Iran importiert, auch im militärischen Sektor Verwendung finden können. Mit diesen Maßnahmen wollen die USA eine Wiederaufrüstung der durch den achtjährigen Krieg mit Irak geschwächten Islamischen Republik verhindern. Hoffnungen, dass der Zermürbungskrieg das Land entscheidend schwächt und einen Prozess politischer Veränderungen einleitet, sind nicht in Erfüllung gegangen.

Aber statt zu versuchen, durch Verhandlungen eine allmähliche Normalisierung des Verhältnisses zwischen beiden Staaten herbeizuführen, setzt die US-Regierung erneut auf eine Politik der Schwächung und Isolierung. In Washington arbeitet man weiter darauf hin, die islamische Herrschaftsform zu beseitigen. Gleichzeitig soll aber auch der an den Kriegsfolgen leidende Irak unter Kontrolle gehalten werden. Die USA gehen zum Regime von Saddam Hussein auf Distanz.

Da Iran und Irak beide langfristig isoliert und die Regierungen nach Möglichkeit gestürzt werden sollen, folgt unter der Clinton-Administration 1995 das Konzept des »dual containment«. Iran und Irak sollen durch Sanktionen und mittels internationaler Absprachen langfristig geschwächt werden. Doch es gelingt der US-Regierung nicht, dieses von Israel befürwortete Konzept weltweit durchzusetzen. Staaten in Fernost, wie Japan und China, sowie einzelne Länder Westeuropas weiten ihre Handelsbeziehungen zum Iran sogar noch systematisch aus. Damit verkehrt sich die Politik Washingtons in ihr Gegenteil: Statt Iran den Zugang zum Weltmarkt abzuschneiden, werden vor allem US-Firmen daran gehindert, Handelsbeziehungen mit Teheran aufzunehmen.

Doch auch diese nicht beabsichtigte Wirkung führt zu keinem Umdenken in der US-Regierung. Gegenüber Iran bleibt die Politik der Vereinigten Staaten durch Verschärfung der Sanktionen gekennzeichnet. Im Kongress nimmt sogar die Anzahl der Abgeordneten zu, die sich für eine völlige internationale Isolierung Irans aussprechen. 1995 untersagt Präsident Clinton per Erlass US-Firmen und ihren im Ausland angesiedelten Tochterunternehmen, in iranische Energiesektoren zu investieren.[2] Diese Maßnahme wird im Mai 1995 durch ein umfassendes Handels- und Investitionsverbot erweitert, das allerdings den Import iranischen Öls ausnimmt, wenn es außerhalb der Islamischen Republik raffiniert wird. 1996 folgt ein umfangreiches Sanktionsgesetz, das sich sowohl gegen Iran als auch gegen Libyen richtet. Fortan kann der Präsident jede Firma oder Einzelperson, die mehr als zwanzig Millionen US-Dollar in einem der beiden Länder investiert, bestrafen.[3] Dieses Gesetz stößt auf internationale Kritik, weil es nicht auf US-Investoren beschränkt ist, sondern weltweit gelten soll. Damit wollen die USA ihren Handelspartnern die eigene Iranpolitik aufzwingen. Trotz internationaler Ablehnung verlängert Präsident Bush 2001 per Dekret diese Sanktionierungsmaßnahme.

In Teheran wird dieser Schritt als Absage an Versuche der iranischen Führung gewertet, die Beziehungen mit den USA wieder in normale Bahnen zu lenken. Für den 1997 gewählten Reformpolitiker Mohammad Khatami bedeutet die Halsstarrigkeit Washingtons einen herben Rückschlag. Im Zentrum der Politik des Geistlichen stehen vorsichtige Bemühungen, die Islamische Republik zu liberalisieren und sie aus der außenpolitischen Isolation zu führen. Dabei bekundet Khatami zum wiederholten Male sein Interesse an einer Verständigung mit den USA. Der Präsident wird von der großen Mehrheit der Iraner unterstützt, wobei sich vor allem die Jugend eine innenpolitische Erneuerung und eine außenpolitische Öffnung des Landes wünscht. Wenn Anhänger Khatamis im Wahlkampf für eine zweite Amtsperiode des Präsidenten im Frühjahr 2001 »Tod den Taliban« skandieren, richtet sich diese Parole nicht gegen die Machthaber in Afghanistan, sondern gegen die Konservativen im eigenen Land.

Im Iran ist die Auseinandersetzung zwischen einem islamischen Reformflügel und den Konservativen, die eine Stärkung der nur schwach entwickelten Freiheitsrechte und eine Öffnung des Landes verhindern wollen, voll entbrannt.

Aktivisten der Reformbewegung nutzen deshalb so gerne Slogans gegen die Taliban, weil sie unverfänglich sind und die Islamische Republik monatelang am Rande eines Krieges gegen Afghanistan gestanden hat: Im Mai 1998 war es sogar zu Grenzscharmützeln gekommen, nachdem die Taliban dreizehn iranische Diplomaten ermordet hatten. Eine Herrschaft nach dem Vorbild der afghanischen Gotteskrieger ist iranischen Jugendlichen ein Gräuel.

Diese Bereitschaft, sich den USA anzunähern, wird nach den Anschlägen des 11. September besonders deutlich. Auch im Iran reagieren Menschen mit Abscheu, in Teheran bekunden Hunderte mit Kerzen in den Händen ihre Solidarität mit den Opfern. Irans Präsident Khatami unterstützt die Forderung seines US-Kollegen nach einem »Krieg gegen den Terror«, doch solle dieser im Rahmen der Vereinten Nationen geführt werden. »Niemand darf den üblen Vorfall als Vorwand nutzen, eine andere Katastrophe auszulösen«, erklärt Khatami dem saudischen Kronprinz Abdullah dreizehn Tage nach dem Terroranschlag.[4] Doch die USA setzen einzig auf eine taktische Kooperation mit Iran in der bevorstehenden militärischen Auseinandersetzung mit den Taliban und nutzen die Angebote nicht für eine Neuorientierung ihrer Iranpolitik.

Während der iranische Präsident im Kampf gegen den Terror für eine Zusammenarbeit mit den USA eintritt, gehen die Konservativen auf Distanz. Sie sehen in dem Afghanistanfeldzug nur einen ersten Schritt, auch Iran militärisch anzugreifen. Für sie ist die Aussage des US-Präsidenten, er führe einen »neuen und andersartigen Krieg« gegen all jene, »die den Terror exportieren wollen, und einen Krieg gegen jene Regierungen, die die Terroristen unterstützen und ihnen Unterschlupf gewähren«[5], auch gegen die Islamische Republik gerichtet.

Doch während des Afghanistankriegs treten diese inneriranischen Widersprüche zurück. Revolutionswächter organisieren in Westafghanistan einen Vormarsch gegen die Taliban. In Absprache mit den US-Streitkräften werden Aufständische von Iran aus nach Afghanistan geschickt und dort von iranischen Kommandos unterstützt. Die unter iranischem Einfluss stehende und auch teilweise vom Iran ausgerüstete Nordallianz trägt die Hauptlast des Bodenkriegs, in dem die Taliban binnen fünf Wochen vernichtend geschlagen werden. Wie weit die Kooperation zwischen den USA und Iran geht, bleibt unklar, da beide Seiten bisher dazu schweigen.

Die meisten Iraner nehmen mit Freude zur Kenntnis, dass ihre Regierung während des Afghanistankriegs ein stilles Bündnis mit den USA geschlossen hat. Bis heute sind Politiker in Teheran verärgert, dass die Regierung in Washington die Zusammenarbeit nicht genutzt hat, um die informellen Kontakte zwischen beiden Seiten in politische Verhandlungen überzuleiten. Das Gegenteil ist der Fall: Am 29. Januar 2002, also wenige Wochen nach Ende des Afghanistanfeldzugs, heizt US-Präsident Bush den Krieg der Worte noch weiter an. In seiner Rede zur Lage der Nation spricht er von der »Achse des Bösen«, die von Irak, Iran und Nordkorea gebildet werde. »Staaten wie diese und ihre terroristischen Verbündeten … bewaffnen sich, um den Weltfrieden zu bedrohen. Mit ihrem Streben nach Massenvernichtungswaffen stellen diese Regime eine ernste und zunehmende Gefahr dar.«[6] Mit dieser Aussage bereitet Bush die Bevölkerung seines Landes auf den nächsten Militäreinsatz vor. Die USA würden tun, was zur Sicherung der nationalen Interessen notwendig sei, erklärt der Präsident vieldeutig.

In Teheran steht die Regierung unter Schock. Statt die Zusammenarbeit in Afghanistan zu würdigen und Verhandlungen anzubieten, äußere der US-Präsident unverblümt Kriegsdrohungen. Damit gefährde er den Weltfrieden, meint Außenminister Kamal Kharrazi und weist vier Tage später in einem Brief an den UN-Generalsekretär die »unbegründeten Vorwürfe« zurück. »Die haben innenpolitische Ziele und sollen helfen, die Militärausgaben der USA zu verdoppeln.« Kharrazi spricht von einer »goldenen Gelegenheit für die internationale Gemeinschaft, gegen Gewalt und Terrorismus zu mobilisieren«.[7] Die Idee des US-Präsidenten, eine Weltkonferenz gegen den Terrorismus abzuhalten, wird begrüßt. Schließlich habe Iran als erstes Land die internationale Gemeinschaft vor dem Terror und der Drogengefahr gewarnt, die von einem durch die Taliban kontrollierten Afghanistan ausgehe.

In der Rede des US-Präsidenten sieht die iranische Führung einen Beleg, dass man es in Washington nicht aufgegeben hat, die islamische Ordnung gewaltsam zu stürzen. Präsident Khatami wirft den USA »kriegshetzerische Politik« vor. Die Kampagne gegen den Terrorismus diene nur als Vorwand, die Welt in Richtung Krieg und Gewalt zu drängen. Systematisch werden die iranischen Streitkräfte auf einen Angriff der Amerikaner vorbereitet und vollständig umgruppiert. Zusätzlich stellt die militärische Führung umgehend neue Freiwilligenverbände auf.

Doch die zunehmende Konfrontation zwischen Iran und den USA wird von dem sich abzeichnenden Irakkrieg überlagert. Bereits in den Monaten vor dem amerikanischen Einmarsch wird deutlich, dass sich die Führung in Teheran zwar gegen einen Krieg ausspricht, praktisch jedoch den Einsatz der US-Streitkräfte zum Sturz Saddam Husseins unterstützt. So weigert sich Ayatollah Sistani, Iraks einflussreichster schiitischer Würdenträger, ein gebürtiger Iraner, den von Iraks Präsident Hussein geforderten Aufruf zum heiligen Krieg zu verfassen. Sistani ruft die Schiiten im Falle eines Angriffs nicht zum Kampf gegen ausländische Invasionstruppen auf, sondern verlangt von den Gläubigen nur, ihr persönliches Gut und die religiösen Stätten zu verteidigen. Praktisch bedeutet dies, dass sich die Shiiten während des kommenden Krieges neutral verhalten sollen.

So stoßen die Invasionstruppen im überwiegend von Schiiten bewohnten Südirak auch auf keinen nennenswerten Widestand der Zivilbevölkerung. Auch im Irakkrieg kehren von Revolutionswächtern ausgebildete und unterstützte Exilgruppen-Milizen in ihre Heimat zurück. In diesem Fall werden Gegner Saddam Husseins zur Unterstützung eines von US-Streitkräften geführten Angriffs in den Kampf geschickt. Praktisch sorgen die proiranischen Verbände in den von den US-Truppen eroberten Gebieten für Ruhe und halten den ausländischen Soldaten während ihres Vormarschs auf Bagdad den Rücken frei. In den Kriegswochen ist aus Washington kaum Kritik an der iranischen Führung zu hören.

Iran nächstes Kriegsziel der USA?

Doch schon wenige Wochen nach der Einnahme Bagdads schlagen US-Politiker wieder andere Töne an. Als Präsident Bush am 1. Mai 2003 an Bord des Flugzeugträgers *Abraham Lincoln* die Kampfhandlungen im Irak für beendet erklärt, lässt er keinen Zweifel, dass er eine Weiterführung des Krieges für möglich hält: »Der Irakkrieg ist ein Sieg im Krieg gegen den Terror, der am 11. September 2001 begonnen hat und noch nicht zu Ende ist.«[8] Die Regierung in Washington macht deutlich, dass der Feldzug künftig gegen Iran und Nordkorea fortgesetzt werden kann, wenn nötig, ohne Unterstützung. »Wenn es keine Lösung ›made in America‹ geben soll«, warnt die damalige Sicherheitsberaterin Condoleezza Rice, »dann lasst uns herausfinden, wie wir die Fälle Nordkorea und Iran beilegen können.«[9] Mit diesen Worten weckt sie Erinnerungen an die Vorbereitungsphase des Irakkriegs.

Ohne dass Gespräche mit der Regierung in Teheran gescheitert sind und ohne dass es zu einem offenen Konflikt zwischen Iran und der IAEA kommt, erklärt John Bolton, seinerzeit Staatssekretär im US-Außenministerium, wenige Tage später, Krieg müsse »eine Möglichkeit bleiben«, Iran an der Herstellung von Atomwaffen zu hindern.[10] Schließlich habe sein Präsident mehrfach betont, alle Optionen seien möglich. Die Wortwahl des Staatssekretärs auf einer Podiumsdiskussion lässt wenig Raum für eine diplomatische Lösung: »Die Schurkenstaaten müssen sich auf Konsequenzen einstellen: Dabei ist keine Option vom Tisch.«[11] Fast gleichzeitig erklärt der stellvertretende Außenminister Richard Armitage: »Es gibt in unseren Köpfen keinen Zweifel daran, dass Iran weiter ein Kernwaffenprogramm betreibt.«[12] Bemühungen, Iran ein aktives militärisches Atomprogramm nachzuweisen, sind nicht zu erkennen. Es sind jeweils Behauptungen, denen die Kriegsdrohungen folgen. Konkrete Hinweise auf ein in die Wege geleitetes Atomwaffenprojekt fehlen bis heute.

Für die konservative Staatsführung im Iran bieten diese Drohungen willkommene Vorwände, die Reformer endgültig auszuschalten. Ihre Erfolglosigkeit ist nicht nur auf Behinderungen durch die Antireformkoalition zurückzuführen. Viele Anhänger wenden sich auch ab, weil die Reformer nicht bereit sind, konsequent für ihre Zusagen einzutreten. Natürlich werden die Reformkräfte bei Wahlen behindert. Doch der konservative Wächterrat kann auch deren sinkende Popularität nutzen, um die große Mehrheit ihrer Kandidaten von Wahlen auszuschließen, ohne einen Proteststurm fürchten zu müssen. Die vom Bruder des Präsidenten, Mohammad Reza Khatami, geführte Reformpartei zieht ihre dezimierten Kandidaten bei den Parlamentswahlen im Januar 2004 sogar zurück und ruft zu deren Boykott auf. Die Konservativen erringen fast 80 Prozent der 290 Parlamentssitze und können damit die Politik des Präsidenten bis zum Ende seiner Amtszeit weitgehend blockieren.

Bei den Atomverhandlungen zwischen der EU und Iran bestehen seither geringere Möglichkeiten für einen Kompromiss, denn die konservative Parlamentsmehrheit in Teheran verweigert Zugeständnisse an die Europäer. Zudem verkleinert sich der Handlungsspielraum weiter, weil die USA das Atomprogramm Irans ablehnen und davon ausgehen, dass dort geheime Militärprojekte betrieben werden. Ähnlich wie im Vorfeld des Irakkriegs leiten US-Politiker die Gefahr durch iranische Massenvernichtungswaffen aus Analysen der CIA ab. Im November 2004 heißt es im jährlichen CIA-Bericht an den Kongress bezüglich des weltweiten Strebens nach Massenvernichtungswaffen: »Iran setzt beharrlich und voller Energie den Plan eines eigenen Programms zur Herstellung von nuklearen, chemischen und biologischen Waffen fort.«[13] Wie in Geheimdienstberichten üblich, werden keine Beweise angeführt. Betont wird jedoch die Unterstützung, die das iranische Atomprogramm in der Vergangenheit vom Netzwerk des pakistanischen Atomwaffenkonstrukteurs Kadir Khan erhalten hat. Im Abschnitt über die iranischen Atomwaffen heißt es: »Die Vereinigten Staaten bleiben überzeugt davon, dass Teheran ein geheimes Nuklearwaffenprogramm betrieben hat, das im Widerspruch zu seinen Verpflichtungen als Partei des Atomwaffensperrvertrags steht. … Internationale Untersuchungen und die Inspektionen und Sicherheitsvorkehrungen der Internationalen Atomenergie-Behörde (IAEA) werden Teheran höchstwahrscheinlich davon abhalten, der IAEA gemeldete Anlagen direkt für sein Waffenprogramm zu nutzen, solange Teheran ein Unterzeichner des Atomwaffensperrvertrags bleibt. Allerdings könnte Iran die gleiche Technologie an anderen, versteckten Orten zur militärischen Anwendung nutzen.«[14]

Wie ungesichert der CIA-Bericht über die iranischen Massenvernichtungswaffen sein dürfte, wird aus einer Studie zu Geheimdienstberichten ersichtlich, die der ehemalige Richter Laurence H. Silberman und der einstige Gouverneur und Senator Charles S. Robb im März 2005 dem Präsidenten übergeben.[15] Darin wird festgestellt, dass die Arbeit der amerikanischen Geheimdienste unzulänglich sei und eine sichere Beurteilung des iranischen Waffenprogramms nicht zu gewährleisten vermögen. Ein Offizier, der Einzelheiten des CIA-Berichts kennt, bezeichnet die Informationslage über den Iran gegenüber der *New York Times* als »skandalös«.

Doch Condoleezza Rice, Außenministerin und Nachfolgerin

Colin Powells, nutzt das Geheimdienstdossier, um Iran zu beschuldigen, ein Atomwaffenprogramm unter dem Deckmantel ziviler Nutzung zu betreiben. Rice macht dabei keine Andeutungen, mit Iran direkt verhandeln zu wollen. Ihre Bemerkungen über die Politik den Iran betreffend bleiben verschwommen, wenn sie davon spricht, dass sich die USA in verschiedenen Foren und mit unterschiedlichen Partnern des Irans annähmen. Und dann verweist sie auf den Präsidenten, der in der Nacht zuvor in seinem Bericht zur Lage der Nation den Iranern zugesichert hat: »Wenn Sie für Ihre eigene Freiheit einstehen, stehen die Vereinigten Staaten an Ihrer Seite.«[16] Aber auch diese Präsidentenworte sind so allgemein, dass die Absichten Washingtons bezüglich Teherans nicht deutlich werden. Sie klingen ähnlich unverbindlich und vage wie Bushs öffentliche Solidarisierung mit den Demonstranten im Jahre 2003.

Dabei spielen sich Politiker und Militärs die Bälle zu. Systematisch wird Iran in Wort und Tat gedroht. John Abizaid, der Chef des amerikanischen Zentralkommandos auf dem Stützpunkt in Doha, der nur dreihundert Kilometer von der iranischen Golfküste entfernt liegt, warnt bereits im November 2004 die Regierung in Teheran: »Man sollte niemals die Schlagkraft der USA zu Wasser und in der Luft unterbewerten.«[17] Auch wenn aufgrund der Stationierung im Irak ungefähr 150 000 Soldaten gebunden seien, hätten die US-Streitkräfte noch genügend Mittel, um einen Konflikt mit Iran auszutragen: »Wir haben eine unglaubliche Macht«, erklärt Abizaid, nachdem Iran wenige Tage zuvor angekündigt hat, sein Programm zur Urananreicherung auszusetzen. Aussagen wie diese sind europäischen Medien höchstens eine kurze Notiz wert. Iranische Zeitungen berichten dagegen in großer Aufmachung über derartige verbale Kraftakte.

Auch die von verschiedenen israelischen Politikern periodisch geäußerten Absichten, gegen den Iran militärisch vorzugehen, hinterlassen Wirkung, insbesondere weil sie international nicht verurteilt werden. Politiker in Teheran messen ihnen enorme Bedeutung bei, denn sie fassen solche Aussagen als tatsächliche Angriffsabsichten auf und neigen sogar dazu, zu viel in sie hineinzuinterpretieren. Oft werden gegen Iran gerichtete Drohgebärden auch im inneriranischen Machtkampf genutzt. So stehen nach dem Ende des Irakkriegs in Teheran Journalisten aus dem Reformlager vor Gericht, weil sie für Verhandlungen mit den USA plädieren. Ihnen wird zur Last gelegt, nationale Interessen zu verraten, wenn sie sich für Gespräche mit einer Macht aussprechen, die als Gefahr für die Islamische Republik erachtet wird.

Trotz der Atomverhandlungen zwischen den EU-Staaten und Iran intensivieren die USA ihre Drohungen. Oft werden diese durch Indiskretionen gestreut, die Journalisten dann mit großer Publizität verbreiten. Während US-Präsident Bush in der Rede zum Beginn seiner zweiten Amtszeit Iran nicht einmal beim Namen nennt und vierzehn Tage später in seiner Ansprache zur Lage der Nation dem iranischen Volk Unterstützung bei dessen vermeintlichem Freiheitskampf zusichert, werden mithilfe des Journalisten Seymour Hersh genau zwischen diesen beiden Bush-Auftritten in einem Zeitungsartikel Angriffsabsichten gegen Iran verbreitet. Der Journalist beruft sich vor allem auf Kritiker des Präsidenten in der Washingtoner Administration oder auf Informanten, die gerade aus dem Staatsdienst geschieden sind: »Als Nächstes werden wir einen Feldzug gegen Iran führen. Wir haben einen Krieg erklärt, und die bösen Buben, wo immer sie sitzen, sind die Feinde. Das ist das letzte Hurra – wir haben vier Jahre. Und wir wollen danach sagen können, wir haben den Krieg gegen den Terror gewonnen.« Diese Äußerung will Hersh von einem hohen Sicherheitsbeamten gehört haben. Der Journalist bekräftigt in seiner Geschichte im Magazin *The New Yorker*: »In meinen Interviews wurde mir wiederholt erzählt, das nächste strategische Ziel sei Iran.«[18]

Weltweit wird über den Hersh-Bericht diskutiert. Der US-Präsident kann sich in solch einer Situation auf Andeutungen beschränken. Vor diesem Hintergrund macht es aus Sicht der iranischen Führung keinen Sinn, sich mit der EU auf einen Atomkompromiss zu einigen. Eine diplomatische Lösung wird auch erschwert, weil selbst in Europa laut über einen etwaigen Militäreinsatz nachgedacht wird. Frankreichs Präsident Jacques Chirac nennt zwar die Islamische Republik nicht beim Namen, sieht es aber als Aufgabe seines Landes an, gegen Staaten vorzugehen, die versuchen, »sich unter Bruch der Verträge mit Atomwaffen auszustatten«.[19] Frankreich könne mit seinem Atomwaffenarsenal flexibel reagieren, erklärt Chirac auf einem Marinestützpunkt. »Gegen eine Regionalmacht haben wir nicht nur die Wahl zwischen Untätigkeit und Vernichtung.«[20] Chirac will solche Aussagen nicht als Drohungen gegen Iran verstanden wissen. Doch der französische Präsident hätte sie dann auch besser erst gar nicht in den Mund genommen, denn wenn man in einem europäischen Land den Einsatz taktischer Atomwaffen erörtert, sollte man sich auch nicht über den Wunsch Teherans entrüsten, diese ebenfalls zu besitzen.

Gegen alle Zweifel belassen es die USA nicht bei verbalen Drohungen, sondern demonstrieren ihre militärische Stärke. Im Frühjahr 2006 operieren acht Flugzeugträger in der Golfregion. Eine vergleichbare Konzentration gab es nur in den Wochen vor dem Angriff der USA und deren Verbündeten auf den Irak im März 2003. Kampfbomber, die auf den Riesenschiffen stationiert sind, proben den Abschuss taktischer Atomwaffen des Typs B 61-11, mit denen Bunker geknackt werden sollen. Die US-Manöver finden im Bereich der Radarschirme der iranischen Marine statt. Dabei üben die Flugzeuge auch das »Over-the-shoulder bombing«, bei dem der Pilot seine Maschine senkrecht in die Lüfte jagt, während die Bombe ihr Ziel sucht. Mit solch spektakulären Aktionen – vor allem mit ihrer Häufung – wird der Druck auf die iranische Staatsführung systematisch erhöht. Unklar bleibt, ob die militärischen Machtdemonstrationen als psychologisches Mittel genutzt werden sollen, um die iranische Führung zum Einlenken zu bewegen, oder ob es sich um reale Kriegsvorbereitungen handelt.

Dabei sind unterschiedliche Elemente der gegen Iran geführten Kampagne präzise aufeinander abgestimmt. Denn in Washington weiß man genau, dass ein Krieg gegen Iran wesentlich schwerer zu führen sein wird als jener zum Sturz Saddam Husseins. Die Islamische Republik ist nahezu viermal so groß wie der Irak, zählt mit siebzig Millionen zweieinhalb mal so viele Menschen und ist wirtschaftlich und militärisch nicht so zerrüttet wie der Irak unter dem Regime von Saddam Hussein. Auch im Falle Irans streben die USA die Beseitigung des politischen Systems an. Aber die iranische Führung hat andere Möglichkeiten, ihre Machtpositionen zu verteidigen. Der Einfluss im Mittleren Osten ist weit verzweigt, und anders als im Irak bereitet man sich im Iran bereits seit Jahren auf eine militärische Auseinandersetzung mit den USA vor.

Seymour Hersh hebt im April 2006 mit einem weiteren Artikel die Drohkampagne der USA gegen Iran auf eine neue Stufe. Der Kriegsplan besteht nach Informationen des Journalisten darin, dass eine »anhaltende Angriffswelle gegen Ziele im Iran die religiöse Führung demütigen wird und dies dazu führt, dass sich die Bevölkerung erhebt und die Regierung stürzt«.[21] Hersh will von einem Diplomaten in Wien gehört haben: »Es geht um viel mehr als die Atomfrage. Das ist nur ein Mobilisierungspunkt. Es steht genug Zeit zur Verfügung, um diese Frage zu lösen. Aber die Regierung glaubt, dass sie nicht geklärt werden kann, ohne dass sie die Herzen und die Gedanken Irans kontrolliert. Das Kernproblem besteht darin, wer in den nächsten zehn Jahren den Mittleren Osten und das Öl kontrollieren wird.«[22]

Im Gegensatz dazu beschränken sich die Absichten der EU-Regierungen auf die Verhinderung einer Atommacht Iran, und im Unterschied zu Washington streben die Europäer auch keinen Regimewechsel in Teheran an. Öffentlich verfolgen die USA zwar ebenfalls eine Politik, Iran mit diplomatischen Mitteln davon abzubringen, in den Besitz von Atomwaffen zu gelangen. Dabei würden aber, so Hersh, die Geheimaktionen im Iran verstärkt und die Planungen für einen möglichen großen Luftschlag vorbereitet. Und für diesen Fall sollen – so weitere Informanten Hershs – Überlegungen bestehen, taktische Atomwaffen einzusetzen. Die Vereinigten Stabschefs der Teilstreitkräfte hätten im Weißen Haus ihre Ablehnung dieser Planungen bereits geltend gemacht.

Nach Informationen Hershs soll schon ein umfassendes Programm für die politische und militärische Vorbereitung des Krieges gegen den Iran ausgearbeitet sein. In die Planung der Raketen- und Bombenangriffe seien Hunderte von Zielen einbezogen, die mit dem iranischen Atomprogramm gar nichts zu tun hätten, darunter Raketenstellungen, Kasernen der Revolutionswächter und Unterseeboote.[23]

Amerikaner verstärken psychologische Kriegführung

In der iranischen Öffentlichkeit schlagen die Meldungen über den Artikel von den US-Kriegsplanungen wie Bomben ein. Innerhalb von Tagen realisieren die Menschen, dass es wegen des Atomkonflikts sehr wohl zu einem Krieg kommen kann. Die bisher nur allzu leicht gemachten Aussagen, davor habe man keine Angst, sind nun weniger zu hören. Waren viele Iraner bis zu diesem Zeitpunkt bereit, eine Weiterführung des Atomprogramms auch gegen jeden Widerstand des Westens zu befürworten, so fragen sie sich plötzlich – zumindest insgeheim –, ob der Einsatz hierfür nicht zu hoch werden könnte. Denn eine militärische Auseinandersetzung wollen die wenigsten, denken sie doch mit Schrecken an die Toten und die gewaltigen Zerstörungen der achtziger Jahre im Krieg gegen Irak.

Wie sich – gesteuerte oder der Wahrheit entsprechende – Informationen auf das öffentliche Meinungsbild auswirken, habe ich selten so eindrücklich erlebt. Freunde rufen in meinem Büro in Teheran an, um sich die Meldungen bestätigen zu lassen und meine Ansicht zu deren Glaubwürdigkeit zu erfragen. Taxifahrer wollen wissen, ob ich mit einem Krieg rechne. Und bei Straßenbefragungen ändern sich die Antworten. Plötzlich wird nicht mehr ein iranischer Alleingang in der Atomfrage gefordert, sondern die Menschen befürworten Verhandlungen. Viele Passanten wollen, dass Iran auf die Möglichkeit zur Urananreicherung verzichtet.

Diese Wirkung von Informationen könnte bereits ein Ergebnis eines Programms sein, mit dem die US-Regierung ihre psychologische Kriegführung gegen Iran intensiviert. Im Februar stellte US-Außenministerin Condoleezza Rice bei einer Anhörung des Senats das neue Budget ihres Ressorts vor, das helfen solle, die »Sehnsüchte des iranischen Volkes« zu unterstützen, und das man nutzen wolle, »um Unterstützungsnetzwerke für iranische Reformer, politische Dissidenten und Menschenrechtsaktivisten zu entwickeln«[24]. Diese von Rice angeführte Unterstützung der iranischen Opposition wird zwar verstärkt, bildet jedoch kein neues Element in der US-Politik gegenüber Iran.

Aber die Steigerung der Beträge für die Gegner der Regierung in Teheran zeigt den Ernst der Absicht, sich in die iranische Politik einzumischen. Waren es 2005 noch umgerechnet drei Millionen Euro, so stehen 2006 bereits siebzig Millionen zur Verfügung.[25] Mit allein acht Millionen sollen politische Dissidenten, Gewerkschaftsführer, Menschenrechtsaktivisten und unterschiedlichste Organisationen unterstützt werden. Der Löwenanteil von vierzig Millionen Euro ist für TV-Programme vorgesehen, die auf Farsi in die Islamische Republik ausgestrahlt werden. Zwanzig Millionen fließen in ein Programm, mit dem die Wiedereinführung demokratischer Verhältnisse gefördert werden soll. Darunter versteht das US-Außenministerium auch den Aufbau von Kommunikationsstrukturen sowie die Liberalisierung des Internets.

Im Iran laufen bereits die Gegenmaßnahmen. Aus den USA gesendete Fernsehprogramme sind in Teheran kaum noch zu empfangen, weil sie von Störsignalen mit immer größerer Kraft überlagert werden. Zudem hat die Polizei im Juli und August wieder ohne Genehmigung installierte Satellitenschüsseln abgebaut. Seit Jahren werden sie geduldet, auch wenn es immer wieder für einige Wochen solche Polizeiaktionen gibt.

Gleichzeitig wächst der Druck auf die Kritiker der islamischen Herrschaft. Regierungsgegner werden stärker überwacht und kontrolliert. Die Oppositionsgruppen ziehen sich immer mehr zurück, weil viele befürchten, der Kollaboration mit der

US-Regierung beschuldigt zu werden. Neben dieser Angst lähmen auch die katastrophalen Zustände im Irak Gegner und Kritiker der religiösen Herrschaft. Proamerikanische Demonstrationen wie nach den Anschlägen vom 11. September sind in Teheran nicht mehr zu erwarten.

Dabei hegt ein großer Teil der iranischen Bevölkerung anders als viele Araber traditionell ausgesprochene Sympathien für die Vereinigten Staaten. Doch von der Unbefangenheit der vergangenen Jahre ist in Teheran immer weniger zu verspüren. Somit verkehren sich Versuche, den vorsichtig eingeleiteten Wandel in eine Zivilgesellschaft zu fördern, vielfach in ihr Gegenteil.

Auch Bemühungen, nationale Minderheiten wie Kurden, Aserbaidschaner, Araber oder Belutschen gegen die Regierung in Teheran aufzuwiegeln, werden nicht die erhoffte Wirkung bringen. Im Laufe der iranischen Geschichte sind Aufstände in den von ethnischen Minderheiten bewohnten Grenzprovinzen immer wieder gescheitert. In Momenten, in denen Iraner den Zusammenhalt ihres Staates gefährdet sehen, rücken sie zusammen. Nach Ende des Zweiten Weltkriegs wurden die mehrheitlich von Kurden und Aserbaidschanern bevölkerten Regionen, in denen mit sowjetischer Unterstützung die Republiken Kurdistan und Aserbaidschan ausgerufen worden waren, binnen Wochen von Truppen der Regierung in Teheran erobert.

Heute gehören Aserbaidschaner zur politischen Elite in Teheran und kontrollieren auch Teile des Bazars. Damit kommt eine Abtrennung von Iran nicht in Betracht, insbesondere weil die drei aserbaidschanischen Provinzen im Iran über keine Erdöl- oder Erdgasvorkommen verfügen. Zwar gibt es in Tabriz, der größten Stadt der Aserbaidschaner, immer wieder Unruhen, doch gehen die Menschen dort nicht für eine Loslösung vom Iran auf die Straße, sondern für eine Liberalisierung der Gesellschaftsformen und eine Verbesserung der Lebensbedingungen. Bei den Demonstrationen gegen den Schah hatten Demonstrationen in Tabriz eine Pilotfunktion für die Zentralprovinzen. Sie waren keinesfalls von einem Geist der Abtrennung getragen. So können auch heute Unruhen in der Provinz nur Erfolg haben, wenn sie auf die Hauptstadt Teheran übergreifen.

Sollten US-Geheimdienstkreise glauben, durch die Unterstützung aserbaidschanischer Exilgruppen, die mit einer Abtrennung vom Iran liebäugeln, zur Destabilisierung der islamischen Herrschaft beitragen zu können, so dürfte sich eine solche Politik als Fehlschlag erweisen. In der ölreichen Provinz Khusistan, in der Araber leben, lässt sich Armut sehr leicht nutzen, um Unruhe zu stiften. Denn ähnlich wie im Irak sind in den Dörfern gewaltige Waffen- und Sprengstoffvorräte verborgen. Die Anschläge der vergangenen Monate in der Provinzhauptstadt Ahwaz zeigen, dass die Regierung in Teheran die Untergrundgruppen nicht ausschalten kann. Die Araber sehen den Reichtum der Menschen im nahen Kuwait und wollen endlich, dass die gewaltigen Öleinnahmen auch zu einer Vebesserung ihrer Lebensverhältnisse beitragen. Der Unmut wächst, da die Araber auf Irans Ölblasen leben, deren Ausbeutung allerdings allein dem Wohlstand Teherans dient. Doch Unruhen in den Grenzprovinzen werden nur dann auf das Zentrum Irans übergreifen, wenn deren Ziel eine Änderung der politischen Verhältnisse im ganzen Land ist. Die Bewohner Teherans sowie der angrenzenden Zentralprovinzen befürchten, dass ihr Lebensstandard im Falle eines Auseinanderbrechens Irans auf das Niveau Afghanistans sinkt, da die Regionen mit den Bodenschätzen und den Meereszugängen von nationalen Minderheiten bewohnt werden.

Einzig die Kurden nehmen im Iran eine Sonderstellung ein.

Sie sind besser integriert als im Irak während der Herrschaft Saddam Husseins, obwohl die Unterdrückung ihrer Kultur und die wirtschaftliche Unterentwicklung der an den Irak grenzenden Provinzen auch das kurdische Nationalbewusstsein stärken. Zwar haben die Regierungstruppen nach der Islamischen Revolution einen Aufstand dieser Volksgruppe niedergeschlagen und oppositionelle Organisationen ins Exil gedrängt, aber Forderungen und Wünsche nach Selbstverwaltung oder sogar nach einem eigenen Staat leben unter den Kurden Irans weiter. Wie im Irak werden sie auch hierzulande jede Chance zur Wiedererlangung ihrer Autonomie nutzen. Mit einer Parteinahme für die Kurden werden sich die USA zwar deren Sympathie sichern, aber gleichzeitig den in Teheran auch unter der Bevölkerung existierenden Antiamerikanismus stärken.

Der Ausbau von Auslandssendern und die Unterstützung von Regierungsgegnern werden zunehmend von militärischen Machtdemonstrationen begleitet. Die Übungsflüge und die Truppenkonzentration in der Golfregion werden ergänzt durch Manöver und Waffentests, mit denen Iran eingeschüchtert werden soll. Im Mai 2006 üben Schiffe der türkischen, amerikanischen, französischen und portugiesischen Marine den Einsatz gegen die Verbreitung von Raketen- und Atomtechnologie. Trainiert wird im Rahmen einer drei Jahre zuvor von den USA gestarteten Initiative gegen die Verbreitung von Massenvernichtungswaffen mit der Bezeichnung »Proliferation Security Initiative« (PSI). Eines der Ziele des Manövers in der Türkei besteht darin, Lieferungen an einem Grenzübergang und auf einem Flughafen zu stoppen. Offiziell richtet sich die Militärübung gegen keinen bestimmten Staat, aber in Teheran wird darin eine Drohung in Richtung Islamische Republik gesehen. In den vergangenen Jahren haben zwanzig solcher Manöver stattgefunden. Aber die arabischen Golfstaaten schicken nur Manöverbeobachter. Bis heute haben die USA vergeblich versucht, sie für eine aktive Teilnahme an den Übungen zu gewinnen.

Auch der für Anfang Juni geplante und dann mehrfach verschobene Bombentest mit dem Namen »Göttliche Planke« (Divine Strake) ist Teil des militärischen Bedrohungsszenarios. Hundertvierzig Kilometer nordwestlich von Las Vegas wollen die US-Streitkräfte in der Wüste Nevadas die größte konventionelle Bombe aller Zeiten zünden. Für Versuchsleiter James A. Tegnelia handelt es sich um die »größte einzelne Explosion, die wir uns vorstellen können«. Es soll herausgefunden werden, ob durch die Detonation von siebenhundert Tonnen Sprengstoff unterirdische Bunkeranlagen zerstört werden und große konventionelle Bomben damit taktische Atomwaffen ersetzen können. Der Testtermin muss ebenso wie ein vier Wochen später angesetzter Ausweichtermin nach Klagen von Umweltschützern verschoben werden.

Aus Sicht der psychologischen Kriegführung ist dieser Test auch nicht mehr notwendig, da wieder neue Verhandlungen mit Iran beginnen und eine mögliche militärische Eskalation damit in den Hintergrund tritt.

In den iranischen Generalstabskreisen werden die Befürworter einer eigenen Atombombe dieses Bedrohungsszenario zu ihren Gunsten nutzen. Schon heute gibt es Teheraner Politiker, die glauben, mit Atomwaffen könne sich die Islamische Republik wesentlich besser gegen mögliche Angriffe der USA verteidigen. Der Regierung in Washington wird unterstellt, den Atomkonflikt nur als Vorwand zu nutzen, um erneut die Kontrolle über die iranische Wirtschaft zu erringen, die die USA durch den Sturz des Schahs verloren hätten. Da in den vergangenen siebenundzwanzig Jahren alle Versuche seitens der Amerikaner gescheitert sind, mittels Wirtschaftssanktionen oder politischem Druck den Einfluss im Iran zurückzugewinnen, verdächtigt man die Regierung in Washington, dass sie sich den Zugang zu den Rohstoffen des Landes jetzt mit militärischen Mitteln erzwingen wolle.

Irans strategische Rohstoffreserven

Für den wachsenden Bedarf der Weltwirtschaft nach Öl spielt Iran eine wichtige Rolle. Mit elf Prozent der heute bekannten Reserven verfügt die Islamische Republik neben Saudi-Arabien und Irak über die weltweit größten Vorkommen.[26] Hinzu kommt, dass das Land nach Russland die zweitgrößten Gasreserven der Welt besitzt. Für die Energiekonzerne der USA entwickelt sich das von der eigenen Regierung erlassene Handelsverbot mit Iran damit zu einem Albtraum, da sie an Beziehungen zu einem der wichtigsten Lieferanten gehindert werden. Dabei ist es für die Ölversorgung der USA bereits problematisch, dass sich nahezu zwei Drittel aller weltweit bekannten Ölreserven im Nahen und Mittleren Osten befinden, allein 22 Prozent in Saudi-Arabien. Damit besteht die Gefahr einer zu großen Abhängigkeit von einer Krisenregion.

»Um Amerika konkurrenzfähig zu halten, bedarf es erschwinglicher Energie. Und da haben wir ein ernstes Problem – Amerika ist süchtig nach Öl, das oft aus instabilen Teilen der Welt importiert wird«, muss US-Präsident Bush im Januar 2006 in seiner Rede zur Lage der Nation eingestehen.[27] Da bietet es sich an, diese Teile der Welt zu stabilisieren und dort für sichere Handelswege zu sorgen. Zwar will der US-Präsident 75 Prozent des aus dem Mittleren Osten importierten Öls bis zum Jahre

2025 ersetzen, doch auch »nur« zwanzig Jahre können eine sehr lange Zeit sein – insbesondere wenn die bekannten Ölreserven der USA den Verbrauch des Landes für nur vier Jahre decken. Bereits heute verbrauchen die USA täglich 21 Millionen Barrel (1 Barrel = ca. 159 Liter). Von ihnen werden täglich 14 Millionen eingeführt, eine Menge, welche ungefähr den Exporten der drei größten Ölländer, also Saudi-Arabien, Iran und Irak, entspricht. Denn in den USA werden nur sieben Millionen Barrel gefördert.[28]

Werden die Vereinigten Staaten bei so niedrigen eigenen Reserven und einem so gewaltigen Bedarf hinnehmen, dass sie über einen längeren Zeitraum von den iranischen Ölquellen abgeschnitten sind? Und wird die Regierung in Washington sich nur mit der Rolle des Zuschauers begnügen, wenn sich China, der große Konkurrent auf dem Weltmarkt, die iranischen Rohstoffreserven durch umfassende Verträge sichert? Eine Zurückhaltung der Amerikaner in der Ölfrage ist kaum zu erwarten – vor allem dann nicht, wenn es um die Konkurrenz mit China geht.

Mit sieben Millionen Barrel gehört das Land bereits heute zu den Großverbrauchern des Welterdöls.[29] Und der Bedarf des Riesenreichs ist in den vergangenen vier Jahren um jeweils zehn Prozent gestiegen. Ein Ende des chinesischen Ölhungers ist nicht abzusehen. Experten rechnen mit einer Verdopplung des Verbrauchs bis 2025. Nach Berechnungen der Energie-Informationsverwaltung der US-Regierung verbrauchte China in den vergangenen vier Jahren vierzig Prozent der Steigerung des Weltölbedarfs.[30] Die zunehmenden chinesischen Importe sind zurzeit einer der bedeutendsten Faktoren des Weltölmarkts. Die Chinesen und die Amerikaner haben dabei das gleiche Problem: Sie verbrauchen viel mehr Öl, als sie selbst zu fördern in der

Lage sind, und außerdem werden die Vorräte im eigenen Land binnen weniger Jahre zur Neige gehen. Die USA verfügen nur über 2,5 Prozent der Weltreserven, China gar über noch weniger, nämlich 1,4 Prozent.[31]

Angesichts der US-Wirtschaftssanktionen und der Zurückhaltung von Firmen europäischer Staaten, mit Iran langfristige Verträge zu schließen, orientiert man sich in Teheran in Richtung Osten. Auf dem Öl- und Gassektor existieren bereits bedeutende Lieferverpflichtungen nach China und Indien. Allein »Sinopec«, Chinas größter Gasverarbeiter, wird in den nächsten 25 Jahren 250 Millionen Tonnen Flüssiggas im Wert von 80 Milliarden Euro aus Iran beziehen. China ist dringend auf die Lieferungen aus dem Iran angewiesen, da mehrere Kraftwerke bereits heute aus Gasmangel nicht betrieben werden können. Seit Januar 2006 ist Iran Chinas größter Öllieferant. Auch mit Indien existieren Lieferverträge über eine Laufzeit von 25 Jahren. Und mit einem japanischen Ölkonzern verhandelt Iran über die Erschließung eines der größten noch nicht genutzten Ölfelder der Welt, in dem 26 Milliarden Barrel des schwarzen Goldes vermutet werden.

In dieser Ostorientierung sieht die Staatsführung in Teheran eine Möglichkeit, die langfristige Wirtschaftsentwicklung des Landes zu sichern, trotz der Boykottmaßnahmen seitens der USA und der EU-Staaten. China gilt bei einigen reichen Iranern bereits als Geheimtipp für Investitionen und als Anlageparadies für Schwarzgeld. Denn im Falle von Sanktionen müssen auch Gegner Ahmadinejads damit rechnen, dass ihre Auslandsanlagen eingefroren oder beschlagnahmt werden. Deshalb wenden sie sich nach China als vermeintlich sicheren Ort, wo sie keine Sanktionen zu befürchten haben.

Ideologische Überlegungen treten bei offiziellen Beziehungen mit ehemals sozialistischen Staaten zunehmend in den Hintergrund. China und Russland, in den Tagen der Revolution wegen ihrer politischen Systeme abgelehnt, sind heute willkommene Bündnispartner. Iran strebt sogar die Mitgliedschaft in einer Organisation an, zu der sich Russland, China sowie die zentralasiatischen Republiken Kasachstan, Kirgisien, Tadschikistan und Usbekistan zusammengetan haben. In der »Shanghai Cooperation Organization« (SCO), deren Gebiet die Hälfte der Weltbevölkerung umfasst, hat Iran neben Indien, der Mongolei und Pakistan bereits einen Beobachterstatus.

Bei der Führung in Teheran geht man auch davon aus, am Wirtschaftsaufschwung in Asien profitieren zu können. Analysten prognostizieren, dass in einigen Jahren China die Produktion der USA und Indien die der EU übertreffen werden. Und die Islamische Republik verhehlt ihre Bereitschaft nicht, wichtigster Energielieferant dieser Staaten zu werden. Für die Führung in Teheran bedeutet eine Organisation wie die SCO auch eine Art Rückversicherung gegenüber den Versuchen der Staaten des Westens, das Land zu isolieren.

Irans Suche nach langfristigen Kooperationspartnern wird auch bei der Ausbeutung des größten Gasfeldes der Welt deutlich, in dessen Erschließung und Verarbeitung umgerechnet fünfundzwanzig Milliarden Euro investiert werden. Es laufen Verhandlungen unter anderem mit »Patronas« aus Malaysia und mit den europäischen Firmen »Shell«, »Total« und »BP« über die Herstellung und Verschiffung von Flüssiggas. Wegen der zunehmenden Querelen um das iranische Atomprogramm halten sich die europäischen Firmen seit dem Sommer 2005 merklich zurück. Umso bedeutsamer wird die Rolle fernöstlicher Firmen für die Gasproduktion der Islamischen Republik. Nur sie verfügen über die Mittel für so gewaltige Investitionen, die erforderlich sind, um langfristig Förderung, Verarbeitung und Transport von Öl und Gas zu sichern.

Derzeit hat Iran trotz des Widerstands der USA die ersten Schritte unternommen, um eines seiner Großprojekte im Osthandel zu verwirklichen. Für vier Milliarden Euro wird eine so genannte Friedenspipeline gebaut. Ab 2009 sollen durch deren 2775 Kilometer lange Rohre jährlich 35 Milliarden Kubikmeter Gas aus den Raffinerien des südiranischen Assalouyeh nach Pakistan und Indien gepumpt werden. Bis heute wird die Pipeline jedoch nur auf iranischem Territorium gebaut: Indien steht unter dem Druck seitens der USA, sich nicht mehr an dem Projekt zu beteiligen. Langfristig ließe sich diese Pipeline bis in die chinesische Provinz Yunnan verlängern. Ein entsprechender Vorschlag wurde bereits von Pakistans Präsident Pervez Musharraf gemacht, der seinem Land auf diese Weise Transitgebühren in Höhe von mindestens 500 Millionen Euro sichern möchte.[32]

In einem konkurrierenden Projekt, das von den USA unterstützt wird, soll turkmenisches Gas durch Afghanistan nach Pakistan befördert werden. Der Baubeginn dieser im Jahre 2002 beschlossenen Pipeline verzögert sich immer wieder, weil deren Rohre auch durch die von Aufständischen kontrollierten Gebiete Südafghanistans verlaufen sollen. Und mit »Nabucco«, einer 3300 Kilometer langen, von der Türkei nach Österreich verlaufenden Pipeline, ist ein drittes Großprojekt in Planung. Auch die Verlegung dieser Leitung ist noch nicht beschlossen. Eingespeist werden könnte Gas aus Aserbaidschan, Iran oder auch Irak. Ob die 4,6 Milliarden Euro teure Pipeline überhaupt realisiert wird, entscheidet sich Ende 2007.[33]

Russlands Präsident Wladimir Putin hat in die Entscheidungen um die Errichtung der Pipelines eingegriffen und angeboten, über das Staatsunternehmen »Gazprom« die Verlegung der Leitung von Iran nach Indien finanziell und technologisch zu unterstützen.[34] Denn die Russen haben gleich aus zwei Gründen Interesse an dem Bau dieser Pipeline. Mit ihr wäre das durch Afghanistan geplante Projekt hinfällig und Turkmenistan weiter darauf angewiesen, einen Teil seines Gases an Russland zu liefern. Gleichzeitig würde Iran durch die Steigerung seiner Exporte nach Indien und China weniger stark als Konkurrent Russlands auf dem europäischen Markt auftreten.

Eine Kooperation bei der iranisch-indischen Gaspipeline würde auch eine von den Präsidenten Russlands und Irans angestrebte Abstimmung der Gaspreise erleichtern. Bei den gewaltigen Ressourcen der beiden Länder könnte eine koordinierte Verkaufspolitik eine der dem Einfluss der OPEC auf den Ölmarkt vergleichbare Wirkung erzielen. Eine russisch-iranische Gasunion wäre in der Lage, über mindestens 43 Prozent der nachgewiesenen Weltvorräte zu verfügen.[35]

Sollte Iran diese Ostorientierung seiner Öl- und Gasexporte verwirklichen und die Handelsbeziehungen mit Indien und China stabilisieren, so wären die USA auf Dauer von diesem gewaltigen Energiemarkt ausgeschlossen. Diese Kombination chinesischer Produktionskraft, russischer Technologie und iranischer Rohstoffe würde allen drei Konkurrenten der USA zugute kommen und deren herausragende Stellung im internationalen Machtgefüge langfristig unterminieren.

Zwar zieht Iran eine Kooperation mit den Staaten des Westens vor, allein schon, um sich technologisch schneller entwickeln und selbstständiger auf dem Weltmarkt agieren zu können. Doch die bereits heute von Washington praktizierten Sanktionen gegen Iran, denen sich viele japanische und westeuropäische Firmen anschließen, um Strafzahlungen und den

Ausschluss vom US-Markt zu vermeiden, lassen Iran praktisch keine andere Wahl, als sich Russland und China zuzuwenden, um den Technologie- und Kapitalbedarf zu decken. Nach Schätzungen der Internationalen Energieagentur beläuft sich der Kapitalbedarf der Islamischen Republik im Öl- und Gassektor auf mindestens 120 Milliarden Euro.

So befindet sich die US-Regierung in einer paradoxen Situation. Einerseits fordern die USA die Öffnung der Märkte für internationales Kapital, während sie andererseits die Integration Irans in den Weltmarkt mittels politischem Druck und einem Geflecht von Sanktionen verhindern. Gleichzeitig beansprucht die US-Regierung jedoch, die Entwicklung Irans zu beeinflussen, die mit einem von außen herbeigeführten Regimewechsel gesichert werden soll. Doch genau eine solche einschneidende Veränderung zeichnet sich im Iran auch weiterhin nicht ab. Es sind gerade die gewaltigen Energievorräte des Landes, die dem Regime in Teheran bei den auch künftig zu erwartenden hohen Ölpreisen Einnahmen sichern, mit denen es nicht nur seinen Machterhalt, sondern auch eine beeindruckende wirtschaftliche und technologische Entwicklung zu finanzieren in der Lage ist.

Doch die Integration des Öl- und Gasgiganten Iran in die Weltwirtschaft erfolgt in verzerrter Form, da das Land seinen Handel bereits seit dem Sturz des Schahs nur unter den Bedingungen eines US-Wirtschaftsembargos entwickeln kann. Sanktionsbeschlüsse des Weltsicherheitsrats werden eine weitere Abwendung Irans von allen Staaten des Westens zur Folge haben. Schon heute führt der erschwerte Zahlungsverkehr dazu, dass europäische Firmen bei der Vergabe von Projekten weniger berücksichtigt werden und asiatische Firmen bevorzugt von den iranischen Behörden Aufträge erhalten.

Zug um Zug werden bei dieser Entwicklung Brücken abgebrochen, die eigentlich für eine langfristige Zusammenarbeit in allen Bereichen von Wirtschaft und Gesellschaft mit dem Westen genutzt werden müssten. Zwar suchen die USA bei den Verhandlungen im Atomkonflikt die Abstimmung mit den anderen Vetomächten im Weltsicherheitsrat und mit Deutschland. Aber bis heute versperrt die US-Regierung den Weg für einen politischen Kompromiss mit der Führung in Teheran, weil die Islamische Republik als Reich des Bösen verteufelt und entsprechend sanktioniert wird.

Mit der Fortführung des Krieges der Worte und mit der Verweigerung unmittelbarer Kontakte zum Iran setzt die Regierung in Washington nicht nur Iran unter Druck, sondern sich auch selbst unter Zugzwang. Sollte es nicht doch in absehbarer Zeit zu einer politischen Lösung des Konflikts mit dem Iran kommen, so bleibt den USA nur der von ihnen selbst immer neu beschworene militärische Weg, um die Machtstrukturen in der Islamischen Republik zu ändern. Doch durch diese Politik der Drohgebärde werden in der iranischen Führung die Kräfte gestärkt, die eine Annäherung in der Atomfrage ablehnen. Und diese Kräfte sind letztlich bereit, die Bombe zu bauen, weil sie glauben, durch ihren Besitz ausländischem Druck besser standhalten zu können.

3 Risiko eines Krieges

Von Kriegsdrohungen lassen sich viele Iraner nicht abschrecken. Darin sehen sie ein Zeichen von Schwäche, die niemand offen eingestehen will. Auch deshalb mangelt es an Stimmen, die sich nicht scheuen, einen Kompromiss in der Atomfrage zu fordern. Wenn es um ihre Heimat geht, rücken die Menschen zusammen, selbst die, die eigentlich in Opposition zu Ahmadinejad stehen. Viele halten ihr Land für unangreifbar, schließlich sei Iran fast halb so groß wie die gesamte Europäische Union. Natürlich wissen die meisten sehr genau, dass die Islamische Republik den Hightech-Waffen der US-Armee militärisch nichts Gleichwertiges entgegenzusetzen hat. Aber ohne groß nachzudenken, setzen sie darauf, dass die amerikanischen Streitkräfte im Moment keinen weiteren Krieg führen können. Denn in einem Punkt sind sich Gegner und Anhänger der religiösen Führung weitgehend einig: Wenn die Amerikaner die Probleme im Irak militärisch nicht in den Griff bekämen, dann müsse ein Angriff auf Iran erst recht zum Scheitern verurteilt sein. Schließlich leben in der Islamischen Republik zweieinhalbmal so viele Menschen wie im Nachbarland.

Doch mit der Zuspitzung des Atomkonflikts wachsen leise Zweifel, die Furcht vor einem Krieg nimmt schleichend zu, und das Selbstbewusstsein der Iraner bekommt Risse. Trotz der großen Worte sind letztlich nur die wenigsten bereit, für die Fortsetzung des Atomprogramms eine militärische Auseinandersetzung in Kauf zu nehmen. Insgeheim hoffen die Menschen, dass auch Staatspräsident Ahmadinejad letztlich einlenken wird, obwohl viele ihm das taktische Geschick zu diesbezüglichen Verhandlungen mit dem Weltsicherheitsrat absprechen.

Die Drohungen des Präsidenten gegen Israel haben auch zahlreiche Iraner schockiert. Manch einer seiner Kritiker hat die Forderung Ahmadinejads, Israel von der Landkarte zu tilgen, zunächst als aggressive Rhetorik gewertet, mit welcher der Präsident von innenpolitischen Problemen ablenken wollte. Doch nach dem Krieg zwischen der Hisbollah und Israel wachsen die Befürchtungen, Ahmadinejad verfolge schiitische Großmachtinteressen. Als Mentor der Schiitenorganisation und ihr Waffenlieferant ist Iran zumindest mittelbar am Konflikt beteiligt, zumal der Präsident mit seinem Rückgriff auf die Parolen der Islamischen Revolution versucht, die Idee des Revolutionsexports wiederzubeleben. Damit betreibt er eine Politik, die seine Vorgänger weitgehend aufgegeben hatten.

Im Libanonkrieg wird deutlich, dass die Meinungsverschiedenheiten zwischen Pragmatikern und revolutionären Eiferern wieder offen ausgetragen werden. Im Bestreben, sein Konzept einer Revitalisierung revolutionärer Ideale zur Richtlinie der Politik zu erheben, blockiert Ahmadinejad gezielt Kompromisse, deren Ziel es ist, die Islamische Republik Iran zu stabilisieren und mit der internationalen Staatengemeinschaft auszusöhnen. So halten einige seiner politischen Kontrahenten die bedingungslose Unterstützung der Hisbollah für falsch, weil dadurch der außenpolitische Druck auf Iran nur noch wächst. Seinen Gegnern im Machtapparat mangelt es jedoch an der Stärke, die erforderlich ist, um Ahmadinejad auszubremsen, eine Einstellung der Urananreicherung zu erzwingen und eine Einigung in der Atomfrage durchzusetzen.

Die Auseinandersetzungen innerhalb der Führung des Landes werden als Staatsgeheimnis behandelt und sind an den ausweichenden Antworten auf Forderungen der Atomenergie-Behörde oder des Weltsicherheitsrats zu erkennen. Die Pragmatiker verhindern eine eindeutige Ablehnung, und die Radikalen verweigern die Zustimmung zu einer sofortigen Einstellung der Urananreicherung. Völlig unterschiedliche und sich oft widersprechende Aussagen über die iranische Haltung in der Atomfrage sind Anzeichen für diesen Machtkampf, obwohl man versucht, ihn hinter pathetischen Phrasen zu verstecken.

Die Menschen auf der Straße begegnen diesem politischen Gezerre zwischen den Mächtigen mit Gleichgültigkeit. Doch es handelt sich um keine wirkliche Distanzierung von der Politik. Obgleich ein großer Teil der Iraner Ahmadinejads Israelpolitik ablehnt, finden seine Versicherungen, Iran sei nicht einzuschüchtern, stillschweigende Zustimmung, wenn nicht sogar eine gewisse Bewunderung. Solche schmalen Brücken der Gemeinsamkeit können sich in den Stunden von Krisen und Chaos als ausgesprochen tragfähig erweisen. Denn das revolutionäre Pathos von Ahmadinejad ist gepaart mit einem Chauvinismus, der sich auf die große Mehrheit der Iraner ansteckend auswirkt.

Wagenburgmentalität

Versuche, die iranischen Politiker durch Sanktionen, Kriegsdrohungen und schließlich durch einen militärischen Angriff zum Einlenken zu zwingen oder die Geschlossenheit der iranischen Gesellschaft aufzubrechen, dürften scheitern. Iraner haben gelernt, Ausnahmesituationen zu bewältigen. So wissen Geschäftsleute, wie sie Blockaden im Geldverkehr, Lieferkontrollen oder

Importbeschränkungen umgehen können. Bereits heute sind die Handelsbeziehungen weitgehend durch die Sanktionen der USA geprägt. Das Emirat Dubai verdankt einen Teil seines ökonomischen Aufschwungs iranischen Geschäftsleuten und Unternehmern. Bereits heute schließen viele Verträge in Dubai, wo sie auch einen Teil ihrer Güter zwischenlagern. Die Bedeutung dieses Handelswegs ist nicht aufgrund der US-Sanktionen zustande gekommen. Reiche Iraner haben im Emirat Appartements erworben und Firmen gegründet. Damit entziehen sie sich der Kontrolle der iranischen Regierung. Doch diese Strukturen können auch genutzt werden, um Sanktionen des Weltsicherheitsrats zu umgehen. Seit Jahren läuft ein großer Teil des iranischen Handels mit den USA über Dubai. Wer in Teheran hochwertige Computer aus den USA bestellen will, wickelt das Geschäft über einen Freund in Dubai ab. Wenige Tage später sind die Rechner dann in der iranischen Hauptstadt im Einsatz, mit rund zehn Prozent Sanktionsaufschlag belegt.

Auch Waren europäischer Hersteller gelangen zunehmend über Drittländer in den Iran. Diese umständlichen Handelswege bezahlen die Iraner mit höheren Preisen. Im Alltagsleben sind die Auswirkungen der Handelsbeschränkungen begrenzt spürbar. Zwar sind die Maschinen der iranischen Fluggesellschaften völlig überaltert, und es fehlen Raffinerien, aber die Bevölkerung hat sich an diese Beschränkungen gewöhnt.

Weitere Wirtschaftssanktionen würden daher wirkungslos verpuffen. Einige Iraner begreifen sie sogar als Herausforderung. Für Industrielle bieten vom Weltsicherheitsrat verhängte Handelssperren gar eine Chance, die eigene Warenproduktion zu erhöhen. Denn dies lohnt sich oft erst, wenn die Importgüter wieder teurer werden und sie mit diesen eigentlich kostengünstigeren ausländischen Produkten konkurrieren können.

Viele iranische Firmen haben in den vergangenen Jahren ihre Produktion eingestellt, weil sie der Schwemme von Billigwaren vor allem aus Fernost nichts entgegensetzen konnten. So würde eine Ausweitung der Sanktionen die Marktchancen einheimischer Unternehmen nur verbessern.

Ausländische Politiker überschätzen die Druckmöglichkeiten, während sie den Gewöhnungseffekt durch die Dauersanktionen der USA gegen die Islamische Republik unterschätzen. Eine Ausweitung der Handelsbarrieren infolge entsprechender Beschlüsse des Weltsicherheitsrats wird an der politischen Stimmung im Iran nicht grundsätzlich etwas ändern können. Eventuell wüchse bei einer Anzahl Iraner der Wunsch nach einer Beseitigung der religiösen Herrschaft, aber die Empörung über den Westen stiege ebenfalls. Vor allem unter den Radikalen wird durch äußeren Druck der Kampfgeist geschürt, da sie alle Maßnahmen gegen Iran mit einem Angriff auf den Islam gleichsetzen. So könnten Sanktionen ihnen sogar die Abschottung des Landes erleichtern, die sie seit der Wahl Ahmadinejads anstreben.

Wirtschaftssanktionen sind ein zweischneidiges Schwert, weil sie zum Verlust eines Marktes führen, ohne möglicherweise die gewünschte Wirkung zu erzielen. Iran wird sich durch internationale Exportverbote nicht von einer Fortsetzung seines Atomprogramms abbringen lassen – ganz im Gegenteil: Das Land hat sich davon schon während des achtjährigen Krieges mit Irak nicht abschrecken lassen und seinerzeit unter wesentlich ungünstigeren Bedingungen mit der Entwicklung und Herstellung von Massenvernichtungswaffen begonnen. Auch die Ursprünge eines militärischen Atomprogramms wurzeln in dieser Kriegszeit. Damals erhielt Iran selbst dann keine Unterstützung aus dem Ausland, als Irak systematisch chemische Waffen an der

Front einsetzte. Auch die Angriffe der irakischen Luftwaffe auf Wohnviertel iranischer Städte lösten keinen internationalen Protest aus. Noch heute sterben jährlich Hunderte von Menschen an den Folgen der irakischen Gaseinsätze. Mit diesen Erfahrungen begründen hohe Offiziere der iranischen Streitkräfte ihre intern gestellte Forderung nach einer atomaren Bewaffnung. Auch deshalb steht zu befürchten, dass Sanktionen nicht zu einem iranischen Einlenken in der Atomfrage führen, sondern eher ein militärisches Programm wiederbeleben oder eventuell geheim existierenden Bemühungen einen weiteren Schub verleihen.

Eine Blockade der iranischen Öl- und Gasexporte würde die islamische Führung dagegen empfindlich treffen. Den Ausfall von sechzig Milliarden Dollar aus dem Ölgeschäft könnte das politische System langfristig nicht verkraften, und eine neue Welle der Kapitalflucht würde die finanziellen Schwierigkeiten noch erhöhen. Denn trotz aller gegenteiliger Behauptungen bleibt die Abhängigkeit des Landes von den Ölexporten bestehen. Staatsbetriebe werden mit Petrodollars subventioniert, und der aufgeblähte Beamtenapparat des Landes ist ohne die Einnahmen aus dem Ölgeschäft nicht zu finanzieren. Versuche der Regierung, das Land abzuriegeln, die Importe zu beschränken und ein rigoroses Sparprogramm einzuführen, würden die Auswirkungen höchstens abschwächen. Denn auch in diesem Fall erwiesen sich die informellen Wirtschaftsstrukturen gegenüber staatlichen Kontrollen als resistent.

Sollten Irans Bemühungen scheitern, die Exportblockaden durch eigene Öl- und Gasexporte zu unterlaufen, wird das Land den Konflikt ausweiten und versuchen, die Ölexporte der gesamten Region zu verhindern. Wie die Planungen eines Ölkriegs aussehen, ist nicht bekannt, doch Ayatollah Khamenei hat unmissverständlich zu verstehen gegeben, dass Iran bereit ist, die Exporte aus der Golfregion zu unterbrechen: »Wenn Sie in Bezug auf den Iran einen falschen Schritt tun, wird definitiv der Energiefluss in dieser Region ernsthaft gefährdet.« Am Todestag von Ayatollah Khomeini droht das geistliche Oberhaupt Irans dem Westen für den Fall von Ölsanktionen mit der »Wut der Nation«.

Khamenei lässt keinen Zweifel daran, dass ein Embargo durch den Weltsicherheitsrat für Iran bereits ein Grund sein kann, den Konflikt mit militärischen Mitteln auszutragen. Schon während des Krieges mit Irak hatte Iran mit Angriffen iranischer Revolutionswächter auf Öltanker versucht, die internationalen Transporte zu erschweren, und damit die Voraussetzungen für ein direktes Eingreifen von US-Streitkräften geschaffen. Sollte Iran versuchen, die knapp sechzig Kilometer breite Wasserstraße von Hormuz zu sperren, Öltransporte zu behindern oder gar erneut Tanker ins Visier zu nehmen, so wäre dies mit hoher Wahrscheinlichkeit der Auslöser für einen Krieg zwischen Teheran und Washington. Militärisch wird auch auf iranischer Seite vorgeplant: Die Revolutionswächter haben bei Manövern bereits schnelle Torpedos getestet. Eine andere Angriffstaktik könnte sich auf mit Sprengstoffladungen bepackte Speedboote stützen, mit denen Selbstmordattentäter Tanker rammen. Der Kommandeur der in der Golfregion stationierten US-Streitkräfte beeilt sich zu versichern, dass seine Einheiten die Straße von Hormuz sichern werden. Doch Iran versucht dieses Szenario einer militärischen Eskalation zu nutzen, um eine Entscheidung des Weltsicherheitsrats abzuwenden, iranische Ölexporte zu blockieren.

Heute verfügt die Islamische Republik im Mittleren Osten über einen Einfluss, der mit dem der Schahzeit in den siebziger Jahren vergleichbar ist. Gegen den Willen Irans können in der Golfregion kaum noch Entscheidungen getroffen werden. Im Irak und in Afghanistan unterhält Iran sehr gute Kontakte zu zahlreichen Parteien und Führern unterschiedlicher Stämme oder religiöser Gruppen. Diese Verbindungen geben der Regierung in Teheran die Möglichkeit, die Politik der beiden Nachbarstaaten sogar direkt zu beeinflussen.

Auf die Kämpfe zwischen der Hisbollah und Israel, den eskalierenden Bürgerkrieg im Irak und die Angriffe auf Einheiten der Internationalen Schutztruppe in Afghanistan versucht Iran nicht mäßigend einzuwirken, um die USA von einem Vorgehen gegen das Land abzuschrecken. Auch wenn US-Generäle und Politiker Gegenteiliges behaupten – ein Einsatz gegen den Iran droht die stärkste Streitmacht der Welt zu überfordern, da die Belastungen im Kriegsfall noch größer würden. Proiranische Gruppen oder der iranische Geheimdienst würden das Chaos im Mittleren Osten für zusätzliche Anschläge auf US-Einrichtungen in der Region nutzen. In den Nachbarstaaten Irans unterhalten die Amerikaner mehrere Militärbasen, die nur etwa hundert Kilometer von der Grenze entfernt sind. Im Irak sind US-Soldaten sogar unmittelbar an der Grenze stationiert. Alle diese Stützpunkte bieten leichte Ziele, die mit Kurzstreckenraketen oder Kommandotrupps problemlos angegriffen werden können. Außerdem können größere US-Basen in wenigen Minuten von iranischen Flugzeugen bombardiert oder mit Mittelstreckenraketen beschossen werden.

Potenzielle Ziele sind bekannt, da der iranische Geheimdienst vor allem über die Situation im Irak und in Afghanistan detailliert informiert ist. Vorbereitungen für Angriffe auf diese US-Stützpunkte werden bereits seit Jahren getroffen. Der Regierung wurden sogar Sondermittel genehmigt, um »die Verschwörung der Vereinigten Staaten gegen die Islamische Republik zu vereiteln«, wie es in dem diesbezüglichen Parlamentsbeschluss heißt.

Die Regierungen der Nachbarstaaten sind in Kenntnis gesetzt worden, dass die Islamische Republik eine Kriegsbeteiligung der Länder für gegeben hält, sollten die US-Streitkräfte das jeweilige Hoheitsgebiet als Aufmarschräume gegen den Iran nutzen. Schon die Versorgung der in der Golfregion patrouillierenden Kriegsschiffe könnte damit von der Regierung in Teheran als feindlicher Akt gewertet werden.

Neben dem Einsatz der eigenen Streitkräfte kann Iran auch die Aktivitäten von Terrorkommandos nutzen, um die gesamte Region weiter zu destabilisieren. Anschläge auf die ausgedehnten Ölfelder der arabischen Halbinsel sind ebenso vorstellbar wie Angriffe auf Botschaften oder Firmenvertretungen von Staaten, die im Weltsicherheitsrat für Resolutionen gegen das iranische Atomprogramm gestimmt haben. Ein »Komitee zur Verehrung der islamischen Märtyrer« trainiert seit mehreren Jahren Freiwillige für Selbstmordangriffe. Nach Freitagsgebeten, Protestversammlungen oder Demonstrationen melden sich Gläubige aus dem gesamten Land für mögliche Einsätze. Bis zum Frühjahr 2006 seien es 52 000 Menschen gewesen, behauptet Mohammad Samadi, einer der Organisatoren, mit dem ich in einer kleinen Wohnung in der Teheraner Innenstadt verabredet bin. An den Wänden hängen Plakate mit den Bildern palästinensischer »Märtyrer«, die als Vorbilder fungieren.

Meine Zweifel, es handle sich um reine Propagandaaktionen, werden schnell ausgeräumt. Derzeit würden tausend Personen für Anschläge ausgebildet und geschult, erklärt mir Samadi. Die psychologische Vorbereitung auf den Tod stehe im Zentrum der Ausbildung. »Wer den Märtyrertod sucht, muss zuerst lernen, wie er dem Tod begegnet.« Sei diese Barriere überwunden, so würden in einer zweiten Stufe der Umgang mit Sprengstoffen geübt und die Grundlagen der Kampftechnik vermittelt. Seit sich das Kriegsrisiko für den Iran erhöht, tritt die Organisation, die die Selbstmordattentäter ausbildet, verstärkt öffentlich in Erscheinung.

Als ich auf dem Friedhof von Teheran Freiwillige des Komitees treffe, wissen viele der Vermummten nicht, gegen und für wen sie ihr Leben opfern sollen. Einige behaupten, ihr Kampf würde sich gegen Terrorismus wenden. Einer der potenziellen Selbstmordattentäter stellt seinen Entschluss sogar infrage: »Eigentlich sollte man jetzt Friedensarbeit leisten. Aber wenn es sein muss, sind wir bereit, unsere moralische Pflicht zu erfüllen.« Ein Reservoir an Selbstmordattentätern stellt auch das Heer der Flüchtlinge aus den unterschiedlichsten Ländern dar. Für Attentate in Afghanistan können im Iran lebende Afghanen rekrutiert werden. Auch unter den mindestens zweihunderttausend irakischen Flüchtlingen ließen sich genügend Freiwillige auftreiben.

Neben den potenziellen Selbstmordattentätern, die aus ihren Absichten kein Hehl machen, dürfte Iran über zusätzliche Kräfte verfügen, die bei Anschlägen im Ausland eingesetzt werden können. Man muss davon ausgehen, dass vor allem in den Jahren nach der Revolution unterschiedlichste Kommandos ausgebildet wurden, die auch heute sofort in Aktion treten können. Zahlreiche Morde an Gegnern der Islamischen Republik im Ausland zeigen die Fähigkeit der iranischen Führung, außerhalb des Landes Terroranschläge zu organisieren.

Zur Gefahr einer durch die Konfrontation mit Iran ausgelösten neuen Terrorwelle gehört auch, dass die Islamische Republik weltweit Anhänger mobilisieren kann. In vielen arabischen Staaten leben schiitische Minderheiten, von denen einige Aktivisten in einer Krise loszuschlagen bereit wären. Und auch Sunniten könnten auf der Seite Irans in einen Konflikt eingreifen – wie viele es sind, hängt davon ab, wie sich das Verhältnis der beiden Glaubensrichtungen entwickelt.

Der iranischen Führung wird nach einem Angriff von außen jedes Mittel recht sein, diese Hilfstruppen zu aktivieren, um den Krieg über die Grenzen des eigenen Territoriums auszuweiten. Immer wieder haben Politiker in Teheran versichert, nicht nur Iran werde im Falle von Sanktionen oder eines Krieges leiden. Wer auf ein Einlenken Irans als Reaktion auf einen Angriff setzt, der dürfte enttäuscht werden. So groß die Übertreibungen über die militärischen Möglichkeiten der iranischen Streitkräfte auch sein mögen, so falsch wäre es, ihre Schlagkraft zu unterschätzen. Das Land dürfte über genügend Waffensysteme verfügen, um gegnerische Truppen in längere Kampfhandlungen zu verwickeln. Überdies bietet die Weite des Landes nahezu unbegrenzte Rückzugsräume.

Ähnlich wie beim Kampf der Israelis gegen die Hisbollah im Libanon würden ausländische Truppen im Iran auf Kommandos treffen, die vor allem aus dem Hinterhalt zuschlagen. Auch die iranischen Streitkräfte werden im Kriegsfall einer offenen Feldschlacht ausweichen. Hinzu kommt, dass weder im Irak noch im Süden Libanons Luftangriffe die gegnerischen Truppen ausschalten konnten. Die Kommandos der Hisbollah verfügen wie Teile der Aufständischen im Irak über gut ausgebildete Kämpfer, die sich auf Guerillataktiken verlegt haben. Nach dieser oder einer gleichartigen Strategie werden auch iranische

Einheiten operieren. Neben den regulären Truppen der Armee und der Revolutionswächter sind in den vergangenen Jahren zwei Millionen Kämpfer für einen Einsatz gegen die US-Streitkräfte ausgebildet worden und in paramilitärischen Verbänden organisiert.

Entsprechende Einheiten waren 2001 in Afghanistan und 2003 im Irak während der von den USA geführten Kriege im Einsatz. Sie würden im Kriegsfall erneut in den Kampf geschickt werden, diesmal aber gegen US-Soldaten. Auch im Südirak oder in den Mittelabschnitten der iranisch-irakischen Grenze sollten iranische Kommandotrupps in der Lage sein, ähnliche Angriffe auszuführen. In den ländlichen Regionen spielt die Autorität der Regierungen von Kabul und Bagdad eine nur unwesentliche Rolle, ein Umstand, der iranischen Truppen das Agieren jenseits der eigenen Grenze erleichtert.

Damit dürften Vorstellungen der Planer aus dem Pentagon, Iran mit einem Luftkrieg zum Einlenken in der Atomfrage zu zwingen oder die Herrschaft der religiösen Führung zu beenden und das politische System zu ändern, militärisch kaum zu realisieren sein. Selbst heftigere Angriffe als die während des Krieges gegen Irak im Frühjahr 2003 würden die Herrschaftsstrukturen in Teheran nicht übermäßig erschüttern. Denn Geheimdienste und Polizeikräfte sind auf solch eine Entwicklung vorbereitet. Sie werden jede aufkommende oppositionelle Regung im Keim ersticken. Zudem existiert im Iran derzeit keine politische Kraft, die sich einen Angriff erhofft, um in diesem Moment eine politische Offensive gegen die Regierung oder gar den Versuch einer Revolte zu wagen. Des Weiteren ist der Nationalismus so stark ausgeprägt, dass es sich selbst Gegnern des derzeitigen Systems verbietet, einen Krieg zur Verschärfung der innenpolitischen Auseinandersetzungen zu nutzen. Auch nach dem irakischen Angriff 1980 waren die ersten Kriegswochen durch nationale Solidarität geprägt, die innenpolitischen Auseinandersetzungen begannen erst, als der Vormarsch der irakischen Truppen zum Stehen gebracht und die ersten gegnerischen Einheiten zurückgedrängt werden konnten.

Verhandlungen statt Eskalation

Mit ihrer Taktik der Konfrontation werden weder Iran noch die USA die bestehenden Probleme lösen können. Die beiden Kontrahenten haben sich in messianischen Absichten verfangen und sind bisher nicht kompromissbereit. »Integration oder Isolation« aufseiten des Westens und Unnachgiebigkeit um jeden Preis aufseiten Irans erweisen sich nur auf den ersten Blick als erfolgreiche Konzepte. In Teheran sind Präsident Ahmadinejad und seine Anhänger bereit, ein Scheitern der Verhandlungen in Kauf zu nehmen. In den USA sind es neokonservative Kreise, die ein Stocken der Verhandlungen nutzen werden, um die Regierung in Washington zu einer Eskalation zu drängen.

Dabei können langwierige Verhandlungen sehr wohl erfolgreich sein. Im Konflikt zwischen Libyen und den USA hat es zwölf Jahre gedauert, bis Libyen seine Versuche, eine Atombombe zu bauen, aufgab und die USA ihre Sanktionern einstellten, obwohl das Ghaddafi-Regime nicht gestürzt wurde.

Außenministerin Condoleezza Rice verfolgt seit dem Frühjahr 2005 eine Neuorientierung in der US-amerikanischen Iranpolitik, die sie als Sicherheitsberaterin noch strikt abgelehnt hatte. In einem ersten Schritt wurde dem Land das völkerrechtlich zustehende Recht auf Nutzung der Atomtechnologie auch eingeräumt. Angesichts der dramatisch zunehmenden Probleme der USA im Irak sucht Rice eine vorsichtige Entspannung des Verhältnisses mit dem Iran. Von ihr gewünschte Gespräche über eine Beruhigung der Lage im Irak haben nicht stattgefunden, aber mit der Bereitschaft, das Angebotspaket zur Beilegung des Atomkonflikts zu unterstützen, sind die USA im April 2006 einen bedeutenden Schritt auf die religiöse Führung im Iran zugegangen.

Dieser Umorientierung liegt auch das Bemühen zugrunde, in der Atomfrage eine sich einige internationale Koalition gegenüber dem Iran aufzubauen. Daraus entwickelt sich die Möglichkeit zumindest indirekter Kontakte zwischen Washington und Teheran. Die Verhandlungen zur Lösung der Atomfrage können auch genutzt werden, um Spannungen zwischen den USA und Iran abzubauen. Schnelle Erfolge schließen sich aus, da die seit siebenundzwanzig Jahren bestehenden Differenzen zwischen den Regierungen in Washington und Teheran nicht innerhalb weniger Monate ausgeräumt werden können.

Diese Politik muss auch dann nicht scheitern, wenn sie mit der Sanktionsdrohung des Weltsicherheitsrats kombiniert wird. Denn Androhungen von Sanktionen können nur dann nachhaltig wirken, wenn sie mit Kompromissangeboten, Verhandlungsvorschlägen und einer anhaltenden Verhandlungsbereitschaft verbunden werden. Mit ihrer vorsichtigen Öffnung Richtung Teheran holt die US-Regierung nur etwas nach, um das sich iranische Politiker seit Jahren bemüht haben: nämlich eine Verbesserung des Verhältnisses zwischen beiden Ländern. Selbst Präsident Ahmadinejad hat mit seinem Brief an seinen US-Kollegen in einer verzerrten Weise diese Politik fortgesetzt.[1]

Der Libanonkrieg erschwert diese Bemühungen. Einerseits versucht Iran, die Kämpfe zwischen Israel und der Hisbollah zu nutzen, um von der Atomfrage abzulenken. Andererseits wird

Teheran aber auch geschwächt, weil die Hisbollah möglicherweise an militärischer Kraft einbüßen und künftig nicht mehr als Hilfstruppe in einen Stellvertreterkrieg mit Israel verwickelt werden könnte. Angesichts der libanesischen Katastrophe sollten Diplomaten alles daransetzen, ein noch größeres Desaster in der Golfregion zu verhindern.

Die islamische Führung in Teheran muss dafür gewonnen werden, an der Lösung aller Probleme im Nahen und Mittleren Osten mitzuarbeiten. Die Chancen sind nicht groß, doch ein Versuch könnte sich lohnen. Ich habe persönlich gehört, wie ein Mitglied des iranischen Nationalen Sicherheitsrats genau diese Bereitschaft einem westlichen Politiker in Aussicht gestellt hat. Als Gegenleistung erwartet die Islamische Republik allerdings Sicherheitsgarantien und eine Normalisierung der Beziehungen zu Washington. Denn nur ein Ausgleich mit den USA kann der Islamischen Republik den äußeren Druck nehmen und ihr somit die Möglichkeit bieten, eine partnerschaftliche Politik zu entwickeln.

Zweiter Teil

Der Krieg gegen den Terror

4 Der Irak versinkt in Chaos und Anarchie

Mit dem Aufbau eines demokratischen Irak will der amerikanische Präsident Bush in seinem Feldzug gegen den Terror einen entscheidenden Erfolg erzielen. Doch im Land herrscht das blanke Chaos, die US-Streitkräfte kämpfen gegen Aufständische und Terroristen – zudem sind sie in einen Krieg verwickelt, mit dem sie nicht gerechnet hatten. Die Politik der USA droht zu scheitern. Denn ihre Präsenz in Afghanistan und Irak schwächt die Terrorkräfte nicht – im Gegenteil: In der Folge der Kriege nimmt deren Einfluss im gesamten Mittleren Osten sogar zu.

Dabei hatten die US-Streitkräfte 2001 das Kabuler Taliban-Regime ohne große Gegenwehr aus dem Land gejagt und auch Iraks Diktator Saddam Hussein im Frühjahr 2003 binnen nur drei Wochen gestürzt. »Mission accomplished« – »Mission vollendet« –, war das Motto des Auftrittes, bei dem Bush nach dem Einmarsch in den Irak triumphierend Bilanz zog.[1] Seinen Auftritt auf einem Flugzeugträger ließ er medienwirksam inszenieren. Dabei beendeten die US-Soldaten nur eine vermeintlich begrenzte militärische Mission, deren Auswirkungen sich langfristig als Rückschlag erweisen werden.

Drei Jahre nach dem Sieg über Saddam Husseins Armee werden in dem Land immer mehr Menschen getötet, immer mehr müssen fliehen, und der Bürgerkrieg – denn als solchen kann man ihn mittlerweile bezeichnen – in der Region Bagdad weitet sich aus. Anhänger Saddam Husseins, Nationalisten, Islamisten und Terroristen verhindern den Aufbau eines demokratischen Irak. 150 000 ausländische Soldaten und 220 000 irakische Polizisten, Sicherheitsbeamte und Angehörige der Streitkräfte sind nicht in der Lage, die Situation unter Kontrolle zu bekommen.

Auslöser für diesen Bürgerkrieg war eine von Terrorkommandos initiierte Attentatswelle. Selbstmordattentäter zünden Bomben zwischen schiitischen Pilgern, jagen sogar deren Moscheen in die Luft und belasten das ohnehin hochexplosive Verhältnis zwischen den Anhängern der beiden Glaubensrichtungen bis an die Grenze des Erträglichen. Meist bleiben die Drahtzieher der Attentate unerkannt im Hintergrund. Denn Bekennerschreiben oder Videobotschaften werden nur nach Anschlägen gegen US-Soldaten verbreitet. Aktionen gegen Schiiten und deren Heiligtümer sind nicht populär und werden auch von den meisten Sunniten abgelehnt. Aufgrund dessen versuchen die Terrorkommandos, ihre Spuren zu verwischen – bis auf die irakische »Sektion« von Al Kaida. Diese Gruppierung ruft in ihren Veröffentlichungen unverhohlen zum Kampf gegen Schiiten auf, die als Feinde zu behandeln seien, da sie mit den ausländischen Besatzungstruppen zusammenarbeiteten.

Der Hass zwischen den beiden Glaubensrichtungen steigert sich rapide, weil schiitische Milizen insgeheim Todesschwadrone bilden und Hunderte von Sunniten ermorden. Maskierte erschießen ehemalige Geheimdienstmitarbeiter, Richter oder Kader der Baath-Partei, ohne dass sie gefasst werden, geschweige denn, dass ihnen der Prozess gemacht wird. Mit dieser Selbstjustiz und Terroraktionen gegen Andersdenkende beschleunigen die Schiitenmilizen eine Eskalation der Gewalt bis hin zu bürgerkriegsähnlichen Zuständen. Das neue irakische Militär und die Polizeikräfte sind zu schwach, um die Kämpfe zu beenden. In der irakischen Hauptstadt werden die US-Truppen nicht abgezogen, sondern sogar noch verstärkt, um ein Ausufern der blutigen Auseinandersetzungen zu verhindern.

Die verhängnisvollen Fehler der Amerikaner nach dem Sturz Saddam Husseins

Ein möglicher Zerfall des Iraks könnte das bittere Resultat einer Kette schwerer militärischer und politischer Fehler der Amerikaner sein, die als Besatzungsmacht versagt haben. In der Endphase des Einmarschs der Truppen am 9. April 2003 fällt kein einziger Schuss. Aber zwei Elitedivisionen der US-Streitkräfte schaffen es nicht, Ruhe und Ordnung in der irakischen Hauptstadt aufrechtzuerhalten. Während sich die Soldaten von den Gefechten auf ihrem Weg nach Bagdad erholen, rollt eine Welle der Zerstörung durch die Stadt. Nahezu alle öffentlichen Gebäude werden geplündert und demoliert, ohne dass die Besatzer einschreiten, wie es nach internationalem Recht ihre Pflicht wäre.

Unter den Irakern kursieren Gerüchte, wonach mit den Soldaten ins Land gekommene arabische Agenten als Drahtzieher hinter der Vernichtung vieler öffentlicher Einrichtungen stecken. In mehreren Fällen deuten die Verwüstungen auf ein geplantes Vorgehen hin. Besonders empört sind die Iraker darüber, dass in Sichtweite einer US-Einheit auch organisierte Banden – als ob sie auf diesen Moment gewartet hätten – in das irakische Nationalmuseum eindringen, dieses verwüsten und Teile seiner Schätze rauben, und das, obwohl Marineinfanteristen das Ölministerium und die Stadtverwaltung von Bagdad sichern. Während man die Plünderer gewähren lässt, schießen die Soldaten auf neu gegründete Bürgerkomitees. Sie verwechseln diese Stadtteilmilizen, die Geschäfte oder Häuser vor Dieben und Unruhestiftern schützen sollen, mit versprengten Trupps der Fedajin des alten Regimes. Diese Verbände von Freiwilligen aus anderen arabischen Staaten, die für den Kampf gegen Invasionsarmeen unter dem Kommando von Saddam Husseins ältestem Sohn Udai aufgebaut wurden, sind zwar gut ausgebildet, doch können sie nach dem Zusammenbruch des Regimes nicht wie Iraker zu ihren Familien oder Stämmen zurückkehren. Einige dieser Gruppen schlagen sich in den Nordwesten Iraks durch und schließen sich bereits Tage später der Terrororganisation »Ansar al Sunna« an.

Für die meisten Bewohner Bagdads sind die ersten Erfahrungen mit den ausländischen Truppen mit einer unglaublichen Ernüchterung und Desillusionierung verbunden. Sie erleben, wie die öffentliche Infrastruktur ihrer Stadt weitgehend zerstört wird. Die Propaganda der Anhänger des gestürzten Regimes, die USA hätten das Land angegriffen, um es als Zentrum alter arabischer Kultur zu vernichten, gewinnt an Nährboden. Vor allem die Kritiker Saddam Husseins, die auf Befreiung von außen gehofft haben, sind enttäuscht. Für Intellektuelle, die die Jahre der Diktatur in einer sozusagen inneren Emigration überstanden haben, bricht eine Welt zusammen, als sie mit ansehen müssen, wie sich die Amerikaner in den ersten Tagen nach dem Ende der Kämpfe aufführen und versagen.

In den Stadtteilen entstehen in Komitees und Bürgerwehren die ersten Ansätze eines politischen Neuanfangs durch die Gegner des alten Regimes. Diese formieren sich unabhängig von den Institutionen der Besatzer, die in Hotels und den einstigen Palästen Saddam Husseins residieren. Vor allem schiitische Geistliche und die Kader des gestürzten Regimes nutzen das Unvermögen der US-Truppen. Sie erkennen sehr schnell, dass die fremden Soldaten ohne Konzept, ja kopflos agieren, und sehen ihre Chance zur Einflussnahme. Planlos in der Gegend patrouillierende Kampfeinheiten und auf öffentlichen Plätzen postierte Panzer geraten zu äußeren Zeichen amerikanischer Hilflosigkeit.

Vor allem in den Moscheen erwachsen neue Machtzentren. Den Geistlichen wird rasch bewusst, dass ihr stetig wachsender Einfluss, der auf einer tiefen Verwurzelung in der Gesellschaft basiert, von den ausländischen Soldaten nicht unterbunden werden kann. Auch der aus den USA eingeflogenen neuen Zivilverwaltung, die von US-Beamten geleitet wird, gelingt es nicht, den militärischen Erfolg über das Saddam-Hussein-Regime politisch abzusichern und neue Verhältnisse zu schaffen, die von der Bevölkerung akzeptiert werden. Selbst Gegner Saddam Husseins, die jahrelang unter seiner Diktatur gelitten haben, scheuen davor zurück, mit den US-Streitkräften zusammenzuarbeiten. Damit wächst der Unmut der Iraker über die ungelösten Probleme.

Den im iranischen Exil aufgebauten Schiitenorganisationen beschert das Machtvakuum eine Gelegenheit, auf die sie mehr als zwei Jahrzehnte gewartet haben. Denn unter der Herrschaft der Baath-Partei waren sie politisch und gesellschaftlich marginalisiert. Vor Ort bilden aus der Islamischen Republik zurückgekehrte Kader Komitees, um die Alltagsversorgung der Bevölkerung zu sichern. Innerhalb von Tagen entstehen im Südirak und in den Schiitenvierteln Bagdads neue Strukturen. Geistliche, die sich jahrelang zurückhalten mussten, werden nun als politisch-religiöse Leitfiguren akzeptiert. Mit ihrer Ablehnung von Plünderungen und der Aufforderung, Beutegut in den Moscheen abzugeben, leisten die islamischen Rechtsgelehrten einen wichtigen Beitrag zur Beruhigung der Situation.

In relativ kurzer Zeit haben sich die Schiiten im ganzen Land neu organisiert. Die Militärverwaltung nimmt diese Entwicklung nicht wahr, sie wertet die sich andeutende Normalisierung der Lage irrigerweise als Erfolg der verstärkten Präsenz eigener Truppen. Damit leistet sie sich eine gefährliche Fehleinschätzung, wie sich schnell erweisen wird. Denn in Wirklichkeit herrscht eine Atmosphäre, in der die Alliierten nicht als Helfer beim Neuaufbau, sondern als mächtige Eindringlinge und Störenfriede gesehen werden – eine Situation, die bald in einen bewaffneten Widerstand gegen sie mündet.

Vor allem bei den Sunniten sind die US-Truppen alles andere als willkommen. Im Gegensatz zu den Kurden und den Schiiten fühlen sich die Sunniten durch die Amerikaner keineswegs befreit, da sie im alten Regime extreme Privilegien genossen haben. Es sind zumeist ehemalige Beamte und Mitglieder der Streitkräfte und Geheimdienste, die den Verlust ihrer während der Herrschaft der Baath-Partei angeeigneten Pfründe befürchten. Zudem wissen die Anhänger des alten Regimes, dass Saddam Hussein und viele seiner Führungskader – entgegen allen Spekulationen der Alliierten – den Krieg überlebt haben und seit der Besetzung Bagdads im Untergrund Widerstandszellen aufbauen. Die Angst vor Racheakten seitens der einstigen Funktionäre steigt. Einfache Beamte lehnen es ab, mit der US-Zivilverwaltung zusammenzuarbeiten.

In dieser Situation angespannter Ruhe trifft der neue, von Washington entsandte Zivilverwalter Paul Bremer eine Entscheidung, die in ihrer Tragweite auch heute noch nicht verstanden wird. Am 26. Mai, sieben Wochen nach dem Einmarsch der US-Truppen, demonstrieren irakische Offiziere öffentlich für einen Neuanfang. Sie bieten der amerikanischen Zivilverwaltung ihre Zusammenarbeit an. Saheb Al-Mussawi, einer der

Offiziere und der Sprecher der Demonstranten, nennt deren Hauptanliegen: »Wir fordern die schnelle Bildung einer Regierung, die Wiederherstellung der Sicherheit, Wiedereinsetzung der öffentlichen Institutionen und die Zahlung der Gehälter an alle Soldaten.«[2] Es folgt ein bedeutendes Ultimatum, das die US-Beamten hinsichtlich seiner etwaigen Folgen völlig unterschätzen: »Sollten unsere Forderungen nicht berücksichtigt werden, so wird es am kommenden Montag zu einem Bruch zwischen der irakischen Armee und der Bevölkerung auf der einen und den Besatzern auf der anderen Seite kommen.« Andere Offiziere werden deutlicher. »Wir werden eine neue irakische Armee mit dem Namen ›Bewaffnete Front gegen die Besatzung‹ bilden«, erklärt Assam Hussein Il Naem. »Neue Angriffe gegen die Besatzer werden von uns geleitet.«[3]

Bremer reagiert mit beispielloser Arroganz und begeht einen Fehler historischen Ausmaßes. Geblendet vom militärischen Erfolg seiner Landsleute und auf Empfehlung der – mit den US-Truppen ins Land gekommenen – irakischen Exilpolitiker ordnet er die Entlassung der Mitarbeiter des irakischen Verteidigungsministeriums und von etwa 400 000 Berufssoldaten und -offizieren an, ohne seine Maßnahme mit einem soliden Abfindungsprogramm abzufedern. Möglicherweise spielt auch ein psychologisches Element in der Entscheidung Bremers eine Rolle. Seine Ernennung erfolgte auf Druck des US-Außenministeriums, das die Ablösung des Vertreters aus dem Washingtoner Pentagon, James Garner, eines Militärs also, durch einen Zivilisten anstrebte. Mit diesem Schritt wollte Washington im Irak und weltweit demonstrieren, dass man an einer möglichst zügigen Einführung ziviler Verhältnisse interessiert war. Bremer war erst zwei Wochen zuvor in Bagdad eingetroffen. Seine Maßnahmen sieht er als Teil einer »Entbaathifizierung«, mit der er die neuen Strukturen des Landes von alten Entscheidungsträgern säubern will. Ihm dürften die gesellschaftlichen Auswirkungen seiner Anordnung, das irakische Militär aufzulösen, nicht bewusst gewesen sein. Denn es sind davon auch Offiziere betroffen, die nicht der Baath-Partei angehört haben. Gerade für sie bedeutet die Maßnahme des Repräsentanten der USA eine bittere Enttäuschung, weil viele irakische Kommandeure den Aufrufen der USA gefolgt waren und während des Einmarschs der Koalitionstruppen keinen Widerstand geleistet hatten. Brigadekommandeur Amer Abdul Ameer bezichtigt die USA des Wortbruchs: »Die Amerikaner erfüllen nicht das, was sie uns in Flugblättern versprochen haben, die sie vor dem Krieg abgeworfen haben. Wenn wir gewollt hätten, hätten wir kämpfen können. Doch wir haben die Waffen niedergelegt und sind abgehauen – und das nicht aus Angst, sondern damit die Amerikaner uns von einem ungerechten Regime befreien.«[4] Das irakische Hilfszentrum, eine von der Zivilverwaltung gebildete Abteilung, sagt für die kommenden 30 bis 45 Tage »spektakuläre« Anschläge voraus und sieht sich prompt in seiner Prognose bestätigt. Anderthalb Jahre später wird die Verfügung Bremers von der provisorischen irakischen Regierung aufgehoben werden. Doch da es ist schon zu spät, ein großer Teil der Entlassenen hat bereits Schlüsselpositionen im Widerstand inne. Auch unter US-Offizieren hat sich zu der Zeit, im November 2005, die Einsicht durchgesetzt, dass Bremer mit seiner Entscheidung viele Tausende von Soldaten und Offiziere dazu gebracht habe, sich den Aufständischen anzuschließen.

Die Auflösung der Armee macht 400 000 Männer arbeitslos. Während deren Ehefrauen zum Beispiel als Lehrerinnen mit enormen Gehaltserhöhungen bedacht werden, schrumpft die Besoldung der entlassenen Offiziere auf ein Minimum. Wenn überhaupt, erhalten sie Rentenzahlungen von umgerechnet dreißig Dollar, das sind nur zehn Prozent ihrer bisherigen Bezüge. Ein solches Einkommen reicht natürlich nicht aus, um die notwendigsten Ausgaben einer mehrköpfigen Familie bestreiten zu können. Die Bewohner ganzer Stadtteile, in denen Offiziere und Soldaten angesiedelt wurden, stehen vor dem Ruin. In diesen Tagen beschweren sich viele der ehemaligen Mitarbeiter des einstigen Presseministeriums bei mir und bitten um Unterstützung, weil Bremer auch ihre Behörde aufgelöst hat und die Beamten und Angestellten nun auf der Straße stehen. Natürlich bringen die Betroffenen kein Verständnis für diese Vorgehensweise auf. Viele sehen sich als Opfer eines Willkürakts der Besatzer.

Auf dem Paradies-Platz von Bagdad und vor dem Eingang zur Grünen Zone, dem größten Palastareal der Stadt, kommt es täglich zu unterschiedlichsten Demonstrationen. Angehörige von Kriegsopfern, Obdach- und Arbeitslose verlangen lautstark nach Unterstützung. Die Besatzungsmacht sieht sich mit einer Flut von Forderungen konfrontiert. Da die Ministerien nicht arbeiten, wird die US-Verwaltung für jeden Missstand verantwortlich gemacht. In ihren Büros im Palastbezirk haben die Beamten aus den USA, die über die Zukunft Iraks entscheiden, nicht die geringste Vorstellung vom Leben der Stadtbewohner. Bagdad ist ein Hexenkessel mit anhaltenden Stromausfällen, fehlender Müllabfuhr, schlechter Wasserversorgung und zusammengebrochenem Bildungs- und Sozialsystem.

Auch den aus dem Exil zurückgekehrten Oppositionspolitikern fehlt ein reeller Bezug zur Situation der Menschen im Land. Die meisten von ihnen arbeiten im Umfeld der US-Beamten oder haben sogar die Villen ehemaliger Minister bezogen, in denen sie sich von amerikanischen Soldaten bewachen lassen. Nicht Iraker, sondern Mitarbeiter ausländischer Firmen werden mit der Planung neuer Sicherheitssysteme beauftragt.[5] Vor der Bevölkerung, wenn sie denn überhaupt direkten Kontakt zu der neuen politischen Elite sucht, türmen sich kaum zu überwindende Barrieren auf. Von der Unbefangenheit der ersten Tage nach dem Sturz Saddam Husseins ist bereits einen Monat später nur noch wenig zu spüren. Oft sind Professoren oder auch ehemalige Offiziere nicht mehr bereit, mir Interviews in ihren Wohnungen zu geben. Vor allem auf den Straßen in den Sunnitenvierteln Bagdads spüre ich wachsendes Misstrauen. Während der Diktatur Saddam Husseins war der Kontakt zu Ausländern verboten, die Menschen reagierten scheu und ängstlich, wenn ich auf sie zuging. Anfang Mai kommt schließlich Feindseligkeit auf. Immer mehr Iraker sehen in den Ausländern Besatzer. Meine Kontaktversuche werden sehr häufig schroff abgeblockt, viele fallen in ihrem Verhalten in alte Muster der Saddam-Ära zurück.

Wenn der oberste Zivilverwalter Iraks in solch einer Atmosphäre zehntausende Beamte und Angestellte entlässt, treibt er sie in die Arme der im Untergrund agierenden Funktionäre des alten Regimes. Hoch qualifizierte Techniker, kampferprobte Soldaten und erfahrene Offiziere werden vor den Kopf gestoßen. Denn Bremer lehnt offenkundig nicht nur ihr Kooperationsangebot ab, sondern er drängt sie auch in die Armut. Im politischen Chaos nach dem Sturz des Baath-Regimes geht diese Anordnung des US-Beamten unter, der ein Jahr später für seine Tätigkeit von seinem Dienstherrn Bush ausgezeichnet wird.

Möglicherweise führen Bremers Fehlentscheidungen zum Tod Zehntausender Menschen, während die Chancen, den Irak zu demokratisieren, schwinden. Mag sein, dass den US-Verwaltern das Gespür fehlt, die Unterschiede zwischen der irakischen

Armee und der Baath-Partei zu erkennen und daraus ihren Nutzen zu ziehen. Denn das Offizierskorps der irakischen Streitkräfte gilt im Gegensatz zu den elitären Republikanischen Garden und Kampfgruppen der Fedajin als eine der wenigen Institutionen des Landes, die nicht ausschließlich von Parteigängern Saddam Husseins durchsetzt waren. Diverse Säuberungsaktionen, verbunden mit den Hinrichtungen von Offizieren während der Herrschaft Saddam Husseins, belegen, wie notwendig es gewesen wäre, sich intensiv mit der Situation der Militärs auseinander zu setzen.

Doch es kommt anders – eine Woche später, am 2. Juni, demonstrieren erneut Offiziere, diesmal protestieren sie gegen die US-Besatzer und kündigen auf Transparenten an, als »lebende Bomben« wiederzukommen. Weil ihr Angebot zur Zusammenarbeit abgelehnt wird, entscheiden sich die Offiziere für den Kampf gegen die, die sie für ihre Situation verantwortlich machen. Es beginnt mit einer Welle von Anschlägen gegen die Besatzungstruppen, mit einer erhöhten Anzahl toter US-Soldaten als Folge, und die Aussichten, im Irak eine demokratische Gesellschaft aufzubauen, verfinstern sich. Vor allem in den sunnitischen Städten am Euphrat häufen sich bewaffnete Angriffe auf die Amerikaner, da aus dieser Gegend die meisten der von Bremer entlassenen irakischen Offiziere stammen.

Ein dichtes Netzwerk von Untergrundgruppen organisiert Anschläge, wobei sich auch die Stadt Falludjah zu einem Zentrum des Widerstands entwickelt. Dort hatten US-Truppen Ende April in eine Demonstrationsmenge gefeuert und dabei zwölf Menschen getötet. Ein gefährliches Bündel von Motiven hält unterschiedliche Organisationen zusammen. Neben dem Wunsch nach Rache werden Bestrebungen stärker, die ausländischen Truppen generell aus dem Land zu vertreiben. Die politische Katastrophe äußert sich darin, dass die US-Militärs die Eroberung Iraks zwar exakt geplant hatten, jedoch nicht mit anhaltendem bewaffnetem Widerstand rechneten. Und auch von etwaigen Schwierigkeiten beim Aufbau einer neuen Gesellschaft hatten sie kaum mehr als eine vage Vorstellung.

Präsident Bush offenbart seine Naivität bezüglich der Probleme Iraks erst, als er rückblickend Fehleinschätzungen einräumt: »Wenn eine Krise heranreift oder Hilfe notwendig wird, werden die USA bereit sein. Eine Lektion, die wir im Irak gelernt haben, besteht darin, dass das Militär schnell und überall auf der Welt eingesetzt werden kann, das Gleiche jedoch nicht für US-Regierungsmitarbeiter gilt.«[6] Der Glaube, die Probleme eines besetzten Landes wie des Iraks könnten durch die raschere Entsendung von »Fachleuten« aus Washington beseitigt werden, offenbart ein tiefes Misstrauen gegenüber der Bevölkerung anderer Länder. Sie wird für das Scheitern des Aufbaus dort verantwortlich gemacht. Die Tendenz, die eigenen politischen Fehler im Irak auf andere zu projizieren, kann sich gerade dann als gefährlich erweisen, wenn dies vor allem mit Blick auf dessen Nachbarland geschieht. Zu gerne würden Teile der US-Administration der Islamischen Republik Iran die Rolle des Sündenbocks für die Schwierigkeiten im Irak zuschreiben.

Genauso fahrlässig, wie die Führung der Besatzungstruppen das Kooperationsangebot der irakischen Offiziere ablehnte, hatte sie es auch versäumt, sich der gewaltigen Waffen-, Munitions- und Sprengstofflager der irakischen Streitkräfte zu bemächtigen. Selbst große Mengen Sprengköpfe, Panzerabwehrminen und Antipersonenminen waren nicht konfisziert worden, obwohl Mitarbeiter internationaler Organisationen die genauen GPS-Koordinaten der Waffenarsenale der Zivilverwaltung und einem Stützpunkt der US-Armee meldeten.

Eines der Lager, die systematisch geplündert werden, befindet sich in der Militärhochschule an der Straße zwischen Bagdad und Bakuba. Dort lagern hunderte Raketensprengköpfe. Wahrscheinlich dient dieses – gut versteckte – Material bis heute dazu, die im amerikanischen Militärjargon »improvisierte Sprengstoffvorrichtungen« genannten Bomben zu bauen, mit denen Aufständische Fahrzeuge der US-Streitkräfte in dieser Region angreifen.

Die britischen und amerikanischen Soldaten überlassen den Aufständischen nicht nur die Depots in den Armeestützpunkten und anderen Lagern, sondern sie bemühen sich in den Wochen nach der Besetzung Iraks auch nicht, die Verstecke aufzuspüren, die Kampfgruppen der Baath-Partei für einen Bürgerkrieg oder die Auseinandersetzung mit den ausländischen Invasoren angelegt haben. Dies ist ein weiterer Ausdruck der fatalen Fehleinschätzung im Irak.

Der Krieg der Sunniten

Für die US-Soldaten gibt es nach dem Sturz Saddam Husseins nur wenige Wochen Ruhe, denn in Bagdad nehmen die Spannungen zu. Mit Lautsprecherdurchsagen auf Arabisch versuchen Propagandatrupps der US-Armee die Bevölkerung zu überzeugen, dass sie nicht als Besatzer, sondern als Befreier gekommen sind. Als ich das erste Mal eine Propagandakolonne der 3. Infanteriedivision begleite, erschüttert mich die Naivität der Lautsprecherdurchsage. Bei den Bewohnern des Sunnitenviertels Aadhemiya in Bagdad verfehlt der von einem Tonbandgerät abgespielte Appell seine Wirkung. Viele reagieren sogar mit Spott. Für sie sind die Amerikaner zu diesem Zeitpunkt bereits Besatzer. Wenn die US-Armee sich bemüßigt sehe, dies per Lautsprecher zu dementieren, dann müsse es schon schlimm um sie bestellt sein, erklärt mir eine Lehrerin.

Noch Anfang Mai kann ich ohne Probleme Mitglieder eines Stadtteilkomitees interviewen. In den Tagen nach dem Einmarsch der US-Truppen haben sich Männer aus dem Stadtteil Aadhemiya zusammengetan, um Einbrecher von den Geschäften ihres Viertels fernzuhalten. Kleine Gruppen Bewaffneter beziehen auf Plätzen oder den Dächern von Häusern Posten. Doch bereits im selben Monat bilden sich im Umfeld der Komitees, die sich anfangs nur zum Selbstschutz gegründet hatten, erste Widerstandszellen gegen die US-Soldaten. Kontakte oder gar Gespräche mit den Aktivisten, die sich daraufhin nur noch an geheimen Orten treffen, werden mir in Zukunft verwehrt. Nicht einmal acht Wochen nach dem Sturz Saddam Husseins hat ein Politikprofessor aus Aadhemiya keine Zweifel mehr, dass es in seinem Viertel zu Angriffen auf US-Soldaten kommen wird. Er vermutet, dass in verschiedenen Stadtteilen Bagdads Mitglieder von Komitees sich auf bewaffnete Auseinandersetzungen mit US-Truppen vorbereiten.

Vor allem junge Männer sind bereit, die Amerikaner zu bekämpfen. Geeint in der Feindschaft gegen die ausländischen Truppen, trennen sie politisch oft Welten. »Wahhab« nennt sich einer von ihnen. Mit seinem Aliasnamen signalisiert er bereits seine religiöse Orientierung. Der Bäckergehilfe wurde von Glaubensbrüdern in der Moschee angeworben und fühlt sich wie Osama bin Laden als Wahhabit. Der Wahhabismus, der in Saudi-Arabien Staatsreligion ist, stellt eine besonders rigide Variante des sunnitischen Islam dar.

Wahhab erzählt mir voller Stolz, dass seine Gruppe auch mit Offizieren des ehemaligen Geheimdienstes in Verbindung stehe.

Dass die Baathisten am gemeinsamen Gebet teilnehmen, gilt dem Bäckerburschen als Beweis für die Läuterung der Agenten des einstigen Regimes. Eigentlich lehne er die Zusammenarbeit mit den Funktionären des alten Systems ab, doch im Kampf gegen den gemeinsamen Feind müsse man Kompromisse eingehen. Wahhab bestätigt meine Spekulationen über die Hintermänner des Widerstands. Auch seine Gruppe wurde von den Ex-Baathisten mit Waffen ausgestattet. Drei Jahre später höre ich erneut von Wahhab. Er hat überlebt und kämpft im Bürgerkrieg. Die Gegner der von ihm geführten kleinen Gruppe sind jetzt Schiiten.

Vor allem in den sunnitischen Provinzstädten im Westen und Norden des Landes protestieren Anhänger Saddam Husseins gegen die Besatzungsarmee. In einem offenen Brief hat der gestürzte Diktator zum Widerstand gegen die US-Truppen aufgerufen, die er als »ungläubig, kriminell und mörderisch« bezeichnet. Der Tag der Befreiung werde kommen, verspricht er seinen Anhängern.

Am 28. April, seinem sechsundsechzigsten Geburtstag, greifen Demonstranten in der fünfzig Kilometer westlich von Bagdad gelegenen Stadt Falludjah nach dem Abendgebet eine Einheit US-Soldaten, die sich in einer Schule einquartiert hat, mit Steinen an. Als diese Nebelgranaten abfeuern, entwickelt sich ein Gefecht, bei dem fünfzehn Iraker sterben. Bei den Bewohnern nimmt die Empörung solche Ausmaße an, dass die Soldaten am nächsten Morgen unter Schmährufen der Einheimischen abziehen müssen. Dabei werden sie von Schülern mit Steinen und Schuhen beworfen, eine Geste, die sie beleidigen soll. Achtundvierzig Stunden später kommt es erneut zu einem Zwischenfall, bei dem zwei Demonstranten erschossen werden.

Wer solche Schießereien beginnt, ist nicht entscheidend,

denn in der Regel gibt es nur auf der Seite der Besatzungsgegner Tote, und nicht bei der US-Armee, eine Tatsache, die bei vielen Irakern die Wut über diese – aus ihrer Sicht – »Massaker« nur noch steigert. So sterben an Saddams Geburtstag auch in der Stadt Mosul neun Demonstranten durch Kugeln amerikanischer Soldaten. Im Propagandakrieg nutzen die Feinde der USA die Toten als eine Art verbaler »Geschosse«. Iraker werden ausschließlich als Opfer gesehen, während die ausländischen Soldaten als mordende Unruhestifter dargestellt werden, die mit Ferngläsern Frauen beim Aus- und Anziehen beobachten und Kinder mit Pornomagazinen verderben. Gezielt nutzt diese Art Propaganda religiöse Gefühle und appelliert an Ehrvorstellungen, um die Menschen gegen die Amerikaner aufzubringen. Zumindest in den Nordwestprovinzen Iraks fällt diese Agitation auf fruchtbaren Boden, und die Empörung über die ausländischen Ungläubigen wächst.

Denn die treten gegenüber der irakischen Bevölkerung als anonyme Militärmaschinerie auf. Versehen mit modernster Technik, fahren sie durch die Straßen, wobei ihre martialische Erscheinung auf die Iraker fast surreal wirken muss. Diese Kluft zwischen zwei Welten kann auch nicht damit überbrückt werden, dass die Propagandaeinheiten der US-Armee an Kinder Faltblätter in Englisch und Arabisch verteilen, auf denen die Uniform und die von jedem Soldaten mitgeführte Ausrüstung erklärt werden. Mit ihrer Sprechfunkausstattung, durch die sie ständig mit dem Begleitfahrzeug in Kontakt stehen, der schweren Panzerweste und dem Haltegestänge für die an den Stahlhelmen befestigten Nachtsichtgeräte wirken die Soldaten schwerfällig und ähneln Robotern. In solch einer Kluft bleiben die Kontakte mit den Irakern sehr begrenzt, schon die Montur steht einer Gesprächsaufnahme im Wege.

Viele der Soldaten sind keine Bürger der USA, denn in den US-Streitkräften dienen 33 000 Ausländer. Durch ihren Eintritt in die Armee erwerben sie sich ein Anrecht auf die Staatsbürgerschaft, ein Privileg, das Präsident Bush in den Tagen nach dem 11. September 2001 per Dekret schuf. Im Irakkrieg erhielten die ersten gefallenen ausländischen Armeeangehörigen der USA ihre Staatsbürgerschaft posthum.

Zusätzlich beschäftigt die US-Armee private Sicherheitsdienste, deren Personal auch an Kampfhandlungen teilnimmt. Das Verhältnis von »privaten« Kämpfern zu US-Soldaten ist deutlich gestiegen. War im Golfkrieg 1991 jedes fünfzigste Mitglied der US-Armee kein klassischer Soldat, so hatte im Irakkrieg 2003 bereits jeder zehnte Kriegsteilnehmer einen Job bei einer Fremdfirma.[7] Bezeichnend ist auch, dass vermehrt ferngesteuerte Roboter zum Einsatz kommen. Man schätzt, dass im Jahr 2006 rund 10 000 von ihnen vor allem zum Bomben- und Minenentschärfen verwendet werden.[8]

Ähnlich wie in Falludjah die brisante Situation nicht durch direkte Verhandlungen und persönliche Begegnungen eingedämmt werden konnte, sondern durch Gewaltausbrüche noch eskalierte, weiß die US-Armeeführung auch in Bagdad nicht den Ernst der Lage einzuschätzen. Die Offiziere sehen nur das Chaos in der Hauptstadt. Dabei richten sich die dortigen Demonstrationen meist nicht direkt gegen die Besatzungsmacht, sondern Unzufriedene fordern sauberes Wasser, die Zuteilung von Wohnraum oder Arbeit. Die Soldaten verstehen – schon sprachlich – nicht, was in den Straßen vorgeht.

Während in den Provinzen auf Demonstranten geschossen wird, erklärt Ex-General Jay Garner, der Direktor des Pentagonamts für Wiederaufbau und humanitäre Hilfe, seine Sicht der Dinge: »Ja, ja, da gibt's einige Demonstrationen, aber das ist der

Schritt Richtung Demokratie. Es ist ihnen erlaubt, zu demonstrieren.«[9] Daran wird deutlich, wie wenig der Amerikaner, der doch eine für den Wiederaufbau Iraks herausragende Stellung bekleidet, die Situation zu beurteilen vermag. Die drei Millionen Schiiten in Bagdad sehen die US-Soldaten zunächst einmal als Befreier vom Regime Saddam Husseins, von dem sie unterdrückt wurden. Sie wünschen zwar deren Abzug, aber sie beteiligen sich nicht am bewaffneten Widerstand. Stattdessen nutzen sie das neue Demonstrationsrecht, um für ihre Forderungen auf die Straße zu gehen, oder auch nur, um in der Öffentlichkeit zu beten.

In der Sunnitenregion im Nordwesten des Landes ist die Lage anders. Hier wurde nicht geplündert, und Anhänger Saddam Husseins sind nicht gezwungen zu fliehen oder sich in den Untergrund abzusetzen, weil sie keine Angst haben müssen, für Verbrechen während der Diktatur ermordet zu werden. Hier können sie ungestört den Widerstand gegen die US-Truppen organisieren. Die ehemaligen Mitglieder der Baath-Partei wissen genau, wie Untergrundzellen organisiert werden. Sie haben Geld und Zugang zu geheimen Waffendepots. Innerhalb weniger Wochen gelingt es ihnen, ganze Landstriche im Nordwesten Iraks unter ihre Kontrolle zu bringen.

Im April 2004 erreicht die Gewalt im Irak eine neue Stufe. Anhänger Saddam Husseins nutzen Demonstrationen, um aus ihnen heraus auf US-Soldaten zu schießen. In den kommenden Wochen bilden sich Untergrundzellen, deren Mitglieder Anschläge auf einzelne Soldaten oder Konvois der Amerikaner verüben. Ein neuer Krieg hat begonnen. In den Sunnitenregionen Iraks entsteht eine Front, zu der sich mit den Anhängern des alten Regimes auch Vertreter wichtiger Stämme, bekannte sunnitische Geistliche und der Al Kaida nahe stehende Terroristen zusammenschließen. Diese Kräfte kooperieren in den einzelnen Städten in völlig unterschiedlicher Weise. Wer den größten Einfluss im Gebiet besitzt, der entscheidet über das Vorgehen. Es bildet sich eine Allianz, deren Zusammenhalt einzig und allein dem Ziel, die ausländischen Truppen aus Irak zu vertreiben, zu verdanken ist.

Oft dauert es Monate, bis militante Gruppierungen die Macht in einem Gebiet übernehmen. In Rawah, einer kleinen, dreihundert Kilometer nordwestlich von Bagdad gelegenen Stadt, sind die Funktionäre der Baath-Partei in den Tagen nach dem Einmarsch der US-Truppen in Bagdad ihrer Posten enthoben worden, und islamische Komitees beginnen allmählich damit, sich der Kontrollfunktionen zu bemächtigen. Da die Zahlungen für die Beamten aus der Provinzhauptstadt Ramadi nur noch unregelmäßig eingehen und Mittel für neue Projekte fehlen, büßt die Stadtverwaltung ihre Bedeutung ein. Es gibt noch einige Polizisten, die den Verkehr überwachen, doch praktisch ist die Stadt bereits im Sommer in Händen der Komitees. Sie entscheiden, wer sich in Rawah bewegen darf und wer von den Kontrollposten an den Zugangsstraßen abgewiesen wird. Nähern sich beispielsweise US-Truppen, die wenige Kilometer weiter südlich stationiert sind, so wird das islamische Komitee von Wachposten über Funk informiert. Dank dieses Frühwarnsystems können Maßnahmen zum Empfang von Fremden getroffen, Verhaftungen verhindert und Zeit für die Vorbereitung von Anschlägen gegen die US-Soldaten gewonnen werden. Die Effizienz dieses Systems erleben mein Team und ich neun Monate nach dem Sturz Saddam Husseins bei einem Treffen mit Mitgliedern des Komitees von Rawah. Plötzlich entschuldigen sich die älteren Männer und verlassen das Gebäude der Stadtverwaltung. Gemeinsam werden wir sofort in das Haus der Gastgeber gefahren. Während wir Tee trinken, erhält ein Lehrer, der uns vorher in der Stadt begleitet und offensichtlich Kontakt zu einer der Untergrundgruppierungen hat, Informationen über die Lage. Er weiß sehr schnell, dass Amerikaner in die Stadt gekommen sind. Auch die Anzahl der Soldaten und die Viertel, in denen sie patrouillieren, sind ihm bekannt. Das Filmen ist uns weiterhin erlaubt.

Nach einer Stunde verlassen die Soldaten die Stadt, ohne dass es zu einem einzigen Zwischenfall gekommen ist. In den Wochen zuvor ist auch in Rawah gekämpft worden, weil US-Truppen Aktivisten des Widerstands festnehmen wollten. Offensichtlich haben die Amerikaner ebenfalls Kontaktleute in der Stadt, die immer wieder mit Angehörigen der islamischen Komitees aneinander geraten. Dass der Hass auf die US-Truppen immer mehr wächst, hängt auch mit ihrer höchst rücksichtslosen Vorgehensweise zusammen, bei der sie die Sitten und Gebräuche der Region wenig oder gar nicht beachten: Als im Oktober 2003 eine ältere Frau, deren Haus durchsucht werden soll, den Soldaten die Tür nicht öffnet, schlagen diese ein Fenster ein und werfen eine Handgranate in die Küche. Die Bewohnerin, die aufgrund ihrer Erziehung die fremden Soldaten gar nicht hereinlassen durfte, wird getötet. Noch drei Monate später erinnern Blutspuren und von Granatsplittern zerstörte Fliesen an den Zwischenfall. Die Söhne der Toten, ein Lehrer und ein Taxifahrer, wurden nach dem Vorfall verhaftet, einer der beiden wurde anschließend in das Gefängnis von Abu Ghraib, das später traurige Berühmtheit erlangen sollte, geschafft und dort schwer misshandelt. Monate danach, noch bevor der Folterskandal bekannt wird, zeigt er mir eine auf Packpapier geschriebene Entlassungsbescheinigung. Die Wunden von den Plastikkabeln, deren Fesseln sich tief in seine Handgelenke einschnitten, sind noch nicht richtig vernarbt. Dennoch fällt es mir schwer, ihm zu glauben, als er im Interview berichtet, wie er in Abu Ghraib geschlagen und misshandelt wurde. Auf diese Weise habe man versucht, ihm ein Geständnis über Aktionen gegen die US-Truppen abzupressen. Ich misstraue den Aussagen, weil ich annehme, er wolle den Tod seiner Mutter mit Anschuldigungen gegen US-Soldaten rächen. Sechs Wochen später wird der Folterskandal von Abu Ghraib bekannt. Sofort erinnere ich mich an den fünfundvierzigjährigen Lehrer, und mir wird klar, dass er mit seinen Aussagen nicht übertrieben hat.

Für Menschen in Europa mögen sich Torturen und Erniedrigungen irakischer Gefangener in Abu Ghraib als Zeichen einer mangelhaften Vorbereitung der US-Soldaten auf die Auseinandersetzung mit der Zivilbevölkerung in einer Nachkriegssituation werten lassen, den Irakern bedeuten sie mehr. Die wissen, dass viele der Gefolterten willkürlich festgenommen werden, und das oft nur, weil sie zufällig am Ort des Einsatzes von US-Soldaten waren. So sehen die Iraker sehr wohl die Kontinuität aus der Zeit der Diktatur Saddam Husseins, der Oppositionelle und Unschuldige ebenfalls foltern ließ – und dies sind denkbar schlechte Voraussetzungen, um die Menschen im Irak vom leuchtenden Vorbild ihrer demokratischen Befreier zu überzeugen.

Wenn ein Gefangener gezwungen wird, sich nackt auszuziehen und eine Frau einen Hund – ein in den Augen vieler Moslems unreines Tier – auf diesen Mann hetzt, wird er in unglaublicher Weise gedemütigt. Diese Schmach wiegt so schwer, dass er nach seiner Entlassung nicht einmal im Familienkreis darüber reden wird. Stattdessen wird er auf bittere Vergeltung sinnen. Und solch eine Rache ist in einer durch Familien, Sippen und Stämme geprägten Gesellschaft nicht die Aufgabe eines Einzelnen, sondern Verpflichtung für jeden Angehörigen, sich daran zu beteiligen. Mit Auftritten dieser Art ist es US-Soldaten binnen kürzester Zeit gelungen, sich weite Bevölkerungskreise im Nordirak zu erbitterten Feinden zu machen.

Wegen der Misshandlung irakischer Gefangener in Abu Ghraib sind auch zwei Jahre, nachdem diese Verbrechen bekannt wurden, erst elf Armeeangehörige verurteilt. Kritiker weisen darauf hin, dass bisher kein hoher Offizier der US-Streitkräfte oder kein Regierungsbeamter in Washington wegen der Foltervorfälle belangt wurde, obwohl angeklagte Soldaten stets beteuern, auf Befehl und mit Wissen von Vorgesetzten gehandelt zu haben. Samuel Provance, ein Unteroffizier im US-Militärgeheimdienst, erklärt vor einem Ausschuss des Repräsentantenhauses, dass die Armeeführung von den Vorgängen in Abu Ghraib gewusst habe. Provance wirft dem Leiter einer armeeinternen Untersuchung vor, bei seinen Ermittlungen die Rolle des Militärgeheimdienstes bewusst ausgeklammert zu haben. Der Unteroffizier behauptet, nach seiner Aussage vor dem Ausschuss auf eine schwarze Liste gesetzt und somit automatisch von etwaigen Beförderungen ausgeschlossen worden zu sein.

Mit jeder Tür, die US-Soldaten bei ihrer Suche nach Verdächtigen eintreten – und das sind in der Sunnitenregion Nordiraks viele –, machen sie sich eine weitere Familie, Sippe oder sogar einen ganzen Stamm zum Feind. Denn das gewaltsame Eindringen in ein Haus, in dem sich eine Frau aufhält, kann als Todsünde gewertet werden. Einem Soldaten auf der Suche nach einem Terroristen kommt das gar nicht in den Sinn. Wenn er Geräusche in einem Haus hört und ihm auf Rufen oder Klopfen nicht geöffnet wird, demoliert er die Tür, wenn er nicht gar vorher noch eine Handgranate durchs Fenster wirft. Dank dieser Brachialgewalt brauchen sich die US-Truppen über mangelnde Beliebtheit bei den Einheimischen nicht mehr zu wundern – im Gegenteil: Sie haben sich einen großen Teil der Eskalation der Gewalt in den Sunnitengebieten selbst zuzuschreiben. Auch in Rawah herrscht anderthalb Jahre nach dem Sturz Saddam Husseins, acht Monate nach meinem Besuch, nichts als Krieg.

Falludjah wird bei zweiwöchigen Kämpfen zwischen den Aufständischen und den US-Streitkräften im November 2004 fast vollständig verwüstet. 300 000 Einwohner fliehen vor den Amerikanern, etwa 1000 Zivilisten werden bei tagelangen Bombenangriffen und während der Offensive getötet. 10 000 Häuser sind total zerstört. Bereits ein knappes halbes Jahr zuvor – Anfang April – fallen dem ersten Versuch der Amerikaner, Falludjah zu erobern, 600 Einwohner zum Opfer. Angesichts der wütenden Proteste im Land hatte Zivilverwalter Bremer ein Ende der Offensive angeordnet.

Für Iraks Sunniten wird die Stadt zum Symbol für Kriegsverbrechen an Zivilisten. Statt mit Gegnern zu verhandeln, würden die USA alles daransetzen, diese zu vernichten. In welchem Ausmaß die US-Streitkräfte bei den Kämpfen um Falludjah weißen Phosphor einsetzen, ist umstritten. Offiziell wird der Stoff zur Gefechtsfeldbeleuchtung genutzt, er kann aber auch als Brandbombe gegen Menschen verwendet werden. Sobald die Substanz mit Sauerstoff in Berührung kommt, beginnt sie zu brennen, zudem ist sie hochgiftig und zerfrisst das Muskelgewebe. Im Rahmen der Angriffe auf Falludjah haben Offiziere der US-Armee die Wirkung von weißem Phosphor beschrieben. Auch der Sprecher des Pentagons in Washington, Oberstleutnant Barry Venable, bestätigt gegenüber der BBC den Einsatz des Kampfmittels gegen Aufständische, betont jedoch, dass es sich um keine verbotene Waffe handle.[10] Offiziere der aufgelösten irakischen Armee haben mir erzählt, bereits bei den Gefechten um den internationalen Flughafen von Bagdad im Jahr zuvor seien hunderte Iraker durch Phosphorangriffe getötet worden. Ich versuche die Aussagen zu überprüfen, stoße aber nur auf Indizien, die auf den Einsatz von Phosphor deuten, diesen aber nicht eindeutig belegen. US-Einheiten hätten die Spuren verwischt, die Kampfzone sei zum Sperrgebiet erklärt worden, erklären Iraker die Schwierigkeit, ihre Behauptungen zweifelsfrei beweisen zu können.

Persönlich gesehen habe ich während des Krieges auf einer Fahrt von Hilla nach Bagdad dreißig Kilometer südlich der Hauptstadt einen gewaltigen Feuerball nach einer Explosion. Damals vermutete ich, ein Benzintank sei getroffen worden. Rückblickend bin ich heute der Überzeugung, dass die US-Luftwaffe am 2. April eine »Mark-77-Feuerbombe«, eine Weiterentwicklung des laut UN-Konvention von 1980 verbotenen Napalms, eingesetzt hat. Möglicherweise wurden Feuerbomben genutzt, um den entscheidenden Vorstoß nach Bagdad vorzubereiten: Zwanzig Stunden nach der Detonation besetzten US-Truppen den Flughafen von Bagdad. Die Panzerspitze der 3. Infanteriedivision traf bei ihrem Vormarsch auf keine irakische Gegenwehr.

Tägliche Gewalt und Verbrechen der US-Streitkräfte

Aber es sind nicht nur die militärischen Großangriffe auf Stadtteile oder ganze Städte, auch die alltägliche Gewalt steigert den Hass der Sunniten im Irak. Nach einer Aufstellung der US-Militärs wird 2005 täglich ein Zivilist an einem Kontrollposten, einer Straßensperre oder in der Nähe eines amerikanischen Militärkonvois erschossen. Mal ist eine Schwangere auf dem Weg ins Krankenhaus das Opfer, deren Schwager in seiner Aufregung eine Straße zu früh abbiegt, ein anderes Mal ist es ein italienischer Agent auf dem Weg zum Flughafen von Bagdad. Ohne sich darüber Gedanken zu machen, ob die Warnhinweise ausreichen oder Zivilisten eine Straßensperre überhaupt als solche erkennen können, nehmen die US-Soldaten jedes Auto, dessen Fahrer vor dem Checkpoint nicht schnell genug abbremst, unter Feuer. Getrieben werden sie in der Regel nicht von Aggressivität. Es ist die Angst, die die Soldaten so schnell den Abzug ihrer Waffen duchdrücken lässt. Wie sollen sie auch im Bruchteil einer Sekunde zwischen einem Selbstmordattentäter und einem unvorsichtigen Fahrer unterscheiden? Denn die meisten US-Soldaten sterben bei Angriffen auf Kontrollposten oder Konvois.

Erst im Frühjahr 2006 werden die Warnsysteme von Konvois und vor Kontrollposten verbessert. Seither wird wöchentlich nur noch ein irakischer Zivilist erschossen. Dies ist nicht das einzige Anzeichen eines veränderten Verhaltens von US-Soldaten. Neuerdings gibt es Anweisungen, auch das Selbstwertgefühl der Iraker bei Auseinandersetzungen oder auch nur Begegnungen stärker zu berücksichtigen. Um die Erniedrigung von Gefangenen zu vermeiden, sollen Festgenommene nicht mehr vor den Blicken Angehöriger gefesselt werden, um diese nicht zu Reaktionen aus Hass oder Rache zu provozieren. Wie oft US-Konvois oder einzelne Soldaten aus verletztem Ehrgefühl angegriffen werden, lässt sich nicht abschätzen. Den Kommandostäben mangelt es an Einsicht darüber, dass bereits mit einem etwas weniger aggressiven Auftreten Todesopfer hätten vermieden werden können. US-Offiziere versuchen immer wieder, die wichtigsten Stammesführer für ein Bündnis zu gewinnen, aber ihnen fehlen das Gespür und die Erfahrung, die wenigen Gemeinsamkeiten zu nutzen, um langfristig eine Zusammenarbeit zu entwickeln.

Oft sind es Kleinigkeiten, die zu großen Fehlschlägen führen. Bei einem von ihnen war ich Augenzeuge. Alle großen US-Einheiten haben Soldaten, deren Aufgabe darin besteht, das Verhältnis zur irakischen Bevölkerung zu verbessern. An einem Nachmittag begleite ich solch eine Gruppe. Sechs Fahrzeuge fahren in eine Siedlung, in der völlig verarmte Familien leben. Männer verschwinden, Frauen stehen in den Türen, und auch einige Jungen verlassen einen staubigen Platz, auf dem sie Fußball spielen.

Auf diesem hissen die Soldaten der Gruppe für »zivile Angelegenheiten« das Sternenbanner und beginnen, Wasser und Schulutensilien an die Kinder zu verteilen. Zuerst kommen nur die Kleinen, die schüchtern die Geschenke entgegennehmen. Doch innerhalb weniger Minuten entwickelt sich eine Volksfeststimmung. Die Kinder rennen in die Behelfshütten ihrer Eltern oder von Freunden, stellen die Wasserflasche und das Päckchen mit Stiften und Heften ab und rasen zurück, um sich erneut in die Schlange einzureihen. Einige Eltern kommen, um ihren Kleinen die Sachen abzunehmen, damit sie sich noch öfter anstellen können.

Auch den Soldaten macht es Spaß. Selbst ältere Kinder stehen nun Schlange. Doch als die Vorräte zu Ende gehen, bricht großes Geschrei aus. Kinder protestieren und umringen den Konvoi. Und jetzt passiert das Schockierende. Die Soldaten rufen »finished!« und ernten ein noch stärkeres Gebrüll. Doch statt die Situation und beginnende Spannungen spielerisch aufzulösen, feuern die Soldaten mehrere Salven über die Köpfe der

Kleinen, die blitzartig das Weite suchen. Wir machen uns schnell aus dem Staub. Aus den Häusern folgen uns wieder Blicke voll skeptischen Misstrauens.

Nach der Rückkehr erkundigt sich der Kommandeur der Einheit nach meinen Eindrücken. Meine Antwort, es sei beeindruckend gewesen, nur das Schießen hätte ich für überflüssig gehalten, irritiert ihn. Er will die ganze Geschichte hören und meint am Ende enttäuscht, dass man sich die Verteilaktion dann gleich hätte sparen können. Oberstleutnant Kevin Farrell, Kommandeur dieser in einem alten Armeekrankenhaus im Bagdader Vorort Rostamia stationierten Panzereinheit, hat die arabische Kultur studiert und weiß, wie schwer es für seine Soldaten ist, die Schranken aus dem Weg zu räumen, und wie schnell Erfolge wieder zunichte gemacht werden können.

Wenn schon Angehörige einer Einheit für »zivile Angelegenheiten« zum Abschied schießen, dann kann man erst recht nicht erwarten, dass Soldaten der Kampfverbände während ihrer Einsätze darauf achten, die Sympathien der Zivilbevölkerung zu erringen. Im Irak sprechen viele Sunniten heute über die Grausamkeiten der ausländischen Soldaten als etwas völlig Normales, und ihre anfängliche Ablehnung der Amerikaner ist in unverhüllten Hass auf die Besatzer umgeschlagen. In der Regel werden die Zwischenfälle nicht einmal mehr bekannt, sondern kursieren als Gerüchte unter der irakischen Bevölkerung. Da bleibt es nicht aus, dass viele Verfehlungen von US-Soldaten auch gezielt übertrieben werden.

Außerhalb Iraks werden nur wenige Fälle publik. Einer ereignete sich am 19. November 2005, als amerikanische Armeeangehörige in Haditha vierundzwanzig unbewaffnete Iraker umbrachten. Die Marineinfanteristen wurden beschuldigt, die Zivilisten aus Rache für einen durch eine Bombenfalle getöteten Kameraden ermordet zu haben, wobei auch verängstigt in Häusern sich Verbergende nicht verschont wurden. Nach Augenzeugenberichten und Fotos wurden die Zivilisten, auch Kinder und Frauen, gezielt erschossen, einige von ihnen sogar in ihren Betten. Zu ihrer Verteidigung machten die Soldaten später geltend, es sei vertretbar gewesen, die Menschen zu erschießen, da sie geglaubt hätten, angegriffen zu werden. Ihr Vorgehen habe den Richtlinien für die Kämpfe bei solch schwierigen und chaotischen Einsätzen entsprochen. »Keiner war gefühlsmäßig durcheinander«[11], das Kommando habe die Tür eingetreten, eine Granate geworfen und Schüsse in die Rauch- und Staubwolken abgegeben, ließ einer der Beschuldigten durch seinen Anwalt erklären. Jeder habe eine Aufgabe zu erfüllen gehabt. Und der Anwalt führt aus: »Jeder war besorgt, dass es weitere Todesopfer geben könnte.«[12] Aus dieser Verlautbarung wird deutlich, dass für die Soldaten nur die eigenen Toten zählen.

Der Kommandeur jenes Bataillons, dessen Soldaten den Tod dieser Menschen verschuldet haben, beurteilt den Zwischenfall als ein ganz normales Kampfereignis. Deshalb habe er keine Untersuchung der Geschehnisse angeordnet oder die Frage gestellt, wie viele Frauen und Kinder getötet wurden. Nach dem Beginn der Ermittlungen behaupten beteiligte Soldaten mehrfach, die Zivilisten seien bei Kampfhandlungen umgekommen. Um ihre Argumentation aufrechterhalten zu können, sollen die Soldaten Berichte manipuliert haben. In einer Pressemitteilung hieß es am nächsten Tag, fünfzehn irakische Zivilisten seien einem Bombenanschlag zum Opfer gefallen, die Marineinfanteristen hätten zudem acht Aufständische erschossen, nachdem die Einheit von diesen angegriffen worden sei.[13] Es handelt sich offensichtlich um eine bewusste Irreführung der Öffentlichkeit, da diese offizielle Verlautbarung auch von späteren Darstellungen des Tathergangs, die die beschuldigten Soldaten zu ihrer Verteidigung vorbringen, abweicht.

Wahrscheinlich ereignete sich der Zwischenfall in Haditha wirklich im Rahmen einer militärischen Routineaktion, über die nichts bekannt werden sollte. Ziel solch eines Vorgehens von Soldaten könnte sein, durch exemplarische Brutalität nach Anschlägen eine abschreckende Wirkung zu erzielen. Auf diese Weise können Iraker eingeschüchtert werden, sodass sie aus Angst vor Vergeltung Aufständische oder Terroristen daran hindern, Sprengfallen an den Straßenrändern zu platzieren. In Bagdad haben US-Soldaten versucht, diese Abschreckung durch Massenverhaftungen zu erzielen. In Straßen, in denen Bomben explodierten, wurden Dutzende junger Männer festgenommen, obwohl sie keiner Tatbeteiligung beschuldigt werden konnten.

Nach der Eroberung Bagdads im April 2003 hat mir einer der Marineinfanteristen erklärt, beim Vormarsch auf die Hauptstadt sei seiner Einheit der Befehl erteilt worden, für jeden Toten in den eigenen Reihen hundert Gegner »auszuschalten«. Diese Äußerung deutet auf eine Kampfmentalität, die überwiegend von Vergeltungsgedanken geprägt ist. In bestimmten Kriegsphasen mag solch eine Taktik zwar noch die gewünschten Erfolge bringen, doch bei der militärischen Unterstützung des Aufbaus einer demokratischen Gesellschaft ist sie zum Scheitern verurteilt. Wenn schon normale Menschen als Feinde gelten – und das sind sie in den Augen vieler US-Soldaten, die in den Sunnitengebieten eingesetzt sind –, dann steigt die Zahl der Toten unter der Zivilbevölkerung. Auch damit ist zu erklären, dass der größte Teil der Iraker der Überzeugung ist, die Amerikaner wollten gar nicht für ihre Sicherheit sorgen. Generalleutnant Peter Chiarelli, der stellvertretende Kommandeur der US-Streitkräfte im Irak, hat für die Soldaten im Irak inzwischen Sonderkurse zu moralischen Werten der Truppe und der Ethik auf dem Schlachtfeld angeordnet.

Meist werden die von Soldaten verübten Straftaten erst Wochen oder Monate später bekannt. Dazu gehört skandalöserweise auch die Vergewaltigung und Ermordung einer vierzehnjährigen Irakerin: Sie musste nach dem an ihr begangenen Verbrechen zusammen mit ihren Eltern und einer jüngeren Schwester sterben. Zehn Wochen lang wurde diese Untat in der Kleinstadt Mahmudiyah südlich von Bagdad von Angehörigen der US-Einheit, in der die Täter Dienst tun, vertuscht. Ein Soldat offenbarte die Vergewaltigung und die Morde erst, als seine Einheit ein Antistressprogramm absolvierte, nachdem zwei Soldaten des 502. Infanterieregiments von Irakern zu Tode gefoltert worden waren. Das Training soll verhindern, dass Soldaten sich aus Wut über den Tod von Kameraden zu Vergeltungsaktionen gegen die irakische Bevölkerung hinreißen lassen. Möglicherweise handelt es sich bei der Ermordung der beiden Soldaten um einen Racheakt von Verwandten oder Bewohnern des Dorfes für die Vergewaltigung und den Tod des Mädchens sowie den Mord an der Familie. Das Verbrechen geschah, nachdem das Mädchen bereits Tage von US-Soldaten belästigt worden war und die Eltern beschlossen hatten, es zu einem Verwandten zu schicken. Für den einundzwanzigjährigen Hauptbeschuldigten Steven Green ist das Töten von Irakern, »wie eine Ameise zu zerquetschen«. Vier Wochen vor dem Verbrechen erklärte er einem Korrespondenten der *Washington Post*: »Du tötest jemanden, und dann sagst du: ›Los, wir holen uns eine Pizza.‹« Dann schildert Green einen konkreten Fall: »Ich habe einmal auf einen Typen geschossen, der nicht an einem Kontrollposten angehalten hat, und es war, als wäre nichts gewesen.«[14] Trotz einer Vorstrafe war der damals Neunzehnjährige Anfang 2005 als Freiwilliger von der Armee akzeptiert worden, weil das Verteidigungsministerium die Aufnahmebedingungen entschärft hatte, um den Mangel an Soldaten auszugleichen. Während seiner etwa halbjährigen Dienstzeit in der Region um Mahmudiyah waren acht der aus 110 Mann bestehenden Kompanie, in der Green Dienst tat, getötet worden.

Erschreckend ist die Kaltschnäuzigkeit Greens und seiner Kameraden. Zuerst erschießen sie die Eltern und deren sechsjährige Tochter, dann vergewaltigen sie die vierzehnjährige Abeer Al Janabi und bringen sie ebenfalls um. Sie übergießen die Ermordeten mit Benzin und legen einen Brand, um die Spuren zu verwischen. Später wird das Verbrechen Aufständischen angelastet, US-Soldaten nehmen eine Spurensicherung vor und fotografieren sogar Opfer und Tatort. Während die Nachbarn von den Belästigungen des Opfers durch US-Soldaten wissen und diese auch des Verbrechens beschuldigen, kommen die Ermittler der Einheit zu einem gegenteiligen Ergebnis. Wie tief müssen kulturelle Gräben sein, um nach solch einer unfassbaren Tat Nachbarn nicht zu vernehmen oder deren Hinweisen nicht zu folgen.

Welche Auswüchse die Verharmlosung von Verbrechen an Irakern annimmt, wird an einem Lied ersichtlich, in dem ein US-Marineinfanterist die Ermordung irakischer Zivilisten verherrlicht. Auf dem vier Minuten langen Video singt ein junger Soldat in Tarnanzug und Kampfstiefeln zur Gitarre: »Ich schnappte ihre kleine Schwester und stellte sie vor mich. Als die Kugeln flogen, spritzte das Blut zwischen ihren Augen, und dann lachte ich wie ein Wahnsinniger.« Und dann steigert sich Korporal Joshua Belile noch: »Ich pustete diese kleinen Arschlöcher in die Ewigkeit. Sie hätten wissen müssen, dass sie es mit den Marines zu tun hatten.«[15] Das Machwerk betitelt er mit

»Hadji Girl«. Damit spielt er auf die Hadj an, die Pilgerfahrt nach Mekka. Der Song handelt von einem Soldaten, der sich in eine Irakerin verliebt, die deshalb von ihrer Familie ermordet wird. Als auch der Soldat sterben soll, richtet dieser die Familie hin. Auf Proteste von muslimischen Organisationen beim US-Verteidigungsministerium erfolgt nur die Antwort der Einheit des Soldaten, dass dieser sich nichts habe zuschulden kommen lassen. Belile entschuldigt sich und will das Lied nicht aufnehmen. Daraufhin kündigt ein Radiomoderator an, den Song publik zu machen.

In den USA und auch in Europa gehen Meldungen über derartige Vorfälle unter und werden, anders als im Irak, kaum beachtet. Dort empören sich die Anhänger aller politischen Lager immer mehr über die Art, mit der amerikanische Militärs Straftaten vertuschen und Irakern anzulasten versuchen. Seit der Aufklärung der Mahmudiyah-Morde fordert auch die irakische Regierung unter Ministerpräsident Nuri Al Maliki, dass US-Soldaten für Verbrechen im Irak von irakischen Gerichten verurteilt werden. Denn Angehörige der multinationalen Truppen und privaten Sicherheitsfirmen, die mit den USA zusammenarbeiten, genießen Immunität: Als US-Zivilverwalter Bremer im August 2004 die Macht auf die irakische Übergangsregierung übertrug, legte er in »Befehl Nr.17« auch die Bedingungen für den Einsatz der amerikanischer Truppen im Irak fest, darunter ebenjene, die sich auf die Immunität bezieht.

Iraks wirtschaftlicher Verfall

Saddam Husseins Sturz und geplante Projekte für den Neuaufbau Iraks lösen ein wirtschaftliches Strohfeuer aus. Jahrzehnte entbehrte Konsumgüter überschwemmen das Land, da die Grenzen für Importe geöffnet und keine Zölle und Steuern mehr erhoben werden. Satellitenschüsseln und Gebrauchtwagen aus Europa und Fernost sind die großen Renner. Vor allem der Verkauf billiger Importwaren boomt, da Iraker die neu gewonnene Freiheit des Konsums genießen und etliche ihre Ersparnisse ausgeben. Doch sehr bald werden negative Auswirkungen spürbar. Unter der Konkurrenz der Billigimporte bricht ein großer Teil der irakischen Privatwirtschaft zusammen.

Alteingesessene Schuhmanufakturen müssen genauso schließen wie Hühnerfarmen. Viele der im Land produzierten Güter können mit den Billigprodukten aus dem Ausland nicht konkurrieren. Andere Betriebe sind zum Aufgeben gezwungen, weil ihnen die Arbeitskräfte davonlaufen. Statt sich wie zur Zeit Saddam Husseins für umgerechnet vierzig oder fünfzig Dollar einen Monat lang abzurackern, lassen sich vor allem junge Männer von den neuen Sicherheitsfirmen das Fünffache zahlen und bewachen Hotels, schützen ausländische Unternehmen oder begleiten als Bodyguards die Limousinen ausländischer Spezialisten.

Der Plan, mit einer Liberalisierung des Marktes die Wirtschaft anzukurbeln, geht nicht auf. Weder reiche Auslandsiraker noch ausländische Firmen sind bereit, ihr Geld im unsicheren Irak anzulegen. Plünderungen und Rechtlosigkeit schrecken potenzielle Investoren ab, das Vakuum der zusammengebrochenen Staatsfirmen auszufüllen. Einzig der Bausektor boomt, da sich Wohnungen und Geschäftsräume gut verkaufen oder vermieten lassen, denn die Iraker gehen davon aus, dass sich der Aufschwung irgendwann schon einfinden wird. Diese Hoffnung basiert auch darauf, dass viele glauben, die US-Truppen würden letztlich Herr der Lage. Doch diese Erwartungen erfüllen sich nicht.

Aus dem Ausland importierte Fahrzeuge tragen sogar zu einem weiteren Niedergang der Ordnung bei. Wegen der Niedrigstpreise für Benzin sind in Bagdad binnen weniger Monate mehr BMWs der alten Siebener-Reihe unterwegs als in Hamburg oder München. Vor allem die Benzin fressenden Modelle der achtziger Jahre, die in Deutschland unverkäuflich sind, finden reißenden Absatz. Auf dem Seeweg über das jordanische Aqaba oder auf dem Landweg über die Türkei und Kurdistan finden sie den Weg aus den Altwagenhalden der Händler Europas zurück auf die Straßen einer Großstadt. Insbesondere große Autos älterer Baujahre stehen in Bagdad hoch im Kurs. Die Straßen werden voller, die Staus größer, und das Benzin wird knapper.

Je mehr Autos in Bagdad die Straßen verstopfen, desto länger werden die Schlangen vor leeren Zapfsäulen. Dieses Szenario ist eigentlich absurd, weil das Land trotz riesiger Erdölvorräte nicht über ausreichende Mengen Benzin für den eigenen Bedarf verfügt. Auch bei der Elektrizität hat sich die Versorgung durch den steigenden Verbrauch dramatisch verschlechtert. Am Rande der Einkaufsstraßen werden vermehrt billige Klimaanlagen angeboten. Auch dieser Luxus vergrößert den Strombedarf enorm. In einigen Stadtvierteln Bagdads fällt die Elektrizität für Tage aus. Sollte dann einmal die Zuteilung funktionieren, so fließt der Strom für spärliche drei Stunden, um schließlich von einer ebenso langen Unterbrechung abgelöst zu werden. An sauberem Wasser mangelt es ebenfalls, und die Abwässer werden direkt in den Tigris geleitet, damit sie nicht die Elendsviertel verpesten.

Trotz aller Notprogramme gelingt es nicht, die Reparaturen an den Kläranlagen zügig auszuführen. Programme, die Infrastruktur Iraks wiederzubeleben oder gar auszubauen, können nur sehr, sehr schleppend umgesetzt werden. Sabotage und Terroranschläge machen Erfolge nur zu oft sofort wieder zunichte. Fabriken, die trotz der Importschwemme billiger Konkurrenzartikel nicht schließen mussten, können nicht produzieren, weil ihnen der Strom oder der Treibstoff für ihre Generatoren fehlt. Zunehmend erobert der Schwarzmarkt den Treibstoffhandel. An Straßenecken verkaufen Jugendliche Benzin zu einem dreifach höheren Preis als an Tankstellen. In den Zeitungen werden Tankstellenbesitzer oder Mitarbeiter des Ölministeriums beschuldigt, die Schwarzhändler mit Benzin zu beliefern. Fischer verhökern lieber ihre staatlich zugeteilte Treibstoffration an Schmuggler, als die Motoren ihrer Boote mit dem Sprit zu füttern. Der Verkauf des Kraftstoffs bringt nämlich mehr ein, als sich mit tuckernden Kähnen auf dem Meer abzumühen. Eigentlich müsste der Benzinpreis um ein Vielfaches angehoben werden, da derzeit mit dreißig Litern für umgerechnet einen Euro der Verbrauch nur noch mehr angeheizt wird. Doch die Regierung kann die Preise nicht den Kosten anpassen, weil ihr das dafür nötige Durchsetzungsvermögen fehlt und Preiserhöhungen zusätzliche Proteste auslösen würden.

Auch Monate nach der Besetzung Bagdads sind Stabilität und staatliche Ordnung noch nicht so weit wiederhergestellt, dass die Ministerien den Neuaufbau systematisch planen können. Unter den Bewohnern der Hauptstadt steigt die Unzufriedenheit mit der Besatzungspolitik auch deshalb, weil sich die Versorgungslage verschlechtert. Statt als Befreier die Sympathien der Iraker zu gewinnen, tragen die ausländischen Soldaten mit ihrem Unvermögen, den wirtschaftlichen Absturz zu stoppen, dazu bei, dass der Widerstand gegen sie nur noch wächst. Dieser Teufelskreis von wirtschaftlichem und politischem Chaos und ausufernder Gewalt wird noch dadurch erweitert, dass sich die Hoffnungen, den Wiederaufbau der Verwaltung, der Infrastruktur und der Wirtschaft mit den Einnahmen aus steigenden Ölexporten zahlen zu können, nicht erfüllt haben.

Die Unfähigkeit, den Irak wirtschaftlich und sozial zu entwickeln, verschärft die Probleme der USA im Irak weiter. Dabei hat die US-Regierung allein im Oktober 2003 18,6 Milliarden Dollar für langfristige Wiederaufbauprogramme vorgesehen. Ein Teil des Geldes kann aber wegen der fehlenden Sicherheit gar nicht ausgegeben werden. Es wären schon genügend Projekte vorhanden, doch die Gefahr für die Techniker ist so groß, dass beispielsweise mit dem Bau verschiedener geplanter Kraftwerke, Kläranlagen oder Raffinerien nicht einmal begonnen wird.

Wieder der fatale Teufelskreis: Fehlende Sicherheit erschwert Investitionen, und eigentlich für Bauvorhaben vorgesehene Mittel werden nun in den Sicherheitsbereich umdirigiert. Bis Anfang 2006 konnten von 136 Projekten im Bereich der Wasserversorgung ganze 49 zu Ende geführt werden. Von 425 in Angriff genommenen Projekten bei der Elektrizitätsversorgung wurden lediglich 300 beendet und nur 60 Prozent der ursprünglich geplanten zusätzlichen Kapazität erreicht.[16] Ähnlich schlecht fällt die Bilanz im Gesundheitswesen aus, da gerade mal 20 der 150 geplanten Tageskliniken den Betrieb aufnahmen. Stuart Bowen, der von der US-Regierung eingesetzte Generalinspekteur für den Wiederaufbau, beklagt die Beschneidung der Mittel für Wiederaufbauprojekte, während die Ausgaben für Sicherheitsmaßnahmen rasant gestiegen seien.[17] Allein im August 2004 leitete John Negroponte, der US-Botschafter im Irak, 2,5 Milliarden Euro, deren Verwendung eigentlich für die Wiederbelebung der Infrastruktur gedacht war, in die Aufstellung und Ausbildung von Sicherheitstruppen um. 50 000 zusätzliche Polizisten, 16 000 Nationalgardisten und 16 000 Grenzpolizisten sind zwar notwendig, aber wer glaubt, durch einen hastigen Aufbau des Sicherheitsapparats die Probleme lösen zu können, verschärft sie nur. Waren anfangs 90 000 Personen für die Aufrechterhaltung des irakischen Sicherheitswesens vorgesehen, so arbeiten 2006 bereits 220 000 Menschen in diesem Bereich. Und dennoch gelingt es nicht, die Lage unter Kontrolle zu bringen.

Wollten die USA den Irak im April 2003, also nach dem Sturz Saddam Husseins, noch entmilitarisieren, so besteht 2005 ihr oberstes Ziel darin, so schnell wie möglich einen neuen Sicherheitsapparat aufzubauen. 240 000 Polizisten, Soldaten und Geheimdienstmitarbeiter sollen Ruhe und Ordnung wiederherstellen. Die Gegner der USA können frohlocken, weil die Ausgaben für den Sektor Sicherheit im irakischen Budget andere, eigentlich notwendigere Investitionen blockieren. Damit wird eine für den Irak verhängnisvolle Tradition fortgesetzt. Bereits während der Diktatur Saddam Husseins hatten Militär, Polizei und Geheimdienste absolute Priorität bei der Zuteilung staatlicher Mittel. Für den Auf- und Ausbau der zivilen Infrastruktur blieb dann kein Geld mehr.

Nicht nur die hohen Ausgaben für den Sicherheitsbereich, sondern auch Betrug und Korruption wirken als Aufbaubremsen. Die finanziellen Verluste des irakischen Staates belaufen sich nach Schätzungen von Prüfern der Regierung bisher auf drei Milliarden Euro. Der Fall des ehemaligen Verteidigungsministers Hazem Al Shaalan macht deutlich, in welcher Größenordnung Veruntreuung vermutet wird. Eine irakische Regierungskommission wirft ihm vor, zusammen mit weiteren Mitarbeitern des Ministeriums umgerechnet 800 Millionen Euro unterschlagen zu haben. Allein 250 Millionen Euro soll der Minister in einer einzigen Aktion von der Zentralbank abgezweigt und mit einem Privatflugzeug nach Beirut geschafft haben. Dort sei das Geld Waffenhändlern übergeben worden, deren Namen er nicht preisgeben könne, verteidigt sich Al Shaalan, der die Vorwürfe als eine Intrige politischer Gegner abtut. Offiziell sollten mit dem Geld Panzer gekauft werden. Dabei gab es weder einen Kabinettsbeschluss für diese Anschaffung noch eine Ausschreibung oder Angebote.[18]

Die durch Korruption verursachten Schwierigkeiten sind für die stellvertretende Sonderinspektorin für den Wiederaufbau Iraks, Ginger Cruz, ein sehr gravierendes Problem: »Wir kämpfen gegen zwei Aufstände – einen terroristischen und kriminellen sowie einen der Korruption.«[19] Die US-Behörde untersucht 86 Fälle, in denen es zu Unregelmäßigkeiten bei amerikanischen Aufträgen für den Wiederaufbau gekommen sei. Das Bestechungsunwesen konnte auch deshalb solche Ausmaße annehmen, weil die Mitglieder der irakischen Regierung keinerlei Kontrolle unterliegen. Der von der US-Regierung eingesetzte Generalinspekteur für den Wiederaufbau erachtet die »Korruption weiterhin als ernsthafte Bedrohung für die irakische Demokratie«. In einer Anhörung durch den US-Senat beziffert er den Umfang der Bestechungen unter Hinweis auf irakische Schätzungen auf jährlich drei Milliarden Euro. Der irakische Sicherheitsberater Mowaffak Al Rabaie hält die Korruption für »stärker als zur Zeit Saddam Husseins«.[20]

Auch die Entwicklung der Ölindustrie wird zu einem wichtigen Teil durch Bestechung beeinflusst. Dabei stellt der Export des Erdöls die einzige bedeutende Einnahmequelle Iraks dar. Im Staatshaushalt 2007 reichen die Erlöse aus dem Ölgeschäft nicht einmal, um die Löhne und Gehälter der Staatsbediensteten zu zahlen. Bis 2006 blieben die Öleinnahmen deutlich hinter den Erwartungen zurück. Die Eindämmung der Korruption im Erdölsektor gilt als Voraussetzung für die Stabilisierung des Landes. Dabei hatte die US-Zivilverwaltung gehofft, dass Irak bereits wenige Monate nach dem Sturz Saddam Husseins täglich 3,5 Millionen Barrel exportieren werde. Natürlich kann der desolate Zustand der irakischen Erdölindustrie nach zwanzig Jahren Krieg und Sanktionen nur allmählich behoben werden. Seit den achtziger Jahren des letzten Jahrhunderts sind keine neuen großen Erdölfelder erschlossen worden. Mit den Anschlägen auf die Förder- und Exporteinrichtungen schaffen es Aufständische und Terroristen immer wieder, die Erdölexporte zu unterbrechen. Aber dem Land gehen auch Milliardeneinnahmen aufgrund illegaler Öl- und Benzintransfers ins Ausland verloren. Jährlich muss Irak etwa für vier Milliarden Euro Benzin importieren. Ein Drittel dieser mit Devisen bezahlten Treibstoffe wird dann über dunkle Kanäle nach Jordanien, in die Türkei und nach Syrien geschleust.

Aufständische, Terroristen, Schmuggler und korrupte Beamte im Ölministerium bilden ein Netzwerk der Sabotage. Gezielt sprengen Aufständische Pipelines, in denen Öl von den Bohrstellen zu den Raffinerien gepumpt wird. Sollte sich der Verdacht bestätigen, dass Beamte eingeweiht sind, dann werden sogar Sicherheitsdienste bestochen, um den Saboteuren die Arbeit zu erleichtern. Bei Polizeieinheiten hat die Korruption bereits ein solches Ausmaß erreicht, dass Beamte sich für Anschläge und Mordaktionen oder auch »normale« Überfälle anheuern lassen. Deshalb ist es für die Ölschmuggler auch kein Problem, sich ganze oder auch nur Teile der Tanklasterkolonnen beziehungsweise deren Ladung unter den Nagel zu reißen. Ali Al Alak, der für die Aufdeckung von Korruptionsfällen im

Erdölministerium zuständige Beamte, geht davon aus, dass Schmuggler und Terroristen gezielt daran arbeiten, eine Erhöhung der Importe zu erzwingen. Vielfach liefern Tanklaster nur noch die Hälfte des ursprünglich geladenen und bezahlten Importbenzins an die staatlichen Depots. Kriminalität und Korruption konnten auch deshalb so um sich greifen, weil sich aus den niedrigen Benzin- und Dieselpreisen gewaltige Profite erzielen lassen: Offiziell ist die Ladung eines Lastzugs mit 25 000 Litern gerade 200 Euro wert. Auf den Schwarzmärkten der Nachbarländer kostet jedoch ein Liter knapp einen Euro, also das Hundertfache. Allein die Schutzgeldzahlungen für einen Schmuggeltransport werden auf 500 Euro geschätzt, etwa die gleiche Summe geht an Beamte. Nach Zahlung der Transportgebühren von etwa 800 Euro an den Fahrer und den Besitzer des Tankzugs verbleibt ein geschätzter Gewinn von 6000 Euro. Um die Ausfälle der eigenen Produktion noch zu steigern, werden sogar Mitarbeiter der Trupps, die Schäden an Pipelines reparieren, ermordet oder gekidnappt. Ein solches Netzwerk von Korruption und Terror kann nur beseitigt werden, wenn sich die Sicherheitslage im Irak grundsätzlich bessert.

Dabei ist es für die Stabilisierung allerdings wichtig, dass es der Regierung in Bagdad gelingt, die Förderung und den Transport des Öls langfristig zu sichern. Vor allem im Norden des Landes verüben Aufständische Anschläge, mit denen sie die Exporte zum Teil für mehrere Tage zum Erliegen bringen. Selbst im schiitischen Südirak häufen sich Sabotageakte, lokale Politiker sind bereits mit Milizen in gewaltsame Auseinandersetzungen verwickelt, bei denen es darum geht, die Region und deren Ölvorkommen unter Kontrolle zu bekommen.

5 Terroristen auf dem Vormarsch

Wie ein Krebsgeschwür breitet sich der Terror im Irak aus. Am 7. August 2003 explodiert vor der jordanischen Botschaft eine Autobombe. Wartende, die in einer Schlange stehen, weil sie persönliche Angelegenheiten regeln wollen, und mehrere Beamte der neu gebildeten Polizei sterben sofort. Auch irakische Botschaftsangestellte werden getötet – insgesamt sind es siebzehn Menschen. Die Täter entkommen unerkannt. Von der Brutalität sind alle schockiert, doch der Anschlag passt zur wachsenden Welle der Gewalt vier Monate nach dem Einmarsch der Amerikaner.

Seit Wochen mehren sich die Überfälle auf US-Soldaten. Aufständische nehmen Konvois unter Feuer oder greifen Fahrzeuge mit Panzerabwehrgranaten an. Die unterschiedlichsten Untergrundgruppierungen haben ihren Kampf gegen die US-Truppen begonnen. Nicht einmal sie selbst kennen die diversen Organisationen. Oft sind es einfach Gruppen junger Männer, dann wieder von Offizieren angeführte Komitees, und in den Provinzen sind es die Stämme, die mobil machen. Sie wollen keine ausländischen Soldaten in ihrem Gebiet.

Über die Drahtzieher des Anschlags auf die jordanische Botschaft wird in Bagdad heftig spekuliert. Vor allem die Baathisten, also die Kader des alten Regimes, werden verantwortlich gemacht. Sie hätten sich am jordanischen Königshaus wegen dessen enger Zusammenarbeit mit den USA rächen wollen.

Gründe genug gäbe es. Schließlich haben Spezialeinheiten des arabischen Nachbarlandes zusammen mit US-Kommandos bereits vor dem offiziellen Beginn des Angriffs in den Wüstenregionen Westiraks verdeckt Geheimaufträge ausgeführt. Zudem waren seit Jahren viele Exiliraker in der jordanischen Hauptstadt Amman von amerikanischen Agenten für den Kampf gegen Saddam Hussein angeworben worden.

Gleichzeitig werden Vermutungen laut, einer der mit den US-Truppen ins Land gekommenen irakischen Exilpolitiker habe sich an Jordanien rächen wollen. Ahmad Chalabi, der Vorsitzende des Irakischen Nationalkongresses und von US-Zivilverwalter Garner für ein Spitzenamt im neuen Irak vorgesehen, wird in Jordanien als Bankbetrüger mit Haftbefehl gesucht. Folgt man dieser Argumentation, so handelt es sich um eine Tat mit persönlichen Motiven, für die antijordanische Ressentiments im Irak genutzt werden. Denn viele Iraker sprechen sich für die Ausweisung aller Jordanier aus ihrem Land aus, da sie selbst im benachbarten Königreich so schlecht behandelt worden seien. 300 000 Unterschriften seien für diese Forderung bereits gesammelt worden, berichtet *El Jom Al Achir*, eine von vielen Zeitungen, die nach dem Sturz Saddam Husseins gegründet worden sind.[1]

Zwölf Tage später erscheint die Tat in einem anderen Licht. Ein Selbstmordattentäter steuert einen mit Sprengstoff beladenen Lastwagen in das UN-Hauptquartier – 23 Menschen sterben, unter ihnen Vieira de Mello, der Sonderbotschafter der Vereinten Nationen für den Irak. Bei diesem Anschlag sind die Motive leichter zu erkennen: Eine Internationalisierung des Wiederaufbaus Iraks soll verhindert werden. Mittels einer Resolution des Sicherheitsrats sind die Weichen für eine Zusammenarbeit zwischen den Vereinten Nationen und der vom US-

Verteidigungsministerium organisierten Übergangsverwaltung für den Irak gestellt. Mehrfach hatten deren Chef Bremer und der ermordete UN-Vertreter de Mello in den Tagen zuvor über Möglichkeiten dieser Zusammenarbeit gesprochen.[2]

Vor Ort waren die USA und die Vereinten Nationen gerade dabei, ihr durch den amerikanischen Alleingang bei dem Angriff auf den Irak gestörtes Verhältnis etwas aufzupolieren. Für die Besatzer hatte sich damit eine Chance aufgetan, ihre zunehmende Isolation in der Bevölkerung – weil es ihnen nicht gelungen war, die Sicherheitsprobleme in den Griff zu bekommen und die lebenswichtige Infrastruktur, wie Strom-, Wasser- und Abwasserversorgung, wiederherzustellen – zu überwinden. De Mello hatte erkannt, wie notwendig es war, das während Jahren gewachsene Vertrauen der Bevölkerung in die UN-Organisationen in dieser für die Entwicklung Iraks entscheidenden Phase in die Waagschale zu werfen. Mit dem Terroranschlag wurde diese Perspektive gezielt zunichte gemacht. Generalsekretär Kofi Annan beordert die nichtirakischen Mitarbeiter der Vereinten Nationen aus dem Land ab. Damit wird es für die Amerikaner noch schwerer, aus ihrer politischen Isolation im Irak auszubrechen und erfolgreiche Aufbauarbeit zu leisten. Die Präsenz der Vereinten Nationen im Irak verringert sich mit jedem Monat, da den lokalen UN-Beschäftigten ohne das aus dem Ausland stammende Kadergerippe quasi die Hände gebunden sind.

Zweieinhalb Monate später erbringen die Terroristen einen weiteren Beweis für ihre Heimtücke und ihre politischen Absichten. In Bagdad gehören Terroranschläge inzwischen bereits zum Alltag. Autobomben explodieren vor Hotels und Polizeistationen. Am 27. Oktober 2003 verüben Selbstmordattentäter innerhalb einer Stunde fünf Anschläge. Vier von ihnen richten sich gegen Polizeistationen. Insgesamt sterben mindestens

38 Menschen, 200 werden mit schwersten Verletzungen in Krankenhäuser eingeliefert. Der fünfte Anschlag gilt der Zentrale des Internationalen Komitees des Roten Kreuzes (IKRK). Ein mit Sprengstoff beladener Krankenwagen durchbricht die Sicherheitssperren vor der alten Villa, die schon seit Jahren vom IKRK genutzt wird. Beim Aufprall auf die Begrenzungsmauer explodiert das Fahrzeug. Zehn Menschen kommen bei der Explosion um, das Gebäude wird weitgehend zerstört.

Iraker kennen die IKRK-Zentrale in Bagdad sehr gut. Zehntausende haben den Suchdienst des Roten Kreuzes genutzt, um nach Familienangehörigen zu forschen, die sie seit dem Krieg gegen den Iran vermissen. Hunderte von Ingenieuren und Technikern arbeiten seit Jahren im Auftrag des IKRK an der Verbesserung der Versorgung der irakischen Bevölkerung. Sogar während des Krieges im März und April hatten mehrere internationale Mitarbeiter in dem Gebäude ausgeharrt. Bei den Angriffen auf Bagdad wurde ein Rotkreuzfahrzeug beschossen, ein irakischer Mitarbeiter getötet. Das IKRK gilt im Irak als neutral und hat einen ausgezeichneten Ruf. Deshalb war es für die Terroristen umso wichtiger, auch die ausländischen Angehörigen dieser Organisation zu vertreiben. Auch wenn das Schweizer Außenministerium Stunden nach dem Terroranschlag betont, die Arbeit im Irak solle fortgesetzt werden, erklärt Delegationsleiter Pierre Gassmann noch am Nachmittag, der internationale Mitarbeiterstab werde reduziert.[3] Am nächsten Tag werden die ersten Delegierten ausgeflogen. Schrittweise stellt das IKRK die Arbeit im Irak ein. In Jordanien stationierte Delegierte versuchen, eine Art Notbetrieb aufrechtzuerhalten.

Hinter den Anschlägen auf die jordanische Botschaft sowie auf die Zentralen der UN und des IKRK zeichnet sich deutlich eine genau durchdachte Strategie des Terrors ab. Alle Versuche, die Aufbaubemühungen im Irak zu internationalisieren, sollen verhindert werden. Bewusst halten sich die Planer der Anschläge im Hintergrund, weil sie genau wissen, wie unpopulär ihre Taten sind. Gleichzeitig wird aber erkennbar, dass neben Hunderten kleiner Widerstandszellen und Dutzenden von Untergrundorganisationen ein Geflecht des Terrors entstanden ist, das ohne Weiteres dazu fähig ist, die politische Entwicklung im Irak zu beeinflussen. US-Offiziere und die mit den Besatzungsbehörden zusammenarbeitenden irakischen Politiker machen »ausländische Kämpfer« für die Anschläge verantwortlich. Tatsächlich werden mehrfach Ausländer bei Attentatsversuchen festgenommen. Am Tag des Anschlags auf das IKRK soll es ein Syrer gewesen sein, der nach Aussagen eines US-Generals vorhatte, eine fünfte Polizeistation in die Luft zu jagen.[4]

Über die Hintermänner dieser Fanatiker gibt es dennoch nur Spekulationen. Anhänger des gestürzten Regimes halten Ezzat Ibrahim Al Duri, Saddam Husseins Stellvertreter, für den Kopf des Terrornetzwerks. Ihm sei solch eine brutale Vorgehensweise zuzutrauen, da er Ende der achtziger Jahre auch die Angriffe mit chemischen Waffen auf kurdische Dörfer befohlen hatte. Damals hatte Saddam Hussein sein Reich kurze Zeit zuvor in vier Militärzonen aufgeteilt und Al Duri das Kommando im Norden übertragen. Andere machen Saddam Hussein persönlich für die Terrorakte verantwortlich. Bei seiner Festnahme wenige Wochen später werden Dokumente unterschiedlichster Art gefunden. Hinweise aber, dass er oder Al Duri die Terroristen steuern, fehlen. Verdächtigt werden vor allem Al Kaida nahe stehende Gruppen, denen es gelungen ist, Hunderte von Ausländern für ihre Sache zu organisieren.

Neben den vor den amerikanischen Truppen in den Nordirak geflohenen Mitgliedern der Fedajin-Verbände sind es in erster

Linie Freiwillige aus arabischen Staaten, die aus religiösen Motiven gegen Koalitionstruppen kämpfen wollen. Sie haben sich mehrheitlich den unterschiedlichen Terrorbrigaden angeschlossen, die unter dem Einfluss des Jordaniers Abu Mussab Al Zarqawi stehen. Dieser entwickelt sich binnen Wochen zu einem Phantom der Terrorszene. Gerade die Anhänger Saddam Husseins behaupten, als Jordanier werde Zarqawi von der US-Propaganda zum Hauptfeind hochstilisiert, um den irakischen Widerstand wie aus dem Ausland gesteuert erscheinen zu lassen. Möglicherweise sei Zarqawi bereits bei den Angriffen Ende März getötet worden, lebe also gar nicht mehr.

Etwa 200 Mitglieder der »Ansar al Islam« werden bei Angriffen der US-Luftwaffe, einer Bodenoffensive amerikanischer Spezialeinheiten und 10 000 Kämpfer der Patriotischen Union Kurdistans getötet. Zarqawi flieht mit den Überlebenden in den Nordwesten Iraks, wo ihm das Machtvakuum nach dem Sturz Saddam Husseins und die Ablehnung der US-Truppen dort gelegen kommt, um verschiedene Stützpunkte zu errichten. Anders als in den Bergen Kurdistans findet er sich in der Wüste zurecht und wird als Mitglied des Stammes der Bani Hassan von den Sunniten sofort akzeptiert. Sie sehen in ihm einen Nachbarn, dem es sogar Schutz zu gewähren gilt. Seit Jahrzehnten setzen sich Verbrecher in die von Schmugglern kontrollierte Grenzregion zu Jordanien und Syrien ab. Auf Schmuggelpfaden treffen Freiwillige aus Saudi-Arabien, Jordanien und Syrien ein, um sich am Kampf gegen die Ungläubigen zu beteiligen. In dieser Region kann Zarqawi seine Verachtung für die Schiiten voll ausleben und sich einer Gruppe Getreuer bedienen, mit denen er bereits in Afghanistan zusammengearbeitet hat, um dem Terror eine neue Wende zu geben.

Mit dem Anschlag auf den Schiitenpolitiker Ayatollah Bakir

Al Hakim vor der Imam-Ali-Moschee in Nadjaf am 29. August 2003 eröffnen die Terroristen eine weitere Front im Irak und zünden dabei die Lunte für den Bürgerkrieg. In Nadjaf sterben 85 Gläubige. Anfangs werden politische Konkurrenten des Vorsitzenden des Obersten Rates der Islamischen Revolution (SCIRI) im Irak hinter dem Verbrechen vermutet. Doch in den kommenden Monaten häufen sich die Anschläge auf Schiiten, ohne dass Politiker oder religiöse Würdenträger zu den Opfern gehören. Es handelt sich um Terroraktionen gegen Angehörige dieser Bevölkerungsgruppe mit dem Ziel, im Irak einen Krieg zwischen den beiden großen Glaubensrichtungen des Islam zu entfachen.

Ein halbes Jahr später zünden Attentäter während der schiitischen Aschura-Feiern vor den Heiligtümern in Kerbala und dem Bagdader Vorort Kadhimiyah ihre Bomben inmitten der Gläubigen. Für die Mehrheit der Schiiten steht fest, dass sunnitische Fanatiker dahinterstecken. Religiösen Würdenträgern gelingt es soeben noch, aufgeputschte Gemüter, die nach Vergeltung für die 180 Toten rufen, zu beruhigen.

Zarqawi ist der ideologische Mentor des Terrors gegen die Schiiten. In einer Videobotschaft lässt er seinem Hass freien Lauf: »Die Schiiten haben den Koran verfälscht, die Gefährten des Propheten beleidigt, die Mütter der Gläubigen gemeuchelt, die Gemeinde der Gläubigen abgelehnt und ihr Blut vergossen. Sie haben große Sünden begangen und sind in alle Arten von Aberglauben, Lügen und Legendenbildung verstrickt.« Er bezichtigt die Anhänger der anderen Glaubensrichtung des Verrats und verunglimpft sie als »Stachel im Rachen« und »Messer im Rücken« der wahren Gläubigen. In seiner Hetztirade wirft er den Schiiten vor, zu vergewaltigen und zu morden und Osama bin Laden als Lakai der Amerikaner zu bezeichnen. Dabei seien gerade die Schiiten den USA zu Diensten, insbesondere der ermordete Mohammad Bakir Al Hakim, dessen Männer die Kämpfer des Widerstands weiter verraten würden. Zwar sei Saddam Husseins Herrschaft durch die US-Truppen beendet worden, doch jetzt komme die Zeit der Kämpfer des Islam. Zarqawi ruft zum heiligen Krieg auf, um die Pläne des Westens im Irak zunichte zu machen. »Das Scheitern im Irak wird sich als Katastrophe für den gesamten Westen erweisen.«[5] Sein Ziel ist klar: Mit Terror will er alle Versuche, einen neuen, demokratischen Irak aufzubauen, schon im Keim ersticken.

Bei solch einer Politik kann der jordanische Terrorist mit Unterstützung der radikalen Kräfte auf der arabischen Halbinsel, in Jordanien und Syrien, ja selbst in Nordafrika rechnen. In Jordanien erzählt mir ein Kollege, dass reiche Araber Zarqawi mit Millionenbeträgen unterstützten. Selbst wohlhabende Geschäftsleute mit den besten Beziehungen nach Europa und in die USA würden an ihn zahlen, da ihrer Ansicht nach Zarqawi der Einzige sei, der einen Erfolg der USA im Irak verhindern und den Einfluss der Schiiten auf die Politik des Landes begrenzen könne. Mich überraschen die Informationen, doch sie decken sich mit Beobachtungen anderer, denen zufolge die Terroristen große Unterstützung vor allem aus Saudi-Arabien erhalten.

Für viele reiche Saudis entwickelt sich Irak zum Schauplatz der Auseinandersetzung, auf dem die Zukunft der Region entschieden wird. Scheitert der Versuch der USA, den Irak zu demokratisieren, so werden konservativen politischen Systemen wie dem in Saudi-Arabien zunächst einmal die Bemühungen der USA, Änderungen zu erzwingen, erspart bleiben. So können die Gegner der USA mit dem Beistand aller demokratiefeindlichen Kräfte der Region, also auch der sunnitischen Nachbarstaaten Iraks, rechnen. Je größer die Furcht vor einer Demokratisierung der eigenen Gesellschaften ist, desto mehr wird den Feinden der USA geholfen.

Insbesondere Ende 2003 und Anfang 2004 befinden sich Saudis unter den Selbstmordattentätern, die identifiziert werden.[6] Auf einem Flug von Bagdad in die jordanische Hauptstadt Amman offenbart mir ein sunnitischer Politiker, der mit der US-Verwaltung im Irak zusammenarbeitet, Einzelheiten über die Rekrutierungspraxis Zarqawis. Während Iraker Geld dafür bekommen, dass sie sich für einen Selbstmordanschlag zur Verfügung halten, müssen Saudis hohe Summen zahlen, damit sie für ein Attentat ausgebildet werden und dieses später auch ausführen dürfen. Im Umfeld einiger Prediger in Mekka wimmele es von solchen Freiwilligen, höre ich. Sie seien bereit, bis zu 10000 Dollar zu zahlen. Zarqawi benötigt Geld und Leute für seine Anschläge, die saudischen Freiwilligen bieten ihm beides zugleich. Natürlich ist es schwieriger, einen Ausländer zu einem Ziel zu leiten, da Einheimische nicht auffallen. Doch angeblich wird die Zahlung mit diesem Zusatzaufwand begründet.

Nach Schätzungen, die sich auf Berichte arabischer Geheimdienste stützen, stellen die Algerier die größte Gruppe der im Irak agierenden Ausländer aus arabischen Staaten.[7] Immerhin stammt jeder zehnte der vermuteten 3000 Ausländer aus Saudi-Arabien. Von dort kommen keine armen Schlucker, sondern vor allem Sprösslinge gut situierter Mittelschichtfamilien aus der Region Hejaz an der Küste des Roten Meeres. Sie wollen sich an den Kämpfen beteiligen, um die Ungläubigen aus Irak zu vertreiben und den Folterskandal von Abu Ghraib zu rächen. Bis zum Juli 2005 wendet die saudische Regierung umgerechnet eine Milliarde Euro auf, um die Grenze zum Irak besser zu überwachen und Terrorbereite am Einsickern in den Irak zu hindern, denn in Bagdad nimmt man an, dass die Hälfte der Selbstmordattentäter bei den Anschlägen der Jahre 2003 und 2004 aus Saudi-Arabien stammt.

Propagandaoffensive der Terroristen

Internetaufrufe und Hilfeersuchen von Aufständischen und Terroristen im Irak ziehen die Aktivisten aus der gesamten arabischen Welt an. Vor allem Zarqawi erweist sich als Meister der Propaganda. Während seine Kommandos den Angehörigen oder Bewohnern der von ihnen kontrollierten Dörfer und Quartiere das Fernsehen verbieten, nutzt der Achtunddreißigjährige selbst modernste Technologien, um neue Kämpfer zu rekrutieren. Anders als die Iraker hat der Jordanier Erfahrung im Umgang mit Medien. Während seines ersten Aufenthalts in Afghanistan hatte er im Frühjahr 1990 für ein islamisches Nachrichtenblatt geschrieben. Um den 11. September 2001 herum war Zarqawi erneut in Afghanistan und konnte dort erleben, wie die damals nur unter islamischen Aktivisten bekannte Al-Kaida-Organisation und deren Anführer Bin Laden innerhalb weniger Tage weltweit traurige Berühmtheit erlangten.

Gerade der Zwang, im Geheimen zu operieren und die Ziele des Kampfes nicht offen nennen zu können, verstärkt die Bedeutung von Videobotschaften und Internetnachrichten für die Aufständischen und die Terroristen. Zarqawi nutzt das Internet, aber auch Zeitungen und das Fernsehen sehr geschickt, um die von ihm lancierten Aktionen publik zu machen. Besser als andere weiß er, dass der Bericht über eine Tat, vor allem ihre fotografische Dokumentation, in manchen Fällen eine wesentlich größere Wirkung zu erzielen vermag als die Tat selbst.

Für die kleinen, sehr oft isoliert agierenden Untergrundorganisationen wird die Nutzung neuer Technologien rasch immer wichtiger. Dieser dramatische Wandel ist für die Beteiligten auch deshalb so aufregend, weil das Land jahrzehntelang von ausländischen Medien und in den letzten Jahren der Diktatur Saddam Husseins vom Internet abgeschnitten war. Die Untergrundgruppierungen stellen Aufnahmen von ihren Anschlägen ins Netz und verteilen DVDs mit Propagandamaterial an Journalisten. Nur zu oft sind dies die einzigen Beweise, die sie für ihre Taten liefern können. Und Zarqawi ist ein Meister im skrupellosen Gebrauch der Medien.

Mahmoud Abbas, der mir seit 2003 viele Fernsehbeiträge geschnitten hat, bietet mir zweimal Aufnahmen von Terroristen an. Jedes Mal bittet er mich inständig, keine Kopien zu ziehen und die Aufnahmen in meinen Berichten nicht zu nutzen. Damit sei sein Leben und das seiner Familie gefährdet. Denn sollten die Hintermänner seiner Bekannten, von denen er die Aufnahmen erhalten hat, diese im Fernsehen sehen, werde er zur Rechenschaft gezogen. Auf einer DVD, die Mahmoud zugespielt wird und die er für 10 000 Dollar verkaufen soll, verlesen Selbstmordattentäter ihre Testamente. Es sind Begründungen für die fürchterlichen Terrorakte der vergangenen Monate. Die DVD stammt von Zarqawis Leuten, die darauf eine Art Rechenschaftsbericht über ihre Aktivitäten verlesen. Monatelang wurde mit der Herausgabe der DVD gewartet. Mittlerweile jedoch haben sich die Iraker an den alltäglichen Terror vonseiten der Selbstmordattentäter und die unvorstellbare Brutalität der Anschläge gewöhnt. Mit der Veröffentlichung will Zarqawi Stärke zeigen, doch sein Name fehlt in den Erklärungen, noch bleibt er ein Phantom.

Auch Mahmoud glaubt, dass der Jordanier vor allem eine

Figur der Propaganda der US-Militärs sei. Für mich ist das interessant, denn Mahmoud wohnt in einem von Untergrundgruppen kontrollierten Teil Bagdads, seine Brüder arbeiten in Falludja mit Aufständischen zusammen. Wenn in diesen Kreisen Zarqawis Existenz angezweifelt wird, dann will er nicht wirklich bekannt werden.

Doch alles ändert sich mit dem Video, auf dem die Enthauptung des Amerikaners Nicholas Berg zu sehen ist. Berg wurde getötet, um mit den grauenhaften Bildern Aufmerksamkeit zu erregen. Die Terroristen verbreiten die Aufnahmen per Internet, weil der arabische Sender Al Jazeera sich wenige Tage zuvor geweigert hatte, Bilder von der Ermordung des Italieners Fabrizio Quattrochi auszustrahlen. Wegen der unglaublichen Brutalität seien sie den Zuschauern nicht zuzumuten.

Die Terroristen stellen mit dem Film von der Tötung Bergs erstmals diese Art von Clips des Grauens ins Internet. Möglicherweise ist der sechsundzwanzigjährige US-Bürger auch umgebracht worden, damit die Aufnahmen der Tat für Propagandazwecke genutzt werden können. Ihre Rechnung scheint aufzugehen, da im »heute journal« des ZDF oder in der Sendung »10 vor 10« des Schweizer Fernsehens die Aufnahmen erst zu dem Zeitpunkt ausgeblendet werden, als der Täter das Messer zieht oder gar der abgeschnittene Kopf in der *Bild*-Zeitung gezeigt wird. Mit dieser Art Scheinheiligkeit versteckt man sich unter dem Deckmäntelchen der Pietät, obwohl der Mord selbst, wie von den Tätern bezweckt, nachvollziehbar und zudem noch das Gesicht des Opfers deutlich zu erkennen ist. Wahrscheinlich würden die verantwortlichen Redakteure anders handeln, wenn das Opfer einer ihrer Verwandten wäre.

Für Zarqawi spielt es keine Rolle, ob er tatsächlich der in den Aufnahmen gezeigte Mörder ist. Politisch zieht er Stärke daraus, dass er in der Berichterstattung für das Verbrechen verantwortlich gemacht und sogar persönlich der Tat bezichtigt wird. Das Gleiche gilt für Aufnahmen eines Sprengstoffanschlags auf Fahrzeuge der US-Armee. Auch dort soll es sich bei einem der Vermummten um ihn handeln. Für Zarqawi als dem Anführer der Terrorgruppierung, die sich durch ein Logo auf den Videos zu erkennen gibt, steht der Mobilisierungseffekt im Vordergrund. Und der ist umso größer, je öfter die Aufnahmen weltweit ausgestrahlt werden. Mit der Wiederholung der Bilder erleichtern die Medien die Rekrutierung neuer Aktivisten. Flugblätter und Erklärungen können nicht annähernd Vergleichbares bewirken, denn die grauenhaften Aufnahmen werden überall auf der Welt binnen Stunden auf Hunderten von Websites verbreitet. In Zarqawis Propagandaabteilung sind Spezialisten am Werk, die immer neue Ausweichmöglichkeiten schaffen, wenn ihre Seiten blockiert werden. Sie nisten sich selbst in den USA in Websites ein und deponieren dort ihre Gewaltvideos. Auf einigen Websites kann man sich registrieren, um in ihren Verteiler aufgenommen zu werden. Neue Aufnahmen werden dann automatisch an den Interessenten weitergeleitet.

In Bagdad werden DVDs der Terroristen unter der Hand angeboten, in den Geschäften sind sie unter dem Ladentisch gelagert, fliegende Händler an den Straßenrändern haben nur ein Tuch über den entsprechenden Stapel gelegt. Jeder kann sich an dem Geschäft beteiligen. Die Aufnahmen werden aus dem Netz geladen, auf DVD gebrannt, vervielfältigt und an die Händler geliefert. Einer von ihnen schätzt, dass in der irakischen Hauptstadt täglich Tausende dieser Bilddokumente ihre Abnehmer finden: je brutaler die Szenen, desto größer das Interesse und desto stärker die Bewunderung. Zarqawi spielt mit der Konkurrenz unter den Medien und der sadistischen Neugier von Zuschauern und Lesern. Denn welcher gewaltbereite Jugendliche träumt angesichts seines elenden Alltags in einer Vorstadt Bagdads nicht davon, auch einmal als vermummter Kämpfer in so einem Video aufzutreten oder vor laufender Kamera ein Testament zu verlesen, mit dem er nach dem eigenen Tod scheinbar weltweiten Ruhm erringen kann? Zarqawi beutet Gefühle aus, um sein Netzwerk des Terrors mit großer Geschwindigkeit immer weiter zu spannen. Dazu gehört auch die Ermordung des US-Ingenieurs Eugene Armstrong, die in einem Video gezeigt wird. Doch als dem Briten Ken Bigley im Oktober 2004 die Kehle durchgeschnitten wird, erlahmt das Interesse an der Ausstrahlung.

Diese Selbstbeschränkung der Redaktionen ist jedoch erst dann zu beobachten, als den Dokumenten der Barbarei das Sensationelle abgeht. Bei Zarqawi hat dieses Mittel mittlerweile längst ausgedient. Heute sind es andere Organisationen aus dem Irak, die Morde an Gefangenen im Netz platzieren. Es ist eine Internetkultur der Terroristen entstanden. In einigen Fällen können Videos nur bei einer Zahlung per Kreditkarte heruntergeladen werden. Anschläge und Mordaktionen sind mit religiösen Gesängen unterlegt. Den Zuschauern wird ein Platz im Paradies versprochen, sollten sie einen solchen Anschlag unternehmen.

Welche Auswirkungen die Ausstrahlung von Videos für die Opfer haben kann, zeigen Beispiele, bei denen Fristen gesetzt werden. Denn das von den Terroristen genannte Ultimatum beginnt in einigen Fällen erst mit der Veröffentlichung des Clips. Dadurch können Korrespondenten und Redakteure das Schicksal von Entführten mit beeinflussen. Zusätzlich ist zu berücksichtigen, dass eine Ausstrahlung für die Rekrutierung neuer Aktivisten genutzt wird.

Arabische Sender erweisen sich im Sommer 2004 als anfällig, Teile von Ermordungsclips auszustrahlen – wohl auch, weil sich mit ihnen die Einschaltquoten erhöhen lassen. Denn im Gegensatz zu den Europäern sind die Zuschauer in der arabischen Welt nach wie vor an Politik interessiert. Während Nachrichtenkanäle in Europa ein Nischendasein fristen, sind entsprechende Sender im Mittleren Osten Spitzenreiter in der Gunst des Publikums. So lässt sich die Ausstrahlung eines Terroristenvideos in einem arabischen Sender durchaus mit der Ausstrahlung einer Pornoszene in einem europäischen Kanal vergleichen. Ohne das Internet hätten die Terrorgruppen gar nicht so schnell wachsen können. Denn auf den Websites sind nicht nur Aufnahmen von Anschlägen zu sehen, sondern auch Anleitungen zum Bombenbau und zur Positionierung von Sprengstofffallen. Mitglieder und Sympathisanten können sich im Internet schulen. Auch die Leute Zarqawis nutzen diese »Fernuniversität des Terrors«. Und dieser wiederum redet seit dem Frühjahr 2004 mehrmals monatlich zu seinen Anhängern, die sich die Ansprachen im Internet herunterladen können. Zu wichtigen Ereignissen werden Aufnahmen mit den Botschaften Zarqawis dem Fernsehsender Al Jazeera zugespielt. Im Stil Osama bin Ladens ruft er zum Kampf gegen die Ungläubigen auf. Dazu sei jedes Mittel recht, um sie und ihre Helfer zu vertreiben. Auch im Internet wird die Auseinandersetzung geführt. Denn die Websites mit den Auftritten oder Erklärungen Zarqawis sind nicht mehr anzuklicken, ohne dass der Nutzer erfährt, wer die Seiten eventuell blockiert.

Desgleichen dient das Internet als Vehikel für Debatten über religiöse Werte oder militärische Taktiken. Im Frühjahr und Sommer 2005 legt sich Zarqawi in mehreren Reden mit seinem ersten religiösen Lehrmeister, dem jordanischen Prediger Abu

Mohammad Al Magdisi, an. Dieser kritisiert auf seiner Website die Anschläge im Irak, weil bei Attentaten mit Autobomben oder dem Beschuss von Straßen oder Plätzen, an denen sich Moslems träfen, auch unbeteiligte Zivilisten getötet würden. Zudem sei es nicht richtig, eine Front gegen die Schiiten aufzubauen.[8] Nur wenige Tage später kann der Scheich die Antwort Zarqawis im Netz herunterladen, in der es heißt, die Schiiten seien »nicht länger normale Menschen in dem Sinne, wie du es verstehst, weil sie die Truppen der ungläubigen Besatzer stellen und als Spione gegen die Kämpfer des Jihad arbeiten«.[9]

Mit unterschiedlichen Begründungen rechtfertigt Zarqawi Angriffe gegen Schiiten, die er in einer seiner Reden auch für den Beginn des Konflikts verantwortlich macht. Sie seien es gewesen, die Kämpfer der Sunniten ermordet und vertrieben hätten. Magdisi nutzt einmal sogar ein Interview mit dem arabischen Sender Al Jazeera für die Auseinandersetzung mit seinem ehemaligen Gefolgsmann Zarqawi über die Art, wie der heilige Krieg zu führen sei.

Mobiltelefone spielen für die Kommunikation der Terroristen eine ebenso große Rolle. Natürlich wissen die Kommandos längst, dass ihre Gespräche möglicherweise überwacht werden. Und sie sind sich auch darüber im Klaren, dass der Geheimdienst den Standort ermitteln kann, von dem aus telefoniert wird. Doch ständige Ortswechsel, das Austauschen der SIM-Karten und Telefonate im fahrenden Auto sind Methoden, deren sich die Entführer der Deutschen Susanne Osthoff bedienten, um nicht geortet werden zu können. Viele der Terroristen halten sich in Funklöchern auf. Zum Telefonieren müssen sie in die nächste größere Stadt fahren. Wenn die Gespräche beendet sind, tauchen sie wieder ab.

Terroristen nutzen Stammesstrukturen

Abgelegene Dörfer oder auch ganze Regionen im Nordwesten Iraks mit kleineren und mittleren Städten sind die Rückzuggebiete, die Terroristen als Ruheräume nutzen. Oft wissen die Einheimischen dort nicht einmal, dass in den Nachbarhäusern Kommandos von Terrororganisationen Unterschlupf gefunden haben. Solange jemand für Fremde bürgt, mischen sich die Bewohner der ländlichen Regionen nicht ein. Für sie ist es eine Selbstverständlichkeit, Menschen, die bei ihnen Zuflucht suchen, gegen ausländische Soldaten zu verteidigen. Dies gilt umso mehr, wenn es sich um Menschen handelt, die gegen die fremden Besatzer kämpfen. Eine solche Haltung darf nicht überraschen, da sie bester Beduinentradition entspricht. Und zu dieser gehört die Ablehnung jeder Bevormundung durch Außenstehende.

Früher habe es in der gesamten Region keine funktionierende Verwaltung gegeben, erklärt mir Sheikh Rakan Al Sroor in der jordanischen Wüste nahe der irakischen Grenze. 12000 Menschen hören auf ihn, die Mitglieder des Stammes der Al Masaeed, zu deren Charakteristika eine Art angeborenes Misstrauen gegen Behörden gehört. Sheikh Al Sroor zufolge wurden diese zuvor von Ausländern gebildet, »die unsere Sitten nicht kannten und sich auch nicht um sie kümmerten«. Deshalb habe niemand deren Vorschriften akzeptieren können, »denn sie waren Besatzer oder Kolonialherren«. Der Ungehorsam gegenüber der Zentralregierung hat in der Wüste Tradition. Solch eine Einstellung hat auch Zarqawi geprägt. Denn er gehört einem der Nachbarstämme der Al Masaeed an. So verwundert es kaum, dass der Topterrorist keine Grenzen akzeptiert. In seinen Augen handelt es sich bei der Regierung in Bagdad um ein Marionettenregime der Ausländer. Folglich sind Kampf und Terror gegen die fremden Soldaten nicht nur erlaubt, sondern sogar Pflicht.

In der Industriestadt Zarqa, nach der Zarqawi seinen Familiennamen gewählt hat, treffe ich seinen Cousin Ayman Al Khalayleh. Wie andere Bewohner des Viertels, in dem der Terroristenführer aufgewachsen ist, übt auch Ayman keine direkte Kritik an seinem Verwandten. Wenn dieser für jeden Bombenanschlag im Irak verantwortlich gemacht werde, handle es sich schlicht um Propaganda der USA. Mussab, auf dessen Ergreifung – tot oder lebendig – 25 Millionen Dollar ausgesetzt sind, sei ein ganz normaler Mensch. Andere Verwandte beteuern ebenfalls, der Cousin werde sich niemals zu Gewalt gegen unschuldige Menschen hinreißen lassen, das sei unvorstellbar. Aktionen gegen die US-Truppen finden Zustimmung, auch Ayman Al Khalayleh wünscht sich Krieg – und dass »jeder, der uns angreift und unser Land besetzt, getötet wird«.

Genau nach dieser Formel handelt Zarqawi, wobei er den Kreis der Todfeinde erweitert hat. Sämtliche Mitarbeiter der Regierung in Bagdad und alle Schiiten dürfen oder müssen, wenn notwendig, getötet werden. Im Weltbild eines Beduinen handelt es sich um andere, um Eindringlinge, die nicht der Gemeinschaft der Stämme angehören und deshalb eliminiert werden müssen. Und diejenigen, die ihnen helfen, erwartet das gleiche Schicksal. Uraltes Beduinenrecht prägt bis heute das Denken und Handeln der Bewohner der Wüste. Wer sich an der Wasserquelle eines anderen Stammes bedient, hat, so das ungeschriebene Gesetz, sein Leben verwirkt. Mit dem heiligen Buch der Moslems, dem Koran, hat das wenig zu tun. So lassen sich viele Aktionen von Terroristenführern wie Osama bin Laden oder Abu Mussab Al Zarqawi auch nicht allein mit den Vorschriften des Korans begründen. Ihre Taktik ist geprägt von

Rachegedanken und dem Besitzverständnis, die für die Beduinen neben dem Koran und dem islamischen Recht bis heute die Richtschnur des Handelns darstellen.

Im Irak haben der Zerfall der Staatsmacht und die Auflösung von Armee und Geheimdiensten durch die von Washington entsandte Zivilverwaltung zur Stärkung der Stämme geführt. Sie bauen ihre traditionelle Selbstständigkeit wieder aus, existieren als Parallelgesellschaften und widersetzen sich stärker denn je einer Kontrolle durch die Zentralmacht in Bagdad. Da die Verwaltung dort nach dem amerikanischen Einmarsch vom Pentagon eingesetzt wurde, verweigern viele Stammesführer jede Form der Zusammenarbeit.

Saddam Hussein hatte Stämme, die sich jeder Kontrolle entzogen, dadurch für sich gewinnen können, indem er deren Führer bezahlte und wichtige Vertreter in den Staatsapparat in Bagdad einband. Viele der hohen Offiziere entstammten bedeutenden Stammesclans. Gerade deshalb wäre es falsch, sie als Parteigänger Saddam Husseins zu bezeichnen. Selbst Generäle vermieden es, der Baath-Partei beizutreten, weil sie sich weiter als Vertreter ihrer Stämme betrachteten und sich dem Machtapparat in Bagdad nicht auch noch ideologisch unterordnen wollten.

Die Loyalität von Stämmen kann zeitlich begrenzt sein. Schon im Altertum zogen sie mit den von ihnen zur Verfügung gestellten Bewaffneten als Hilfstruppen in den Krieg. Wenn die Bezahlung nicht mehr stimmte oder die Stammesinteressen es erforderten, beendeten sie ihre Teilnahme. Als Loyalität auf Zeit lässt sich dieses Verhalten beschreiben, mit dem auch der britische Geheimdienstoffizier Thomas Edward Lawrence konfrontiert wurde, als er die Stämme der arabischen Wüste zum Aufstand gegen die türkischen Besatzer anstachelte. Stammesführer zogen mit ihren Kriegern einfach ab, ohne dass selbst »Lawrence von Arabien«, der vermeintliche Kenner arabischer Mentalität, den Anlass hierzu verstehen konnte. Für Außenstehende sind die Interessen der Stämme und damit ihre Entscheidungen nicht nachvollziehbar, da sie den mannigfaltigsten Einflüssen unterliegen. Einige der wichtigen Führer irakischer Stämme halten sich bis heute nicht einmal im Lande auf, sondern leben in anderen arabischen Staaten und bestimmen von dort aus die Geschicke ihrer Leute. Meist haben diese Männer Pässe mehrerer Staaten – Grenzen sind nicht von Bedeutung für weite Teile ihres Handelns. Auch Ghazi Al Yawar, der erste Präsident Iraks nach dem Sturz Saddam Husseins, besitzt einen saudischen Pass und ist mit einer Saudi-Araberin verheiratet. Als bedeutender Scheich der Schammar, eines der größten Stämme der arabischen Wüste, reichen seine familiären Bindungen bis in den Jemen. Ebenso ist die Mutter des saudischen Königs eine Schammar.

Als Journalist darf man dieses komplexe Gefüge, in dem sich staatliche Macht mit der von Stämmen überschneidet, nicht außer Acht lassen. Um in Mosul, der größten Stadt Nordiraks, arbeiten zu können, treffe ich mich in Abu Dhabi, der Hauptstadt der Vereinigten Arabischen Emirate, mit einem Scheich, der dort seit längerem bei Verwandten lebt. »Wir sind wie ein Staat«, erklärt mir der Mann zu Beginn des Gesprächs, in dem ich ihn um eine Drehgenehmigung bitten möchte. Wenn mir jemand in Bagdad versichert, ich dürfe in der Gegend um Mosul Aufnahmen machen, hilft mir das nicht wesentlich weiter. Doch da der Scheich, der für 150 000 Angehörige seines Stammes spricht, mir seine Zustimmung gibt, sind etwaige Probleme nicht zu befürchten. Für den Stammesfürsten ist es selbstverständlich, dass er und nicht die Regierung in Bagdad entscheidet, was in dem Gebiet seines Stammes geschieht. Da versteht es sich nahezu von selbst, dass ausländische Soldaten dort nichts verloren haben – es sei denn, ihr Auftreten wird vorab ausgehandelt. So unerbittlich ihre Feindschaft sein kann, so umfassend ist der Schutz, den Stammesführer gewähren, wenn sie jemanden akzeptieren und damit der Obhut ihrer Untergebenen anvertrauen. Denn in welchen Teil der Wüste der arabischen Halbinsel man auch kommt, den Scheichs wird bis heute Folge geleistet. Etwas anderes kann sich ein einfacher Schafzüchter, der mit Familie und Herde von Wasserstelle zu Wasserstelle zieht, auch gar nicht vorstellen. Für die Beduinen bilden Beharrlichkeit und konsequentes Festhalten an überlieferten Regeln die Grundlage für das Überleben in der unerbittlichen Wüste. Das Wort des Scheichs gilt mehr als der Befehl eines Ministers, zumal wenn er einer von den USA abhängigen Regierung in Bagdad angehört.

Bereits im Alten Testament galt die Wüste als Refugium für Gesetzlose. Neben den Flusskulturen mit den Ackerbauern und ihrer schon in vorislamischen Zeiten entstandenen Bewässerungstechnik lebten die Nomadengesellschaften in der Wüste. Das waren jene Stämme, welche von den Heeren der Assyrer bedrängt wurden, die bereits im siebten vorchristlichen Jahrhundert große Teile der Tigrisregion von ihrer Hauptstadt Ninive aus beherrschten. Seit alters her bestehen Kontakte zwischen den Sesshaften und den Beduinen. Aber die nutzten die Weite der Wüste, um sich der Kontrolle der Reiche zu entziehen, die sich in der Region von Euphrat und Tigris ablösten. Die Reiche wiederum, die sich in einer der Wiegen der Zivilisation, wie das Zweistromland, das Einzugsgebiet von Euphrat und Tigris, auch genannt wird, etablierten, waren stets durch Nomaden bedroht. Denn diese sahen sich gezwungen, in Trockenperioden neue Weidegründe in der Nähe der Flüsse zu suchen. In einigen Fällen drangen sie aber auch in die Siedlungen der Sesshaften ein, um diese auszuplündern. Raub erachten etliche Beduinen bis heute nicht grundsätzlich als Verbrechen, sondern vielfach als Broterwerb. Allerdings wussten die Stämme auch früher sehr genau, dass solche Beutezüge nur bei einer angemessenen Stärke möglich waren.

Auch bei Bestrafungen gelten in der arabischen Wüste andere Maßstäbe als im heutigen Europa. Strafen werden als Sühne gesehen und müssen nicht an den schuldigen Individuen ausgeführt werden. Gehören sie einem Stamm an, so kann auch ein anderes Mitglied dieser Gemeinschaft belangt werden. Deshalb müssen in der Stammesgesellschaft manchmal Menschen, die sich nichts zuschulden haben kommen lassen, für die Straftaten anderer büßen – so fremd dies Europäer auch anmuten mag.

Aus diesem Grund werden Beduinen auch heute noch persönliche Schmach, die ihnen einzelne Soldaten zugefügt haben, mit Angriffen auf andere Soldaten rächen.

Die Angegriffenen wiederum fassen dies als Feindseligkeit auf, die nur mit Waffengewalt beantwortet werden kann. So liegt der Eskalation der Gewalt im Irak in einigen Fällen auch die Verständnislosigkeit zugrunde, mit der beide Seiten sich begegnen. In dieser Art Auseinandersetzung treten alte Kampfmuster zutage, die sich zwischen den Beduinen – also den Stämmen der Wüste – und den Städtern des Zweistromlands in Jahrtausenden herausgebildet haben. Sie werden weder von der Politik der Amerikaner noch von den Offizieren der US-Armee vor Ort bei ihrem Vorgehen gegenüber Beduinen berücksichtigt. Die von Schiitenpolitikern in Bagdad gestellte Regierung verstärkt diese Fehler, weil sie sich nicht um die Bevölkerungsgruppe der Wüstenregionen bemüht. Während in Kurdistan und im von den

Schiiten bewohnten Südirak die Arbeitslosigkeit abgemildert wird, indem man zusätzliche Stellen für Angestellte und Beamte schafft, bricht die Verwaltung in den Siedlungsräumen der Sunniten zusammen. Die Rückkehr vieler verarmter Soldaten und Offiziere zu ihren Familien vertieft die sozialen Probleme nur noch. Damit steigt zugleich die Bereitschaft, der Regierung und den ausländischen Soldaten Widerstand zu leisten.

Im Aufruhr der Stämme und in deren Auseinandersetzungen mit den ausländischen Soldaten bietet sich für Zarqawi die große Chance, seinen Einfluss zu vergrößern. Er erweist sich als ein Meister darin, die Stammesinteressen für sich zu nutzen. In Sprache und Lebensgewohnheiten ähnelt er ihnen, weshalb es ihm gelingt, die Freiheitsliebe der Wüstenbewohner und deren Solidaritätsbedürfnis für seine Zwecke zu missbrauchen. Von Kampf, Krieg und Tod lassen sich diese Menschen nicht abschrecken. So sind viele von ihnen bereit, sich am Kampf gegen die Ausländer zu beteiligen, ohne lange darüber nachzudenken, wie viel Schaden der Irak dabei nimmt.

Wiederholt hat das Land in seiner Geschichte unter Banden gelitten: So beklagte sich der Historiker Ibn Al Atir bereits vor achthundert Jahren über einen Mann namens Ibn Bakran, der mit seiner Horde Bagdad in Angst und Schrecken versetze.[10] Den Soldaten des Sultans gelang es im Jahr 1138 nicht, der Banditen habhaft zu werden. In Bagdad und dessen Umland nehme das Unwesen Ibn Bakrans und seiner Bande bedenkliche Ausmaße an, berichtet Ibn Al Atir.

Das Plündern war eine unliebsame Begleiterscheinung dieser Art von Kriegführung. Unter der Herrschaft Harun Al Rashids, auf den sich Saddam Hussein so gern berief, wurden Alawiten verfolgt und ihres Hab und Guts beraubt. 1802 zerstörten 20 000 Wüstenkrieger unter der Führung des wahhabitischen Prinzen

Saud die den Schiiten heilige Stadt Kerbala, massakrierten tausende Pilger, plünderten die Heiligtümer und schändeten den Schrein Imam Husseins, indem sie ihn als Stall für ihre Pferde missbrauchten. Zwei Jahre später fielen dieselben Horden raubend und zerstörend über die Schiitenstadt Nadjaf her. Das waren Feldzüge von Wüstenbewohnern, die in ihrer puristischen Auslegung des Islam Anhänger einer anderen Glaubensrichtung ausrotten wollten.

Auch Saddam Hussein machte im Grunde genommen keine Ausnahme, als er seine Soldaten 1991 Kuwait verwüsten und alles, was nicht niet- und nagelfest war, abtransportieren ließ. Als die Schiiten seine Niederlage im Krieg gegen die von den USA geführte Allianz für einen Aufstand nutzen wollten, ließ er Tausende umbringen, ohne dass in der Nähe stationierte US-Soldaten eingriffen. Schon in den achtziger Jahren wurden viele Schiiten iranischer Herkunft vertrieben und ihr Besitz daraufhin beschlagnahmt.

So steht Zarqawis Bombenkrieg gegen die Schiiten in einer langen Tradition. Wieder werden Andersgläubige zur Flucht gezwungen und ihres Eigentums beraubt. Zarqawi versucht die Querelen und zahlreichen Racheakte auszunutzen, die das Verhältnis zwischen Sunniten und Schiiten seit dem Sturz Saddam Husseins belasten. Die Streitigkeiten beider Glaubensrichtungen sind in blutige Auseinandersetzungen ausgeartet. Aus Iran zurückgekehrte schiitische Flüchtlinge wollen Vergeltung für das erlittene Unrecht in den achtziger Jahren. Auf der anderen Seite machen die aus den Machtpositionen verdrängten Sunniten gegen die Schiiten mobil, die nun an ihrer Stelle die Schalthebel des Machtapparats in Bagdad betätigen. Diese Spannungen will Zarqawi nutzen, um den vom ihm angestrebten Bürgerkrieg zu entfachen.

Terror für den Bürgerkrieg

Mit dem Anschlag auf Ayatollah Hakim begann Zarqawi den Kampf gegen die Schiiten, dem Attentate auf Pilger und Moscheen folgten. Dabei ist nicht mehr entscheidend, ob es immer wieder Al-Kaida-Kommandos sind, die im Irak zuschlagen. Denn deren Vorgehensweise wird von Dutzenden kleinerer Gruppierungen übernommen, wenn sie die Wirkung der ersten großen Anschläge erkennen. Der Einfluss dieser Nachfolgetäter beschränkt sich in Bagdad auf einige Straßenzüge oder einen Stadtteil, in den Provinzen auf ein paar Dörfer oder eine kleine Stadt. Diese jungen Männer sind Zarqawi blind ergeben und befolgen seine über das Internet verbreiteten Aufrufe, wobei sie nicht selten mit finanzieller oder logistischer Unterstützung Al Kaidas rechnen können.

Hatten noch Kader des gestürzten Regimes in den Monaten nach der Besetzung Bagdads Widerstandszellen organisiert, ausgerüstet und finanziert, so übernehmen achtzehn Monate später mehr und mehr Al Kaida nahe stehende Organisationen diese Aufgabe. Zarqawi kommt diese Entwicklung sehr entgegen. Einerseits hat er zusammen mit engen Getreuen die stärkste aller Gruppierungen aufgebaut, nicht zuletzt weil er über eine Strategie für den Kampf verfügt. Andererseits profitiert er von der von den US-Streitkräften gegen ihn entfachten Propaganda. Im Pentagon hatten die Planer der psychologischen Kriegführung ein Konzept entwickelt, um den Widerstand zu diskreditieren und den Einsatz der US-Truppen besser rechtfertigen zu können. Deshalb galt Zarqawi unter Irakern auch monatelang als eine vom Pentagon erfundene Phantomfigur. Dem Jordanier konnte das nur recht sein, denn dies trug zusätzlich dazu bei, ihm in wenigen Monaten eine Popularität zu verschaffen, die ihm ansonsten bestimmt versagt geblieben wäre. Systematisch nutzt er diese errungene Position nun, um seinen Einfluss auf Dutzende von Untergrundgruppierungen zu erhöhen.

Waren deren Aktionen in den ersten Monaten nach dem Sturz Saddam Husseins noch fast ausschließlich gegen die US-Truppen gerichtet, so sorgen Zarqawis Leute mit ihren skrupellosen Anschlägen auf die Hauptquartiere internationaler Organisationen, auf Pilgerzüge Andersgläubiger oder auf Polizeistationen und die Rekrutierungsbüros der irakischen Armee inzwischen für die Ausweitung der Kampfziele und eine weitere Brutalisierung der Untergrundgruppen. Von denen haben inzwischen viele ihre Taktik umgestellt. Sie greifen nicht mehr Fahrzeugkolonnen der Amerikaner an, die sich zudem immer besser zu schützen wissen, sondern nehmen nun Polizeistationen, Konvois der irakischen Armee und Regierungsgebäude ins Visier. Oberstes Ziel der Aufständischen ist nun nicht mehr die Vertreibung der ausländischen Soldaten, sondern die Beendigung des politischen Prozesses, demokratische Verhältnisse im Irak einzuführen.

Die von Zarqawi inspirierten Zellen Al Kaidas sind bereits einen Schritt weiter: Sie wollen einen Bürgerkrieg initiieren, um einen sunnitischen Staat gemäß ihren Vorstellungen zu schaffen. Und zur Realisierung dieses Vorhabens ist ihnen jedes Mittel recht. Zarqawi antwortet auf Kritik an dieser Einstellung seitens seines ehemaligen Mentors Al Magdisi, bei den Opfern handle es sich um etwas, das »muslimische Rechtsgelehrte gemeinhin als ›unbeabsichtigtes Töten‹ bezeichnen«, das hingenommen werden müsse.[11] Ihr Kampf gilt nicht dem Abzug der ausländischen Truppen aus dem Irak, sondern dem Sieg über die Ungläubigen und der Errichtung einer islamischen Ordnung nach eigenem Gutdünken. Jedweder Nationalismus ist da fehl am Platz. Auch deshalb fällt es Al Kaida im Irak so leicht, neue Kämpfer unter den Beduinen zu rekrutieren, da deren Nationalbewusstsein so gut wie gar nicht ausgeprägt ist.

Diese Änderung der Zielsetzung spiegelt sich auch in der Benennung jener Organisationen wider, in denen Zarqawi eine immer größere Rolle spielt. 2003, während des Irakkriegs, war er Mitglied der »Ansar al Islam« (»Helfer des Islam«), die bereits Ende des Jahres in der »Ansar as Sunna« (»Helfer der Sunna«) aufging. Dieser Akzentverschiebung hin zur sunnitischen Glaubensrichtung schloss sich – mit der Betonung auf »heiliger Krieg« – eine Gruppierung namens »At Tauhid wa al Jihad« (»Monotheismus und heiliger Krieg«) an. Am 17. Oktober 2004 folgte dann die Bekanntgabe der Bildung des irakischen Zweigs Al Kaidas mit der Bezeichnung »Al Kaida Bilad ar Rafidain« (Basis im Zweistromland). In der schnellen Wandlung der Namen kommen die rasante Entwicklung von Widerstand und Terror im Irak und der unaufhaltsame Aufstieg Zarqawis zum Ausdruck. Denn er wird von Osama bin Laden im Dezember als Befehlshaber der irakischen Al-Kaida-Filiale bestätigt.

Mit dieser Weihe fällt ihm faktisch das Kommando über alle im Irak operierenden Gruppen zu, die sich der Al Kaida zugehörig fühlen. Großspenden aus der islamischen Welt und aus den arabischen Nachbarstaaten fließen direkt an ihn. Dieser Zuwachs an Macht und Einfluss ermöglicht es Zarqawi, sein Ziel, den Kampf gegen Aktionen der Regierung, noch schneller zu erreichen. Offen propagiert er entsprechende Terrorakte.

Im Geheimen organisiert er bereits die Anschläge, mit denen er den Irak in einen Bürgerkrieg treiben will. Bei Aktionen, zu deren Urheberschaft er sich nicht bekennt, stützt er sich vor allem auf Ausländer, die aus der gesamten islamischen Welt kommen, um sich am Kampf gegen die ausländischen Besatzer zu beteiligen. Diesen Freiwilligen fehlen allerdings die Skrupel, Angehörige einer anderen Glaubensrichtung zu ermorden, da deren Nationalität die gleiche ist. Zarqawi ist sich der Hemmschwellen einzelner Aktivisten bestens bewusst. Während er Araber aus anderen Staaten für Selbstmordaktionen gegen irakische Schiiten oder deren Moscheen einsetzt, beordert er im November 2005 eine Gruppe Iraker in die jordanische Hauptstadt Amman, wo sie Selbstmordanschläge in verschiedenen Hotels, unter anderem auf einer Hochzeitsfeier, verüben sollen. Auch wenn die Motive für solche Anschläge vor allem darin liegen dürften, das politische System in seiner Heimat zu schwächen, lässt sich doch erahnen, dass Zarqawi seine Attentate internationalisieren will. Denn die 56 Toten der Bombenattentate von Amman stammten aus sechs verschiedenen Ländern.

Im Irak richten sich ab Dezember 2004 nahezu alle spektakulären Selbstmordanschläge gegen Schiiten. Auch die Angriffe auf Rekrutierungsbüros von Polizei und Armee sollen in erster Linie schiitische Freiwillige treffen – so wie bei dem Selbstmordattentat am 28. Februar 2005, bei dem in der Schiitenstadt Hilla 125 Menschen umkommen. Bei der Bombenexplosion inmitten einer Menge Wartender vor einem Rekrutierungsbüro in der Kurdenstadt Arbil sterben 60 Menschen. Am 14. September werden allein in Bagdad bei zwölf Selbstmordanschlägen 152 überwiegend arme Schiiten getötet. Diese Art des Terrors wird von Zarqawi inspiriert, mit großer Wahrscheinlichkeit auch organisiert und anschließend durch zahlreiche Erklärungen begründet.

Sunniten bleiben anders als bei den Anschlägen im Jahr 2004 meist verschont. Damit wird der Hass der Schiiten gesteigert. Reagierten diese zuvor mit Abscheu und richteten ihre Wut gegen Terroristen, so machen sie jetzt verstärkt die Sunniten generell für die Attentate verantwortlich. Doch es bleibt bei vereinzelten Racheakten, vor allem weil die religiösen Würdenträger zur Mäßigung aufrufen.

Infolge der Attentatsserien werden die Trennungslinien in der irakischen Gesellschaft zunehmend schärfer und die Gräben zwischen Sunniten, Schiiten und Kurden immer tiefer. Entsprechend verstärkt die Parlamentswahl im Dezember 2005 in der Politik noch jene Blockbildung, die der drohenden Aufspaltung des Landes in drei Teile entspricht. Gesamtirakische Listen erhalten nur gut zehn Prozent der Sitze, wohingegen die Parteien der Schiiten, Kurden und Sunniten den großen Rest weitgehend unter sich aufteilen.

Die Lunte am Pulverfass des Bürgerkriegs glimmt, der sich am 22. Februar 2006 mit einer spektakulären Explosion endgültig Bahn bricht. Bewaffnete überwältigen die Wächter des Askari-Schreins mit seiner vergoldeten Kuppel, zünden einen Sprengsatz und bringen den Komplex zum Einsturz. Innerhalb von Stunden kommt es zu Racheakten der über die Zerstörung ihres Heiligtums aufgebrachten Schiiten. In Bagdad und mehreren Städten Südiraks werden sunnitische Moscheen angegriffen und deren Prediger ermordet. Großayatollah Sistani, der einflussreichste Geistliche unter den Schiiten, ruft zu Ruhe und Zurückhaltung auf. Doch der lange befürchtete Bürgerkrieg bricht nun offen aus. Hatte der Kreislauf von Anschlägen der Selbstmordattentäter sunnitischer Terrorbrigaden und von Mordaktionen schiitischer Todesschwadrone gegen sunnitische Persönlichkeiten bislang die Atmosphäre aufgeheizt, so entladen sich die Spannungen nun insbesondere im Großraum Bagdad. Angehörige der jeweils anderen Glaubensgemeinschaft werden wahllos ausgeraubt, vertrieben und ermordet.

Al-Kaida-Führer Zarqawi hat eines seiner Ziele erreicht. Auch für die Sprengung des Askari-Schreins trägt die Terrororganisation die Verantwortung, erklärt Iraks nationaler Sicherheitsberater Mowaffak Al Rabaie.[12] Einer der Attentäter sei ein Tunesier und habe seine Beteiligung an dem Anschlag bereits gestanden. Abu Kudama, so der Name des mutmaßlichen Attentäters, sei bei einem Gefecht mit Soldaten der irakischen und der US-Armee festgenommen worden. Im Verhör habe er zugegeben, zusammen mit vier Saudis hunderte Iraker getötet zu haben. Schon immer haben Indizien eine systematische Planung der Terrorakte vermuten lassen, und sollten die Aussagen Rabaies zutreffen, so gäbe es einen weiteren Beweis dafür, dass Al-Kaida-Kommandos den Ausbruch eines Bürgerkriegs provozieren. Zarqawi verfolgt jedoch wesentlich weiter gehende Pläne, die allerdings am 7. Juni jäh zunichte gemacht werden.

Denn an diesem Tag wird der Jordanier bei einem Bombenangriff der US-Luftwaffe in seinem Versteck in dem Dorf Hibib achtzig Kilometer nördlich von Bagdad getötet. Jordanische Agenten haben entscheidende Hinweise über den Aufenthaltsort des Al-Kaida-Chefs erhalten und ihre US-Kollegen informiert. Amerikanische Hubschrauber setzen Spezialeinheiten in der Nähe des Hauses ab, in das sich der Topterrorist zurückgezogen hat. Nach einem Schusswechsel mit dessen Leibwache fordern die Soldaten Luftunterstützung an. Warum die Kommandos nicht alles darangesetzt haben, den Jordanier lebendig in die Hände zu bekommen, wird nicht bekannt. Anhand einer von Al Jazeera ausgestrahlten Videobotschaft, auf der Zarqawi seit Jahren erstmals wieder unvermummt zu sehen war, sollen sich Hinweise ergeben haben, die das Aufspüren des Jordaniers erleichterten.

Innerhalb von Stunden bestätigt die irakische Fraktion von

Al Kaida den Tod ihres Führers und kündigt die Fortsetzung des Kampfes an. »Wir sagen unserem Befehlshaber Scheich Bin Laden, dass deine Soldaten der Al Kaida Irak so weiterkämpfen, wie du es Abu Mussab Al Zarqawi angeordnet hast«, heißt es in einer Internetbotschaft.[13] Mehrere der Al Kaida nahe stehende Organisationen erklären Abu Hamza Al Mohadjer zum Nachfolger Zarqawis und erflehen göttlichen Beistand, damit er dessen Werk mit Erfolg abschließen könne. Der Jordanier soll kurz vor seinem Tod einen neuen, wahnsinnig anmutenden Plan ausgearbeitet haben. Iraks nationaler Sicherheitsberater verkündet auf einer internationalen Pressekonferenz, in einem der Verstecke Al Kaidas sei ein Strategiepapier Zarqawis sichergestellt worden. Demnach solle Al Kaida mit Terroranschlägen auf einen Krieg zwischen den USA und Iran hinarbeiten und dessen Beginn beschleunigen wollen.[14] Iraks ehemaliger Ministerpräsident Ibrahim Djafari hat mir gegenüber die Bedeutung der Unterlagen betont. Djafari zufolge verfügt die Regierung in Bagdad über genügend Beweise dafür, dass Al Kaida planmäßig Attentate auf die Schiiten vorbereitet und ausgeübt hat, um diese zu Racheakten zu provozieren. Ebenso sei das Strategiepapier Zarqawis echt und keine Fälschung: Aus dem Dokument werde ersichtlich, dass Anschläge und Entführungen die inneririakischen Diskrepanzen weiter verschärfen sollten, um auch bewaffnete Auseinandersetzungen zwischen den verschiedenen Schiitenparteien zu provozieren. Zusätzlich sollte ein Krieg zwischen den Schiiten und den Kurden angezettelt werden.

Als strategisches Ziel strebt Al Kaida jedoch an, durch unterschiedliche Aktionen einen Krieg zwischen den USA und Iran herbeizuführen. Dieser Plan mutet auf den ersten Blick als Entwurf eines Größenwahnsinnigen an. Doch es gilt sich zu erinnern: Wer hätte vor zwei Jahren gedacht, dass Al Kaida im Irak mit Terroranschlägen bürgerkriegsähnliche Zustände auslösen kann, obwohl 150 000 ausländische Soldaten und 230 000 irakische Sicherheitskräfte im Einsatz sind, um das Land zu befrieden? Zarqawi hat eine Etappentaktik entworfen, mit der Al Kaida in den Konflikt zwischen Iran und den USA eingreifen soll. Sie ist an Hinterhältigkeit kaum zu überbieten. Anfangs soll amerikanischen Interessen und Staatsbürgern der USA gedroht werden. Die entsprechenden Botschaften seien so zu verfassen und zu platzieren, dass Iran die Verantwortung zugeschoben werde. In einer zweiten Phase sollen US-Geiseln genommen werden. Auch in diesem Fall hätten die Entführer den Eindruck zu erwecken, es handle sich um eine iranische Aktion. Parallel dazu sollen Meldungen verbreitet werden, Iran sei im Besitz atomarer und chemischer Waffen und auch entschlossen, diese gegen die USA einzusetzen. Zusätzlich sollen Kommandos der Al Kaida Anschläge ausüben, die Iran angelastet würden. Vom totalen Krieg im Irak mit Kämpfen zwischen allen gesellschaftlichen und politischen Kräften sowie einem Krieg zwischen den USA und Iran verspreche Zarqawi sich eine deutliche Verringerung des Drucks auf die Sunniten.

Iraks nationaler Sicherheitsberater und ein ehemaliger Ministerpräsident geben zwar ihr Wort, dass es sich um ein Al-Kaida-Konzept und keine Fälschung eines Geheimdienstes handle, doch damit ist die Echtheit dieses Dokuments noch nicht bewiesen. Das Bedeutsame an diesem Plan besteht darin, dass er sich mit dem Einsatz relativ begrenzter Kräfte realisieren ließe. Einzelne Aktionen könnten Iran problemlos untergeschoben werden, da die Großmachtsrhetorik Teheraner Politiker sich geradezu anbietet, der Islamischen Republik Provokationen anzulasten. Völlig offen ist jedoch, ob es sich um theoretische Überlegungen Zarqawis handelt oder ob bereits Vorbereitungen laufen, die geplanten Provokationen in die Tat umzusetzen.

Der Tod des Al-Kaida-Führers bedeutet einen Rückschlag für die Organisation. Bin Laden sichert Zarqawis Nachfolger Al Mohadjer zwar seine Unterstützung zu, aber dem achtunddreißigjährigen Ägypter mangelt es an Ausstrahlung. Auch in seiner Heimat ist er vor seiner Auswanderung nach Afghanistan nicht in Erscheinung getreten. Da Al Mohadjer sich jahrelang als treuer Gehilfe Zarqawis betätigt hat, muss man davon ausgehen, dass er zur gleichen Brutalität fähig ist wie sein Lehrmeister. An der Vorgehensweise Al Kaidas und der mit ihr verbündeten Organisationen hat sich nach Zarqawis Tod wenig geändert: Selbstmordattentäter begehen weiter ihre Wahnsinnstaten, und in den Straßen Bagdads explodieren Autobomben. Die Anzahl und die Wucht der Anschläge sind bis Anfang September rückläufig. Möglicherweise vermutet man bei den US-Streitkräften auch deshalb, dass Al Kaida versucht, im Irak eine politische Organisation aufzubauen, um die Unzufriedenheit der Bevölkerung besser kanalisieren zu können. Aber das wäre ebenfalls nichts grundsätzlich Neues, denn der Abgeordnete Waeel Abdul Latif behauptet, auf einem im letzten Versteck Zarqawis entdeckten Mobiltelefon seien Telefonnummern von Regierungsmitarbeitern und Mitgliedern des Parlaments gespeichert gewesen. Sollte der Al-Kaida-Chef im Irak tatsächlich in persönlichem Kontakt zu den höchsten politischen Kreisen Iraks gestanden haben, so wäre das nur ein weiterer Beleg dafür, wie sehr Al Kaida von den Sunniten Iraks bereits akzeptiert wird.

Osama bin Laden hat diese Stärke der Terrorgruppe im Irak erkannt und im Nachhinein die Politik seines Statthalters Zarqawi gutgeheißen, einen Bürgerkrieg zu entfachen. Die USA haben den Fehdehandschuh aufgenommen und 13 000 zusätzliche Soldaten in die irakische Hauptstadt geschickt. Sie sollen den bereits dort stationierten Einheiten dabei helfen, eine Ausweitung des ausgebrochenen Flächenbrandes zu verhindern und die Lage in Bagdad zu stabilisieren.

6 Pulverfass Irak

Für die Terroristen geht ein Traum in Erfüllung. In Bagdad wird gemordet, gebombt, entführt und geschossen. Wenn weniger als zehn Menschen am Tag sterben, sind Minister erleichtert und sprechen US-Generäle von einem Erfolg. 3438 Opfer der Gewalt meldet das Gesundheitsministerium für den Juli 2006, so viele Tote in einem Monat hat es seit dem Sturz Saddam Husseins nicht gegeben.[1] Damit sterben täglich im Irak nahezu doppelt so viele Menschen wie im Libanonkrieg. In den acht Monaten seit der Sprengung der Moschee in Samarra sind mindestens 315 000 Iraker aus ihren Wohnungen und Häusern geflohen oder vertrieben worden. Nach Schätzungen der Vereinten Nationen befinden sich insgesamt 1,3 Millionen Menschen im eigenen Land auf der Flucht, das sind fünf Prozent der Bevölkerung.

Oft ist nicht auszumachen, warum Familien vertrieben, Kinder der Reichen entführt oder Familienväter gefoltert und ermordet werden. Zu unterschiedlich können die Motive der Täter sein. Sowohl Schiiten als auch Sunniten und Kurden verlassen ihre Heimat, um in für sie sicherere Gegenden zu ziehen. Gemischte Nachbarschaften verschiedener Glaubensrichtungen oder unterschiedlicher ethnischer Gruppierungen gibt es immer seltener. Allein in Jordanien leben eine Million Flüchtlinge aus dem Irak, in Syrien sind es hunderttausende. Wer es sich leisten kann, wandert ins Ausland ab oder schickt zumindest Frau und Kinder dorthin. Seit dem Sturz Saddam Husseins haben 1300000 Iraker das Land verlassen. Universitäten und Krankenhäuser können nicht mehr vernünftig arbeiten, da sie die Mehrheit ihres Personals verloren haben.

Viele der im Leichenschauhaus von Bagdad aufgebahrten Toten werden niemals identifiziert. Von Januar bis Mai wurden 8000 Leichen von Ermordeten in die Gerichtsmedizin Bagdads eingeliefert. In Bagdad herrscht Bürgerkrieg, auch wenn Politiker immer noch von »Chaos« und der »Gefahr eines Bürgerkriegs« sprechen. Mit solchen Begriffen wird die Lage in der Hauptstadt nur beschönigt. Milizen und Aufständische gehen mit Bomben und Schusswaffen auf Menschen los, die ihnen in den meisten Fällen wildfremd sind. Einheiten der irakischen Armee, die von US-Soldaten unterstützt werden, trennen ganze Stadtteile voneinander, und zwischen einzelnen Straßenzügen werden Mauern errichtet.

Flüchtlinge sprechen auch nicht von Chaos. Sie haben brutale Gewalt gespürt und den Bürgerkrieg erlebt. Hossein Albiati ist mit seiner Familie aus dem Al-Huriya-Quartier geflohen. Er ist überzeugt, dass es Kräfte gibt, die Zwietracht dort säen wollen, wo Sunniten und Schiiten friedlich nebeneinander leben. Bilden Schiiten die Mehrheit, so setzen sie alles daran, die Sunniten zu vertreiben, und umgekehrt. Meist reichten bereits Drohungen, damit die Familien aufgäben, erzählt Hossein Albiati. »Plötzlich hängt ein Zettel an der Tür, auf dem steht: ›Hau ab, du bist kein Moslem.‹ Beide Seiten machen das Gleiche«, empört er sich. Oft gingen Familien aber erst, wenn Tote vor den Türen lägen.

Hossam Al Najar hat von Mitte April bis Mitte Mai das Haus seiner Eltern jeweils nur noch für Stunden verlassen. Seinen Schilderungen kann ich glauben, denn Hossam hat unser Team mehrfach durch Irak chauffiert, und dabei war auf seine Aussagen stets Verlass. Er ist Fotograf und lebt mit den Eltern und fünf Geschwistern in Adel, einem Viertel im Westen Bagdads. Nach der Sprengung des Samarra-Schreins hatte die gesamte Familie ihr Haus für einige Tage geräumt, denn in der Nachbarschaft waren Sunniten und Schiiten mit Waffen übereinander hergefallen. Die Sunniten waren aus diesem Konflikt als Sieger hervorgegangen und kontrollierten seither die Straßen in Adel.

Mitte März waren die Al Najars zurückgekehrt, da sich die Situation offenbar beruhigt hatte. Bereits drei Wochen später waren die Kämpfe wieder ausgebrochen und auch in Adel Menschen ermordet worden. Sunnitische Aufständische und die Schiitenmilizen aus dem benachbarten Viertel hatten einander bekämpft und Angehörige der jeweils anderen Glaubensrichtung terrorisiert. Ende Mai hatten sie dann einen Toten vor der Haustür gefunden. Diesmal war den Al Najars eindeutig klar geworden, dass es keine schnelle Rückkehr mehr geben würde. Hossam lebt seither in seinem Geschäft, ein Bruder ging nach Basra, in die Geburtsstadt seiner Frau, und die Eltern zogen mit den anderen Geschwistern zu Verwandten aufs Land. So wird Viertel für Viertel in Bagdad durch die Anhänger der jeweils stärkeren Glaubensrichtung gesäubert.

Auch in Basra, der zweitgrößten Stadt Iraks, werden Andersgläubige vertrieben. Dort sind Sunniten die Leidtragenden. Spätestens wenn sie die Botschaften schiitischer Todesschwadrone an ihren Türen lesen, wissen sie, dass ihnen nicht mehr viel Zeit bleibt. Tote in anderen Vierteln oder gar in ihrem Wohnblock verleihen den Warnungen bitteren Ernst. Auf einem der Zettel stehen nur wenige Worte: »Wir haben es euch mehr als einmal gesagt, und heute ist es das letzte Mal: Ihr müsst Basra verlassen, und zwar für immer, weil dies eine Stadt der Schiiten ist.« Auf das Blatt ist das Bild einer Kalaschnikowpatrone kopiert. Die Bewohner fliehen, weil sie nicht das Schicksal anderer, die sich weigerten, ihre Häuser aufzugeben, teilen wollen. Allein in Basras Stadtteil Zubayr werden im Juni sechzig Sunniten umgebracht.

Der Bürgerkrieg wird verdeckt geführt. Zäh und beharrlich versuchen die Aufständischen oder die Milizen, ihren jeweiligen Einflussbereich zu vergrößern. Nur in den Morgenstunden ist es ruhig, damit die Bewohner der umkämpften Stadtteile zum Einkaufen gehen können. Bereits am frühen Nachmittag trauen sich nur noch wenige auf die Straßen. Die Stunde der Bewaffneten hat wieder geschlagen. Und die kassieren zunehmend Schutzgelder und treten als Beschützer oder Wächter auf. Polizisten lassen sich in diesen Gegenden kaum noch blicken. Wer hinter den Mordaktionen steckt, wissen nur die wenigsten. Der Kampf der Glaubensrichtungen dient auch dazu, alte Rechnungen zu begleichen.

Viele der Familien werden verjagt, weil ehemalige Besitzer zurückkehren, die von Saddam Husseins Geheimdienst in den achtziger Jahren aus ihren Häusern vertrieben wurden. Dabei trifft eine solche Abrechnung mit dem alten Regime völlig Unbeteiligte, die ihr Haus, das sie räumen sollen, manchmal erst vor wenigen Jahren gekauft haben. In einzelnen Fällen wird die Rückgabe eingefordert, obwohl das Anwesen in den vergangenen fünfundzwanzig Jahren fünf-, sechs- oder gar siebenmal den Eigentümer gewechselt hat.

Terroristen nutzen diese Atmosphäre, um den Konflikt mit verdeckten Aktionen anzuheizen. Sie haben die Widerstandsgruppen unterwandert und können morden, ohne dass die wahren Motive bekannt werden. Bei dem Toten vor der Tür des Hauses der Familie Al Najar kann es sich um eine Aktion von Terroristen handeln. Das Opfer ist unbekannt und stammt nach

Hossams Einschätzung zumindest nicht aus der Straße oder der näheren Umgebung. Im Kleinkrieg der Stadtviertel überschneiden sich die unterschiedlichsten Konfliktlinien. Neben den gegenseitigen Ressentiments von Sunniten und Schiiten, dem Aufbrechen alter persönlicher Feindschaften, spielt der Kampf um die Macht im Staat eine wesentliche Rolle. Seit dem Sturz Saddam Husseins bestimmen Schiiten erstmals die Politik im Irak und versuchen dank ihrer neuen Privilegien ihre Parteigänger in die bisher von Sunniten besetzten Schlüsselpositionen des Staatsapparats zu hieven. Auch diese Auseinandersetzungen übertragen sich auf die Stadtteile, wo sie von den Terroristen genutzt werden können.

Erneutes Eingreifen von US-Soldaten

Stunden nach einem überraschenden Besuch von George W. Bush in Bagdad am 13. Juni werden irakische Sicherheitskräfte in Bagdad zusammengezogen. Die neu aufgebauten Einheiten von Armee und Polizei sollen beweisen, dass sie auch ohne die Amerikaner Ruhe und Ordnung in der Hauptstadt aufrechterhalten können. Wenn Iraker allein auftreten, werden sie die Probleme einfacher lösen können, so die große Hoffnung bei den Regierungen in Bagdad und Washington. Der US-Präsident will seine Kritiker im heimischen Kongress mit einem großen Erfolg zum Verstummen bringen. Schließlich soll den Abgeordneten ihre Zustimmung zur Bereitstellung von weiteren vierzig Milliarden Dollar für den Krieg gegen den Terror abgerungen werden.

Aber die irakischen Soldaten und Polizisten sind einer Gegenoffensive von Aufständischen und Terroristen nicht gewachsen.

Täglich wird die Zahl der Opfer größer, zu Mord und Vertreibungen in den einzelnen Stadtteilen kommen verstärkt Anschläge auf belebte Plätze, Märkte und Restaurants hinzu. Selbstmordattentäter zünden ihre Sprengstoffgürtel in der Menge und reißen völlig Unbeteiligte in den Tod. Diese Skrupellosigkeit deutet auf Al Kaida, ebenso aber kann es sich bei den Tätern um Anhänger Saddam Husseins handeln, denen jedes Mittel recht ist, um einen Erfolg von Ministerpräsident Nuri Al Maliki zu verhindern. Dieser ist sich nicht nur der Gefahr des eigenen Scheiterns bewusst, sondern für ihn steht bei dem Einsatz zur Befriedung Bagdads auch das Schicksal des Landes auf dem Spiel. Al Maliki sieht die laufende Schlacht gegen die Terroristen als »letzte Chance«, denn »sollten wir in diesem Kampf scheitern, wird es keinen Irak mehr geben«. [2]

Direkt nach seiner Amtseinführung hat der Ministerpräsident eine Kampagne zur »nationalen Versöhnung« gestartet. Er will die Sunniten für eine Zusammenarbeit mit der Regierung gewinnen und die Aufständischen politisch isolieren. Dazu gehört auch, dass 2500 Gefangene freigelassen werden sollen, die seit Monaten ohne Anklage festgehalten werden. US-Soldaten haben die meisten von ihnen nach Anschlägen oder bei Durchsuchungen festgenommen. In vielen Fällen bestehen nicht einmal konkrete Vorwürfe gegen Häftlinge. Deren Inhaftierung versucht eine Pentagonsprecherin damit zu erklären, dass es sich bei Unschuldigen um Personen handle, die »zur falschen Zeit am falschen Ort waren«. Insgesamt sitzen in den Gefängnissen etwa 15 000 Sunniten. Einige von ihnen wurden sogar in Geheimverliesen des Innenministeriums gefoltert, wenn nicht gar ermordet. Mit der Freilassung von Gefangenen will Maliki den Führern oppositioneller Sunnitengruppen eine Teilnahme an den Gesprächen erleichtern.

Doch dann schaffen es die Vertreter der verschiedenen Parteien nicht einmal, eine arbeitsfähige Kommission zur nationalen Aussöhnung zustande zu bringen. Wie bei früheren Verhandlungen können sich die Politiker auf keinen gemeinsamen Plan einigen, den Konflikt zwischen Sunniten und Schiiten zu beenden. Zwar kommen Vertreter der Parteien zu den »Versöhnungstreffen« in die von US-Truppen geschützte »Grüne Zone«, doch Minister oder Abgeordnete wissen dabei schon von vorneherein, dass sie keinen Konsens erzielen werden.[3] Die Milizen der an den Gesprächen Beteiligten sind nicht weit entfernt mit der Ausweitung ihrer Einflusszonen in den Vororten Bagdads beschäftigt. Schiiten, Sunniten und Kurden überlegen bereits, wie sie die Macht und die Reichtümer des Landes untereinander aufteilen können. Fünf Wochen nach der Abreise des US-Präsidenten und dem Aufmarsch der irakischen Sicherheitskräfte zur Beruhigung Bagdads erreicht die Gewalt in den Straßen der Hauptstadt ihren Höhepunkt. Täglich sterben etwa hundert Menschen. Immer öfter werden Passanten erschossen, nur weil es sich um Anhänger der jeweils anderen Glaubensrichtung handelt.

Völlig verunsichert angesichts der sich widersprechenden Meldungen, rufe ich einen Kollegen in Bagdad an und bitte ihn um eine Lagebeurteilung. Handelt es sich bei den Attentaten um ein letztes Aufbäumen der Untergrundgruppen, die ihre Niederlage kommen sehen, oder reichen nicht einmal 50 000 Polizisten und Soldaten, um die Aufständischen in Schach zu halten? Der lacht resigniert und macht sich dann auf sarkastische Weise über die Polizisten Luft: »Wenn du sie für Überfälle mieten kannst, darfst du doch nicht erwarten, dass sie bereit sind, gegen zu allem entschlossene Kommandos der Aufständischen zu kämpfen.«

Mir war schon vor dem Telefonat die Schwäche der irakischen

Sicherheitskräfte bewusst. Ohne direkte Unterstützung durch die US-Armee sind nur wenige irakische Bataillone einsatzfähig, wobei sich insbesondere bei der Armee das Fehlen der Sunniten bemerkbar macht. Ganze Einheiten werden ausschließlich von Schiiten gebildet und sind damit in der Sunnitenregion nicht einsetzbar. Denn gingen Schiitentruppen in einem Sunnitenviertel gegen Aufständische vor, so würden die daraus resultierenden Auseinandersetzungen sehr schnell zu einem Krieg zwischen Anhängern der beiden Glaubensrichtungen eskalieren. Unter solchen Bedingungen kann auch ein noch so großes Aufgebot keinen Erfolg bringen.

Die Regierung in Washington steht Mitte Juli vor einer weit reichenden Entscheidung. Würden die Truppen wie geplant Schritt für Schritt aus dem Irak abgezogen, so wäre die Ausweitung des Bürgerkriegs vor allem in Bagdad nicht mehr aufzuhalten. Sollten US-Verbände in die innerirakischen Auseinandersetzungen eingreifen, so müsste die Anzahl der im Irak stationierten Truppen noch einmal erhöht werden. Präsident Bush gibt sich nicht geschlagen. Nach einer Konferenzschaltung mit Generälen im Irak entscheidet er sich gegen einen Rückzug und für eine stärkere militärische Präsenz der Amerikaner. Damit muss die Regierung in Washington das Scheitern ihrer Bemühungen eingestehen, den Irakern schrittweise die Verantwortung für die Sicherheit zu übertragen. Der Plan, Truppen aus dem Irak abzuziehen, ist folglich hinfällig.

Ende Juli vereinbaren Bush und Iraks Ministerpräsident Maliki einen neuen Sicherheitsplan für die irakische Hauptstadt. Weitere 4000 US-Soldaten werden nach Bagdad verlegt. »Wir müssen gewinnen«, lautet das Motto, unter dem die neuen Einheiten aufgeboten werden. Die Amerikaner errichten Straßensperren und verstärken die Kontrollen zwischen verschiedenen Stadtteilen. Innerhalb weniger Tage gelingt es ihnen, den Krieg zwischen Schiiten und Sunniten einzudämmen. Aber der schwelt weiter, nahezu täglich werden verstümmelte Opfer der Todesschwadrone gefunden und Menschen aus ihren Häusern vertrieben.

Maliki unternimmt einen neuen Anlauf, seinen Plan von einer nationalen Versöhnung wiederzubeleben. Sechshundert Stammes- und Clanführer versammeln sich Ende August in Bagdad und verständigen sich darauf, ein Konzept zu erstellen, wie die Kämpfe zwischen den verschiedenen religiösen und politischen Gruppen und die Vertreibungen beendet werden sollen. Damit ist allerdings noch keine Wende im Bürgerkrieg erreicht, da die Stämme sich weder bereit erklären, die Kämpfe einzustellen, noch in Zukunft die Regierung zu unterstützen. Aber auch dies konnte keine Wende im Bürgerkrieg einleiten. Solch grundlegende Schritte darf man auch nicht erwarten. Denn die Vertreter der Stämme setzten schon mit ihrer Teilnahme an einem Versöhnungstreffen ein wichtiges Zeichen. Genauso wie sie ihren Willen zur Zusammenarbeit bekunden, wollen sie im Gegenzug auch eigene Forderungen durchsetzen. In deren Zentrum stehen eine wirkliche Beteiligung an der Macht und die stärkere Berücksichtigung bei der Zuteilung von maßgeblichen Funktionen im Staatsapparat. Nur auf diesem Wege können die Vertreter der Stämme Arbeitsplätze und Aufträge für ihre Leute durchsetzen. Vorsichtiges Taktieren kennzeichnet den Verhandlungsstil der Scheichs. Während sich in den Stadtteilen Bagdads Sunniten und Schiiten, also ihre Untertanen, bekämpfen und sunnitische Kommandos US-Konvois angreifen, treffen sich die Stammesführer unter dem Schutz amerikanischer Soldaten. Nur wer sich auf diese Art des Taktierens einlässt, kann im Irak erfolgreich Politik betreiben. Durch

Verhandlungen lässt sich mehr erreichen als durch militärischen Druck. Die irakischen Offiziere haben ihre Schmach, die Entlassung durch den US-Zivilverwalter, nicht vergessen und nutzen auch die Stammesvertreter, um ihre alte Forderung aufrechtzuerhalten.

So betont der Vorsitzende des Rates für die Nationale Versöhnung – selbst ein Scheich – nach dem Treffen der sechshundert Stammesvertreter deren Wusch, eine nationale Armee aufzustellen, die die Aufgabe der multinationalen Streitkräfte übernehmen soll.[4] Im Kern handelt es sich um die Forderung, die Entfernung der Vertreter der Stämme aus der Armee rückgängig zu machen. Damit wird offensichtlich, dass die Sunniten eine Neuorientierung der Sicherheitspolitik zu einer ihrer Vorbedingungen für eine nationale Aussöhnung erheben und die Wiedereinsetzung von Beamten und Offizieren, die bereits unter Saddam Hussein an der Macht beteiligt waren, erzwingen wollen. Ministerpräsident Maliki und die US-Generäle werden diesem Verlangen zumindest teilweise nachgeben müssen, wenn sie die Konfrontation zwischen Sunniten und Schiiten entschärfen möchten.

Für Maliki ist die Wiedereingliederung der Sunniten in den Staatsapparat eines der wichtigsten Ziele bei seinem Amtseintritt im August 2006. Er möchte einen Neuanfang wagen. Seinem Streben nach innerer Einheit entspricht die Distanz, die er zu den USA sucht. Wiederholt kritisiert er Straftaten amerikanischer Soldaten und fordert, sie der irakischen Gerichtsbarkeit zu unterstellen. Zudem trifft er sich auch mit Aufständischen. Paradoxerweise ergibt sich aus der Anwesenheit der US-Soldaten die Chance zu einer etwaigen Einigung zwischen sunnitischen Untergrundorganisationen und der Regierung. Noch Wochen zuvor wäre dies nicht möglich gewesen. Diese Haltung der sunnitischen Stämme kann nicht überraschen, denn sie wollen sich nicht einer von Schiiten und Kurden kommandierten irakischen Armee und Polizei unterordnen. Ihre Forderung besteht darin, selbst Machtpositionen in der neuen Polizei und Armee einzunehmen. Ministerpräsident Malikis Bemühungen laufen nun darauf hinaus, den Regierungsgegnern eine Zusammenarbeit zu erleichtern, indem er die nationale Aussöhnung als Voraussetzung für die »Befreiung der Nation von ausländischem Einfluss«[5] bezeichnet und damit ein Ende der Besatzung in Aussicht stellt.

Aus dieser Verbindung – Einschreiten der US-Truppen zur Beendigung des Bürgerkrieges und Initiative zur politischen Versöhnung der Konfliktparteien – ergibt sich eventuell die letzte Möglichkeit, ein Auseinanderfallen Iraks abzuwenden. Auch aus diesem Grund werden die Terroristen alles daransetzen, eine allmähliche Normalisierung der Verhältnisse abzuwenden. Waren die Attentate monatelang ein erfolgreiches Mittel, um den Bürgerkrieg im Irak herbeizubomben, so versuchen die Terroristen seit August mit ihren Anschlägen, diese Politik der Wiederannäherung zu torpedieren. Denn Al Kaida im Irak wird in ihrer Existenz gefährdet, wenn sich Sunniten und Schiiten auf eine Zusammenarbeit einigen. Wenn der Irak dagegen in den Wirren eines Bürgerkriegs versinken und auseinander fallen sollte, dann könnte ein Albtraum von US-Präsident Bush Wirklichkeit zu werden. Zwar sprach er drei Jahre lang vor allem von großen Erfolgen im Irak, doch plötzlich nennt er einen neuen Grund, weshalb er die Truppen nicht aus dem Irak abziehen will. Auf dem Hauptschauplatz des Krieges gegen den Terror drohe eine Niederlage. Ein Abzug, bevor die Aufgaben gelöst seien, werde »zur Bildung eines terroristischen Staates im Herzen des Mittleren Ostens führen«.[6]

Diese Gefahr ist tatsächlich nicht von der Hand zu weisen. Überall im Irak machen sich die Bruchlinien zwischen den von Schiiten, Kurden und Sunniten bewohnten Landesteilen immer stärker bemerkbar. Sollte das Land zusammenbrechen, so könnte der sunnitische Teil unter den Einfluss von Kämpfern Al Kaidas geraten, ähnlich wie es in Afghanistan den Taliban gelungen war. Während die Grenzen zwischen Sunniten und Schiiten bereits weitgehend gezogen sind, zeichnet sich eine erbitterte Auseinandersetzung zwischen Kurden und sunnitischen Arabern um die Erdölfelder von Kirkuk und Teile der nordirakischen Stadt Mosul ab. Für die Kurden sind die Ölvorkommen deshalb so entscheidend, weil deren Kontrolle sie dazu befähigt, überhaupt einen lebensfähigen Staat bilden zu können.

Politisch sind die Kurdengebiete bereits von den anderen Teilen Iraks getrennt. Schritt für Schritt wird eine Abspaltung vorbereitet. Seit September 2006 ist sogar das Hissen der irakischen Flagge untersagt. Massoud Barzani, der Präsident der Autonomen Kurdenregion und Vorsitzender einer der beiden großen kurdischen Parteien, verfügte per Dekret, dass vor Behörden, Kasernen und Polizeistationen nur noch die gelbe Fahne der Kurden mit der einundzwanzigzackigen Sonne aufgezogen werden darf. Praktisch werden die drei Provinzen bereits seit 1991 nicht mehr von Bagdad aus kontrolliert. Seit dem Sturz Saddam Husseins erhält die Kurdenregierung jedoch genügend Geld, um eine getrennte Entwicklung der Region auch finanzieren zu können. Siebzehn Prozent der Öleinnahmen des Landes werden direkt an die Kurden überwiesen. Dem Präsidenten unterstehen die Polizei und bestens bewaffnete Peshmerga-Verbände, die rund 60 000 Mann zählen. Diese gut ausgebildeten Kämpfer sind den Sicherheitskräften der Regierung überlegen.

Im Südirak bereiten die Schiiten nach kurdischem Muster die Bildung einer autonomen Region vor. Zwar gibt es konkurrierende religiöse Führer und verschiedene politische Splittergruppen, doch acht der neun südirakischen Provinzen und der Stadtrat von Bagdad werden vom Obersten Rat der Islamischen Revolution im Irak (SCIRI) kontrolliert. Die Organisation wurde 1982 im Iran gegründet und orientiert sich politisch an der Islamischen Republik. Ihr Vorsitzender Abdul Aziz Al Hakim setzt sich ausdrücklich für eine Autonomie der Schiitengebiete ein. Er erinnert an die Unterdrückung der Schiiten während der Herrschaft Saddam Husseins und sieht in einer Autonomieregelung eine Garantie, dass sich das »Unrecht der Vergangenheit nicht wiederholt«[7]. Systematisch baut Al Hakim die Machtpositionen der SCIRI aus. Der Schiitenführer ist in der Endphase des Krieges aus dem iranischen Exil in den Südirak zurückgekehrt. Er strebt kein Staatsamt an, sondern beeinflusst aus dem Hintergrund die wichtigsten Entscheidungen in Bagdad.

Nach dem Sturz Saddam Husseins arbeitete er eng mit US-Verwalter Bremer zusammen, um eine Vormachtstellung der Schiiten in der von den USA eingesetzten Übergangsregierung zu sichern. Mit der Badr-Organisation verfügt auch die SCIRI über eine eigene Milizen, deren sich die Organisation bedienen kann – was sie auch tut –, um politische Gegner oder Konkurrenten auszuschalten. Offiziell haben die Badr-Angehörigen zwar ihre Waffen abgegeben, doch in der Realität sind in der von iranischen Revolutionswächtern aufgebauten Miliz Kommandos von Todesschwadronen am Werk, die einen Kleinkrieg gegen Sunniten führen. Mit Entführungen, Folter und Mord tragen diese Terrorgruppen neben radikalen Sunniten und den Al-Kaida-Terroristen die Hauptverantwortung für den Bürgerkrieg. Systematisch dehnt die SCIRI ihre Macht aus. Nach dem Weggang ausländischer Truppen aus Südirak verstärkt die Organisation dort ihre Kontrolle. So schickt Hakim seinen Sohn Amar nach Samawah, um die Macht der SCIRI in der Provinz zu festigen, aus der die Japaner abgezogen sind.

Während andere Politiker die Bürgerkriegsparteien zur Zurückhaltung aufrufen, appelliert Hakim an die Bewohner einzelner Stadtteile, Bürgerwehren zu bilden. In Bagdad folgen ihm Tausende vor allem junger Männer und marschieren durch die Straßen der Hauptstadt. In Sprechchören fordern sie die Vernichtung der sunnitischen Terroristen und der Anhänger Saddam Husseins. Hakim begründet den Aufbau von Bürgerwehren mit der Schwäche des staatlichen Sicherheitsapparats. Sie sollen, unabhängig von ihrer religiösen Orientierung und Herkunft, die Bevölkerung der einzelnen Stadtteile schützen. Ausdrücklich lehnt Hakim den Einsatz ausländischer Truppen zur Beendigung des Bürgerkriegs ab.

Offiziell begründen Schiitenpolitiker die Bildung von Volkskomitees mit dem Kampf gegen Terrorismus, praktisch betrachten sie es nur als Rechtfertigung, eigene Interessengruppen zu bewaffnen. Es ist ein doppeltes Spiel. Hadi Al Amiri, der Anführer der Badr-Milizen, fordert einerseits eine Bewaffnung von Zivilisten, bedauert im selben Atemzug jedoch die Bildung verschiedener bewaffneter Gruppierungen. Dabei bezeichnet er sogar die Bodyguards von Politikern oder die unterschiedlichsten Sicherheitsdienste, die Restaurants oder Firmengelände bewachen, als Milizen.[8] Es ist scheinheilig, die Schaffung bewaffneter Verbände als eine der Voraussetzungen für eine größere Sicherheit zu werten. Denn praktisch verstärken sie Bürgerkriegsgruppen, die dafür verantwortlich sind, dass die jeweiligen Minderheiten aus den Gebieten der Mehrheiten vertrieben werden, und die Mauern des Hasses zwischen Sunniten oder Schiiten stetig erhöhen.

Mit eigenen Fernsehkanälen heizen die Parteien die Stimmung auf. Nach dem Sturz Saddam Husseins sind mindestens zwanzig neue TV-Stationen im Irak entstanden. Einzig der staatliche Sender »Irak« berichtet mit seinen Teams weitgehend neutral aus dem gesamten Land. Die Sender der Schiiten oder der Sunniten strahlen immer wieder Programme gegen politische Gegner aus. Ihre Teams können nur aus dem jeweiligen Einzugsgebiet berichten. Unter den Schiitensendern ist »Euphrat«, die Fernsehstation des »Obersten Rates der Islamischen Revolution«, am weitesten verbreitet. Grundsätzlich werden die Schiiten hier als Opfer der konfessionellen Auseinandersetzungen gezeigt.

Die Zentrale des Senders befindet sich auf dem Ostufer des Tigris, in dem vor allem Schiiten leben. In den Programmen von »Bagdad«, dem Sunnitensender auf der westlichen Seite des Flusses, werden die schiitischen Organisationen »terroristische Milizen« genannt und für die Eskalation der Gewalt verantwortlich gemacht. Auch die kurdischen Organisationen haben eigene Stationen. Auf die jeweils andere Bevölkerungsgruppe wirken die Programme befremdlich. Für die Einwohner der Schiitenhochburgen Nadjaf und Kerbala grenzen die Beiträge des Sunnitensenders Bagdad bereits an feindliche Propaganda. Die kurdischen Kanäle vergleichen sie mit ausländischen Stationen.

Die politische und kulturelle Spaltung wird durch eine unterschiedliche wirtschaftliche und soziale Entwicklung verstärkt. Konnte im Jahr nach dem Sturz Saddam Husseins in ganz Irak noch ein gewaltiges Wirtschaftswachstum von nahezu fünfzig

Prozent verzeichnet werden, so waren es 2005 nur noch fünf Prozent.[9] Und die Entwicklung ist weiterhin rückläufig. Vor allem die Sunnitenregion leidet darunter. So nimmt die Unterernährung von Kindern bis zum fünften Lebensjahr zu. Da die staatliche Versorgung nicht mehr richtig funktioniert, sind vor allem die armen Familien von der zunehmenden Inflation betroffen, die im Sommer 2006 bereits siebzig Prozent beträgt.[10]

In dieser Zeit der Krise haben die Stämme noch zusätzlich an Bedeutung gewonnen, weil sie die Verschlechterung der staatlichen Beschäftigungs- und Versorgungsstruktur auffangen. Einzelne Stammesmitglieder erhalten verstärkt Unterstützung und Schutz in der traditionellen Gemeinschaft, als Gegenleistung wird von den Clan- und Stammesführern absoluter Gehorsam oder zumindest Loyalität erwartet. Da, wie bereits erwähnt, viele der Bewohner der sunnitischen Siedlungsgebiete, in denen zudem gekämpft wird, in der irakischen Armee dienten, sind sie besonders betroffen: Auf eine Beschäftigung als Beamte oder Angestellte können sie kaum hoffen. Die Arbeitslosigkeit ist auch so hoch, weil die Sunniten bei der Bewerbung um einen Posten benachteiligt werden.

Dagegen profitieren die Schiiten- und Kurdenregionen von dem Aufbau der neuen staatlichen Strukturen. Sie haben bereits weniger Entlassungen zu befürchten und werden jetzt verstärkt für die Errichtung des neuen Sicherheitsbereichs rekrutiert. In der Kurdenprovinz Sulaimaniyah ist jeder zwölfte der 1,6 Millionen Bewohner im öffentlichen Dienst beschäftigt. Der von den Parteien kontrollierte Staatsapparat schafft Beschäftigungsmöglichkeiten, die aufgrund ihrer Sicherheit auch Revolten entgegenwirken und politische Loyalitäten fördern.

Auch die Bildung der großen Schiitenmilizen lässt sich nur dadurch bewerkstelligen, dass deren Führer die Finanzierung mit Geldern aus dem Staatshaushalt sichern, anders wäre es gar nicht möglich, Zehntausende in Milizen und Parteigruppen zu organisieren, wie es die schiitische SCIRI gemacht hat. Dabei ist für die Zentralregierung die Entstehung bewaffneter Verbände ausgesprochen gefährlich, weil diese paramilitärischen Organisationen den politischen Parteien die Beherrschung ganzer Landesteile gewährleisten könnte.

Würden einer autonomen Schiitenregion nach dem Beispiel der Kurden Anteile an den Öleinnahmen direkt zugeteilt, so könnte die SCIRI etwa sechzig Prozent der irakischen Staatseinnahmen kontrollieren. Allein dieser finanzielle Anreiz bestärkt die proiranische Partei in ihrem Bestreben, alle Konkurrenten im Süden des Landes auszuschalten und eine klare Trennungslinie zu den Sunniten zu schaffen. Wegen der gewaltigen Ölvorkommen im Südirak wünschen sich viele Schiiten dort ein eigenes Staatswesen. Sie sehen in der Schwäche der Sunniten und in dem Schutz durch die US-Truppen vor deren Angriffen eine historische Chance, sich aus dem Irak zu lösen. Ähnlich wie die Kurden befürchten sie, dass eine starke Zentralregierung über kurz oder lang wieder die Kontrolle über die Gebiete im Norden und Süden anstreben wird, die sich nach dem Sturz Saddam Husseins weitgehend der Zentralgewalt entzogen haben. Massoud Barzani, der Präsident der Autonomen Kurdenregion, hat bereits mehrfach auf Veranstaltungen seiner Demokratischen Partei Kurdistans die Bildung eines eigenständigen Staates als langfristiges Ziel bezeichnet.

Mit der Besetzung des Landes haben die Truppen der USA und Großbritanniens den vom alten Regime unterdrückten politischen Kräften zusätzliche Möglichkeiten geschaffen, sich unabhängig von der Zentralregierung zu organisieren. Die Auflösung großer Teile des alten Staatsapparats zerbrach jene

Klammern, welche die einzelnen Teile Iraks noch zusammenhielten, ohne jedoch neue, das Land einende Impulse auszustrahlen. Mit dramatischen Ergebnissen endete die erste freie Wahl am 30. Januar 2005. Die Schiiten errangen die absolute Mehrheit der Sitze, die Kurden mehr als ein Viertel. Da die Sunniten die Wahl boykottierten und gesamtirakische Parteien eine katastrophale Wahlniederlage erlitten, konnte sich das Parlament nicht zum neuen politischen Zentrum Iraks entwickeln. Die zweite Wahl – knapp elf Monate später – brachte keine grundsätzliche Änderung. Zwar waren die Sunniten besser vertreten, doch die Zerrissenheit des Landes trat angesichts der Zusammensetzung der Abgeordneten nur noch deutlicher zutage. Denn der einzige Unterschied bestand darin, dass nun die Sunniten auch eine Interessenvertretung im Parlament hatten. Der demokratische Neuanfang entpuppte sich als politische Katastrophe.

Dabei hatten die Wähler sich von der Abgabe ihrer Stimme erhofft, die Entwicklung positiv beeinflussen zu können. Etliche von ihnen waren unter Lebensgefahr zu den Wahllokalen gegangen. Die Atmosphäre am Tag der ersten Wahl war gespenstisch. Aus Angst vor Anschlägen, die Anhänger Saddam Husseins und Untergrundgruppen angekündigt hatten, wagten sich in den Morgenstunden nur sehr wenige auf die Straßen. Bagdad war wie ausgestorben. Aber schließlich brachen die Dämme. Zuerst trauten sich einige Männer, ihre Stimmen abzugeben, dann kamen ganze Familien und in den Abendstunden die Gebrechlichen und Alten. In Bagdad entstand eine Feststimmung, gefeiert wurde das endgültige Ende der Saddam-Ära, die durch seine Anhänger ausgelöste Kampagne der Angst hatte ihre Wirkung verloren. Denn der Diktator hatte über die Drohungen seiner Kommandeure weiter das Denken vieler Iraker beeinflusst.

Doch damit bleibt die Wahl eher ein Symbol des Endes einer Epoche und wird nicht zum Fanal für den Neuanfang. In den Stunden der Stimmabgabe ist noch nicht erkennbar, dass den neuen Abgeordneten die Kraft fehlen wird, das Parlament zum politischen Zentrum des neuen Irak zu machen. So richtig deutlich wird dies erst elf Monate später nach der zweiten Parlamentswahl. Während von Mitte Dezember bis zum April hinter den Kulissen bei Geheimverhandlungen das Tauziehen um den neuen Ministerpräsidenten stattfindet, sind die Abgeordneten zur Tatenlosigkeit verdammt. Auch konnte die Überbrückungszeit bis zu den Wahlen nicht genutzt werden, Grundlagen für einen gesamtirakischen Demokratisierungsprozess zu legen. Es rächen sich die unverantwortlichen Fehler des US-Verteidigungsministeriums, beim politischen Neuanfang auf eine im Ausland aufgebaute Soldateska und unpopuläre Exilpolitiker zu setzen.

Bereits zehn Tage nach der Besetzung Bagdads bemühte sich Zivilverwalter Garner, der Vorgänger Bremers, eine neue irakische Führung zu etablieren. In Ur, vor viertausend Jahren politisches Zentrum der Sumerer, einem historischen Ort im Südirak unweit der Stadt Nasiriyah, trafen Vertreter der US-Regierung in einem klimatisierten Zelt auf eine Gruppe irakischer Exilpolitiker, um über die weitere Entwicklung zu debattieren. Mit Hubschraubern wurden Einheiten der Free Iraqi Forces eingeflogen, die sich in ihren Kampfanzügen als Keimzellen einer neuen irakischen Armee gerierten. Doch es lief nicht so, wie die Amerikaner es sich vorgestellt hatten. Selbst der vom Pentagon für eine Spitzenstellung im politischen System des neuen Irak vorgesehene Ahmad Chalabi schickte nur einen Vertreter, da er sich durch eine Teilnahme nicht der Kritik aussetzen mochte. In der nahe gelegenen Stadt Nasiriyah demonstrierten Tausende gegen das Treffen zwischen den Vertretern der USA mit den aus dem Exil zurückgekehrten Gegnern Saddam Husseins.

Den USA gelingt es nicht, das politische Vertrauen der politischen Elite Iraks zu gewinnen, die im Lande seit Jahren auf den Sturz des Diktators gehofft hat. Welche Ausmaße das Desaster des politischen Neuanfangs annimmt, zeigt sich, als Zivilverwalter Bremer die Auflösung der Free Iraqi Forces anordnet, da sich Angehörige der Truppe an Plünderungen beteiligen und in kriminelle Aktionen verwickelt sind. Nach Pentagongünstling Chalabi wird sogar für einige Tage mit Haftbefehl gefahndet – er soll unter anderem für eine Ladung alter irakischer Dinare, die mit Lastwagen zu einer Verbrennungsanlage transportiert worden war, doppelt und dreifach kassiert haben, weil die Ladung nicht beim ersten Mal verbrannt wurde. Dass Chalabi, hinter dem auch Jordaniens Justiz wegen Bankbetrugs her ist, in den Ruch gerät, auf solche dreiste Art sein Vermögen zu mehren, zeigt, wie schlampig die US-Regierung bei der Auswahl ihrer Partner zum Neuaufbau Iraks vorgegangen ist. Washington hat sich schlicht als unfähig erwiesen, erfolgversprechende Politiker oder Parteien, die ein gesamtirakisches Programm vertreten, aufzubauen. Iyad Allawi, Ministerpräsident in der Übergangsregierung, scheiterte mit seiner Irakischen Liste bei den Wahlen möglicherweise auch, weil er von den USA unterstützt wurde.

Ohne eine gesamtirakische Perspektive werden sich die politischen Kräfte, die auf eine Aufteilung Iraks dringen, langfristig durchsetzen. Drei Jahre nach dem Sturz Saddam Husseins ist der Auflösungsprozess im Lande bereits so weit fortgeschritten, dass dessen Einheit nur noch durch die schnelle Entwicklung föderaler Strukturen gesichert werden kann. Eine Selbstverwaltung der drei großen Regionen Iraks, die von Kurden, Sunniten und Schiiten gebildet werden, bietet die Möglichkeit einer langfristigen Zusammenarbeit zwischen den verfeindeten Bürgerkriegsparteien. Die von Ministerpräsident Maliki begonnene Politik der nationalen Versöhnung ist ein Schritt auf dem Wege, die Grundlagen für einen diesbezüglichen Konsens zu schaffen, und möglicherweise die letzte Chance, den Zusammenhalt Iraks politisch und nicht nur militärisch zu sichern.

In den drei Jahren seit dem Einmarsch in den Irak hat sich erwiesen, dass die USA gescheitert sind, den Krieg als Mittel für die Reformierung und Demokratisierung eines Landes im Mittleren Osten zu nutzen. Trotz aller Absichtserklärungen und vermeintlicher Erfolgsmeldungen wurde der Terrorismus nicht geschwächt – im Gegenteil: Das Land hat sich nach dem Einmarsch der US-Truppen zu einer Brutstätte des internationalen Terrorismus gewandelt. Seit dem Ende der Diktatur Saddam Husseins sind im Irak mehr Menschen bei Terroranschlägen getötet worden als während des gleichen Zeitraums in allen anderen Ländern der Welt zusammen. Auch politisch hat das Auftreten der USA im Irak keinen Abbau der Spannungen zwischen dem Abend- und dem Morgenland gebracht, sondern den Konflikt nur noch verschärft.

7 Rückschläge in Afghanistan

Mit Erleichterung und Freude hatten die meisten Afghanen auf den Sturz der Taliban reagiert. Nach den Angriffen der US-Luftwaffe und dem Vormarsch der Milizen der Nordallianz brach die Herrschaft der in Pakistan ausgebildeten »Gotteskrieger« im Herbst 2001 binnen kürzester Zeit zusammen. Anders als im Irak waren Regimegegner entscheidend an dem militärischen Erfolg beteiligt. In den kleinen Städten und Dörfern Zentralafghanistans flohen die Talibankommandos und ihre von Al Kaida geschickten arabischen Instrukteure, ohne den geringsten Widerstand zu leisten. Überall im Land wuchs die Hoffnung auf ein besseres Leben. Schnell sprach sich unter den Menschen herum, dass Länder aus aller Welt bereit waren, den Wiederaufbau des Landes mit Milliarden von Dollars zu unterstützen. Ausländische Soldaten und Helfer der unterschiedlichsten Organisationen wurden nach Afghanistan beordert, um den erneuten Ausbruch eines Bürgerkriegs zu verhindern und einen möglichst schnellen Neuanfang zu organisieren. Fünf Jahre später droht sich diese Kampagne zur Sicherung der inneren Ruhe und zum Aufbau eines demokratischen Staates in einen Feldzug gegen Aufständische zu wandeln. Fremden Soldaten und ausländischen Helfern gelingt es nicht, im Land für Sicherheit zu sorgen und die Zerstörungen der Kriege seit 1978 auch nur ansatzweise zu beseitigen. Teile der von Paschtunen bewohnten Südprovinzen des Landes werden wieder von Aufständischen kontrolliert, der Mohnanbau und die Opium- oder Heroinherstellung erreichen Rekordniveau, Afghanistan erlebt die schlimmste Gewaltwelle seit dem Sturz der Taliban im November 2001. Täglich kommt es zu Gefechten zwischen Einheiten der Internationalen Sicherheitsunterstützungstruppe (ISAF) und Talibankommandos. In den ersten acht Monaten des Jahres 2006 wurden zweitausend Menschen getötet.

Dabei belasten die Probleme der USA im Irak auch die Entwicklung in Afghanistan. Unter den Feinden der USA, vor allem bei den Taliban, verstärkt sich der Eindruck, ausländische Soldaten seien mit einfachen Mitteln zu besiegen. In der eigenen Niederlage wird nur ein Rückschlag und kein grundsätzliches Scheitern gesehen – im Gegenteil: Die Taliban fühlen sich bestätigt. Waren sie während ihrer Herrschaft in Kabul isoliert und konnten lediglich auf Unterstützung durch Saudi-Arabien hoffen, so sehen sie sich heute als Teil einer internationalen radikalislamischen Bewegung. Dies hat nicht nur ideologische Auswirkungen. So nutzen die Aufständischen auch verstärkt im Irak entwickelte Kampftaktiken wie Selbstmordanschläge, die für Afghanistan eigentlich eher ungewöhnlich sind. Attentäter rasen dabei mit Fahrzeugen nicht nur in Konvois ausländischer Truppen. Zunehmend setzen die Taliban Selbstmordattentäter auch gegen zivile Ziele ein, anfangs vor allem in der Hauptstadt Kabul.

Ähnlich wie in Irak sorgt das Auftreten ausländischer Soldaten nicht für eine Beruhigung der Lage, sondern ihre Anwesenheit trägt vielmehr zur Eskalation bereits schwelender Konflikte bei oder löst diese sogar aus. Allein seit dem vergangenen Winter sind die Verluste der an Kampfeinsätzen beteiligten ausländischen Soldaten mindestens so hoch wie die im Irak, wenn man berücksichtigt, dass in Afghanistan nur etwa ein Fünftel der im Irak operierenden Truppen im Einsatz ist.

Mit ihren Aktionen haben die Taliban und andere Gruppierungen bereits eine psychologisch wichtige Veränderung im Verhalten der ausländischen Soldaten bewirkt. So fahren diese nicht mehr ungesichert in offenen Wagen durch Dörfer und Städte, kaufen nicht mehr so selbstverständlich wie noch vor einem Jahr in Bazaren ein und werden auch immer öfter über Luftbrücken versorgt. Diese Abschottung gegenüber der afghanischen Bevölkerung erleichtert es den Angreifern, die Barrieren zwischen den ausländischen Soldaten und der Zivilbevölkerung zu erhöhen. Für die Soldaten wird es damit bedeutend schwieriger, als Helfer wahrgenommen und akzeptiert zu werden.

Die Ausweitung des Einsatzgebiets der ISAF-Truppen Anfang August 2006 auf Südafghanistan und die Übernahme von Kampfaufgaben, an denen bisher nur die US-Truppen beteiligt waren, verändert den Charakter des ursprüglichen Entsendungsauftrags weiter. Wurden die ISAF-Kontingente im Dezember 2001 mit Billigung der Vereinten Nationen nach Afghanistan geschickt, um den Wiederaufbau zu unterstützen und bei der Bildung demokratischer Strukturen zu helfen, so steht heute die Aufstandsbekämpfung im Vordergrund. Damit verschwimmen nicht nur die Trennungslinien zwischen den ISAF-Einheiten und den Truppen, die im Rahmen der Operation »Enduring Freedom« für die Terrorismusbekämpfung zuständig sind, sondern die einstige Friedensmission gerät auch zum Kampfeinsatz.

Afghanen, vor allem die Paschtunen in den Südprovinzen des Landes, unterscheiden nicht mehr zwischen den einzelnen Truppen. So darf es nicht überraschen, dass die in Serie gestarteten Großoffensiven der ISAF-Verbände nicht die erwünschten Erfolge bringen und das Scheitern der Angriffsaktionen in der Regel nicht eingestanden wird. Bis heute gilt die Anzahl der getöteten Gegner für viele der beteiligten Offiziere als Gradmesser des Erfolgs. Ähnlich wie im Irak kommt es zu starken Übertreibungen, oder es werden gar die getöteten Zivilisten als Aufständische ausgegeben, um militärische Fehlschläge zu kaschieren. Solange die sozialen und kulturellen Grundlagen für eine Normalisierung der Alltagsbeziehungen zwischen ausländischen Soldaten und einheimischer Bevölkerung nicht geschaffen werden, wirkt Gewalt eher kontraproduktiv, und die ausländischen Soldaten sehen sich mit einer dramatisch angewachsenen Aggressionsbereitschaft konfrontiert. Das Wiedererstarken der Taliban, die militärisch zwar geschwächt, aber nicht besiegt werden konnten, verleiht dem Widerstand enormen Auftrieb. Auch an den Entwicklungen im Irak wird deutlich, dass sich der Aufbau neuer Strukturen nicht durch den Einsatz von Sicherheitskräften erzwingen lässt.

Bisher ist der Kampf gegen die ausländischen Soldaten vor allem auf den Süden Afghanistans beschränkt, doch könnte eine Eskalation des Irankonflikts oder gar dessen militärische Ausweitung zu einer ebenso schnellen Destabilisierung der Nordprovinzen führen. Nur die schnelle Ausweitung des Einsatzes ziviler Hilfsorganisationen in den ländlichen Regionen ganz Afghanistans dürfte verhindern, dass die Instabilität irakische Ausmaße annimmt.

Am Verhalten der deutschen Soldaten in Nordafghanistan lässt sich erkennen, wie schleichende Veränderungen den Einsatz der Einheiten mehr und mehr bestimmen, ohne dass die Verantwortlichen offen darüber sprechen. Auch die Bundeswehrtrupps fahren schon lange nicht mehr in offenen Geländefahrzeugen durch die Dörfer. Im Haushalt der Bundeswehr sind höhere Ausgaben für die Überführung und Bestattung getöteter Armeeangehöriger vorgesehen. Denn die Angriffe auf deutsche Soldaten nehmen zu. Bis November 2005 zündeten Selbstmordattentäter ihre Bomben nur in der Hauptstadt Kabul, doch ein halbes Jahr später greift ein Attentäter erstmals im Einsatzgebiet der Bundeswehr in Nordafghanistan Deutsche in einem gepanzerten Fahrzeug an. Diese bleiben unverletzt, doch der Angreifer und zwei Zivilisten sterben.

Selbst wenn Kommandeure der ausländischen Truppen es als Erfolg werten, dass die Panzerung der Fahrzeuge Schlimmeres für ihre Leute verhindert – die Rechnung der Aufständischen geht auf. Aus Angst vor Anschlägen treten die fremden Soldaten zunehmend martialischer auf, schränken ihren Kontakt mit der Bevölkerung ein und isolieren sich damit immer mehr. So wächst auch die Bereitschaft der ausländischen Truppen, zur Waffe zu greifen. Das von der Außenwelt durch eine sechs Kilometer lange hohe Mauer abgeschirmte Lager der deutschen Soldaten nahe der Stadt galt zunächst als einer der am besten gesicherten Stützpunkte aller ausländischen Truppen in Afghanistan. Doch angesichts der zunehmenden Bedrohung empfindet man diesen Schutz als nicht mehr ausreichend, und es bestehen bereits Pläne, die Lagerbesatzung mit Schützenpanzern zu verstärken. Zusätzlich fordern die Offiziere vor Ort Luftunterstützung, um die Lage in Nordafghanistan besser erkunden zu können. Wie angesichts einer solchen »Einigelung« Kommandierende glauben, den Kontakt zur Bevölkerung aufrechterhalten zu können, bleibt ihr Geheimnis.

Offiziell wird die Aufstockung der ausländischen Kontingente damit begründet, sichere Räume zu schaffen, deren Kontrolle später den afghanischen Streitkräften überlassen werden soll. An der Erweiterung der Kampfaufgaben wird jedoch deutlich, dass sich die Truppen aktiv an dem US-Krieg gegen den Terror beteiligen. Gerade Länder wie Deutschland, die sich aus politischen Gründen geweigert haben, Soldaten in den Irak zu schicken, sind jetzt stärker in diesen Krieg eingebunden. Damit können die USA einen Teil ihrer 16000 in Afghanistan stationierten Soldaten abziehen und sich infolgedessen einen größeren Handlungsspielraum auch gegenüber möglichen neuen Gegnern verschaffen. So plant man in Washington vor allem, die Personalstärke der im Südosten Afghanistans eingesetzten Einheiten zu verringern, während die Stellungen der im Südwesten und im Westen des Landes nahe der iranischen Grenze operierenden US-Verbände ausgebaut werden.

Der zunehmenden Kampfbereitschaft der ausländischen Soldaten steht die steigende Unzufriedenheit der Bevölkerung gegenüber. Beim Wiederaufbau Afghanistans werden kaum spürbare Fortschritte gemacht. Die internationale Gemeinschaft und die afghanische Regierung schaffen es nicht, die Probleme auch nur schrittweise zu beseitigen

Kabul: Tummelplatz der Hilfsorganisationen

In der Hauptstadt Kabul konzentrieren sich die Probleme des Landes. Mit dreieinhalb Millionen Bewohnern leben dort doppelt so viele Menschen wie während des Regimes der Taliban. Familien, die aus dem Exil in Iran oder Pakistan zurückgekehrt sind, haben neue Quartiere errichtet, in denen es an ausreichenden Wasser- oder Abwassersystemen mangelt. Stromanschlüsse werden wild verlegt. Doch es gibt nicht genug Energie. Die einzelnen Stadtteile Kabuls können jeweils gerade mal für einige Stunden mit Elektrizität versorgt werden. Dennoch kommen Tausende aus entfernt liegenden Provinzen, getrieben von der Hoffnung, in Kabul Arbeit und Auskommen zu finden. Mit dem schnellen Bevölkerungswachstum halten die Entwicklung der Infrastruktur und der Neuaufbau nicht Schritt. Selbst Schäden aus dem Bürgerkrieg, in dem die unterschiedlichen Gruppen der Mudjahedin von 1992 bis 1996 in der Hauptstadt um die Macht kämpften, sind nicht beseitigt.

Tausende kleiner Werkstätten und Geschäfte säumen die Straßen der neuen Vorstädte. Wohlstand kann sich nicht entwickeln, aber es gibt auch nicht die fürchterliche Armut wie in der Provinz und vor allem in den abgelegenen Dörfern Zentralafghanistans. Denn in der Hauptstadt profitieren die Armen von den Hilfsgeldern, die ins Land fließen; Zehntausende sind bei Hilfsorganisationen angestellt. 1500 nichtstaatliche Hilfsorganisationen haben sich beim afghanischen Planungsministerium registrieren lassen. Sie konkurrieren um die Zuteilung von Geldern aus dem Topf der Milliardenbeträge, mit denen der Aufbau des Landes gefördert werden soll. Doch für die meisten erschöpft sich die Arbeit in der Unterhaltung der Büros und einiger Prestigeobjekte. Schon in den Vororten Kabuls lassen sich die internationalen Helfer nur selten blicken. Neben den ausländischen Soldaten bilden sie das zweitwichtigste Ziel für jene Gruppierungen, welche den Wiederaufbau Afghanistans unter fremder Kontrolle verhindern wollen.

So haben wichtige Hilfsorganisationen ihre Mitarbeiter aus den Provinzen in ihr Hauptquartier nach Kabul zurückbeordert. Diese Büros sind oft in alten Villen untergebracht, die teuer angemietet werden. In Sherpur, einem der besseren Viertel, lassen sich Drogenbarone neue, protzige Luxusbehausungen errichten, während in der nahe gelegenen UN-Vertretung der Sonderbeauftragte der Mission über die Taktik des gegen sie zu führenden Krieges spricht. In den Stadtteilen mit Ministerien, Botschaften und den Quartieren der Hilfsorganisationen prägen die Geländefahrzeuge der Hilfsorganisationen das Straßenbild. An den aufgespritzten Logos sind die Fahrzeuge sofort zu erkennen. Auf den staubigen, völlig desolaten Provinzstraßen, die meist nicht einmal asphaltiert sind, begegnet man diesen Wagen dagegen nur noch ausnahmsweise. Hier, außerhalb der Hauptstadt, haben die Mitarbeiter der Organisationen die sonst so ins Auge fallenden Zeichen aus Angst vor Anschlägen von den Fahrzeugtüren entfernt und verzichten selbst auf das Tragen von T-Shirts mit den Schriftzügen ihrer Organisation. So lebt folglich auch das Heer der einheimischen Mitarbeiter der Hilfswerke in der Hauptstadt. Afghanistan steht bei der Weltbank im Ruf, ein Milliardengrab für Hilfsgelder zu sein.

Ähnlich ineffektiv sind die neu geschaffenen staatlichen Behörden. Auch den meisten Ministerien, die in den vergangenen Jahren im Regierungsviertel neu errichtete Verwaltungsgebäude bezogen haben, ist es nicht gelungen, ihre Arbeit systematisch auf alle Landesteile Afghanistans auszuweiten. So wird ein großer Teil der internationalen Hilfsgelder von weitgehend wirkungslos agierenden Bürokratien der Hilfsorganisationen und Ministerien aufgezehrt. Nicht wenige Afghanen sind über Korruption und Vetternwirtschaft der Beamten empört, wobei sich in der Hauptstadt der Unmut jedoch in Grenzen hält, weil gut die Hälfte der Einwohner Tadschiken sind. Diese in Zentralasien beheimatete Volksgruppe, die eigentlich nur ein Drittel der afghanischen Bevölkerung ausmacht, hat nach dem Sturz der Taliban wichtige Schlüsselpositionen im Staatsapparat besetzt. Denn vor allem waren es von Tadschiken gestellte Verbände der Nordallianz, die im November 2001 nach Kabul vorstießen. Heute nutzen auch die Tadschiken ihre Positionen, um sich zu bereichern und ihre Verwandten und Bekannten bei den Behörden unterzubringen. Zahlreiche Bewohner Kabuls profitieren somit von diesen Mauscheleien, und für die Stadt bedeuten sie eine gewisse soziale Entlastung, da die Verteilung von Geldern in den Stämmen und Clans eine zusätzliche Möglichkeit für die Versorgung der Bewohner schafft.

In dem Maße, in dem die Tadschiken nach dem Sturz der Taliban an Macht und Einfluss hinzugewannen, verringerten sich diese bei der Bevölkerungsgruppe der Paschtunen. Viele mussten nach dem Ende des Talibanregimes fliehen, andere wurden vertrieben. Auch in Kabul ist diese Verdrängung der Paschtunen vor allem in den von ihnen bewohnten Stadtteilen zu spüren. Tatsächlich ist es eines der großen Verdienste der ISAF-Truppen, in der Hauptstadt einen neuen Bürgerkrieg oder zumindest bürgerkriegsähnliche Auseinandersetzungen zwischen Paschtunen und Tadschiken verhindert zu haben. Doch die Gründe für die Erbitterung wurden nicht ausgeräumt, und die treten vor allem in den Paschtunengebieten im Süden des Landes deutlich zutage. Systematisch nutzen die Taliban diese Unzufriedenheit und den Wunsch nach Wiedererlangung einstiger Macht und Einflussnahme für ihren Kampf gegen ausländische Soldaten und das neue Regierungsestablishment.

Wenn die Angehörigen der eigenen Volksgruppe nicht mehr angemessen im Zentrum der Macht vertreten sind, dann gelingt es leichter, den Unmut gegen die staatliche Zentralgewalt anzuheizen. Auch Staatspräsident Hamid Karzai, selbst ein Paschtune, kann den Prestigeverlust und das zunehmend geringere Ansehen seiner Regierung nicht aufhalten, zumal er sich auf viele korrupte Gouverneure und dubiose Warlords stützt. Daran ändert auch nichts, dass er in Erklärungen entschlossene Maßnahmen zur Beseitigung der Korruption verkündet, »selbst wenn dies die höchsten Ränge der Regierung betrifft«[1]. Von den anfänglichen Hoffnungen, die Zentralregierung werde langfristig die Schwierigkeiten des Landes schon bewältigen, ist nur noch wenig geblieben. So entwickelt sich die Hauptstadt Kabul mehr und mehr zu einer Insel in der Mitte vieler von Regionalfürsten und Aufständischen kontrollierten Provinzen.

Gleichzeitig verstärkt der scharfe Kontrast zwischen der von Ausländern in der Hauptstadt geführten westlichen Lebensweise und dem Überlebenskampf der Armen in den Vorstädten den Ruf nach Befolgung der religiösen Regeln. Selbst in Kabul wird die Forderung nach einer Wiedereinführung der Religionspolizei lauter. Ihre Aufgabe soll es sein, die Einhaltung der islamischen Bekleidungsvorschriften und des Alkoholverbots zu überwachen und dem Verfall von Sitte und Moral entgegenzuwirken. Diese Ablehnung westlicher Lebensformen versuchen die Taliban für sich zu nutzen, um verlorenes Terrain in der afghanischen Gesellschaft zurückzugewinnen. Und ihre Propaganda zeigt Wirkung. Nach Informationen des UN-Kinderhilfswerks UNICEF gab es in der ersten Jahreshälfte 2006 hundert Anschläge auf Mädchenschulen oder deren Lehrer und Schülerinnen.

Drogenbarone, Warlords und die Taliban

Eines der Hauptprobleme Afghanistans stellt die Herstellung von Drogen dar – fehlende oder verfehlte Hilfe treibt die Bauern zum Mohnanbau. Aus dem getrockneten weißen Saft der reifen Kapseln lassen sich braune Fladen formen, das Rohopium. Wie Schokoladenriegel portioniert, können sie in den Anbaugebieten bereits als Zahlungsmittel genutzt werden, wobei das Rauschgift in seinem jetzigen Zustand seinen Preis hat: Ein Kilogramm Opium entspricht dem Gegenwert von 3000 Kilogramm Getreide – kein Wunder, dass viele Bauern den Weizenanbau aufgegeben haben und stattdessen ihre Rohopiumproduktion an Zwischenhändler verkaufen. Umgerechnet nicht mal 60 Euro bekommen die Bauern für ein Kilo, also ein Prozent dessen, was die gleiche Menge in Europa wert ist. Denn in Laboren wird aus zehn Kilo Opium unter Zugabe einer essigsäurehaltigen Substanz ein Kilo Heroin erzeugt. 2005 stammten 89 Prozent des weltweit erzeugten Opiums von den Mohnfeldern Afghanistans – was etwa 400 Tonnen Heroin mit einem Weltmarktwert von 30 Milliarden Euro sind, wenn dieses in Tütchen portioniert verkauft wird. Würden nur drei Milliar-den davon tatsächlich nach Afghanistan zurückfließen, so wäre das bereits genauso viel wie die Gesamtsumme der Hilfsgelder, die die internationale Staatengemeinschaft im gleichen Zeitraum für Afghanistan bereitstellt. Bei einer kontinuierlichen Ausweitung der Drogenproduktion seit dem Sturz der Taliban gelangen stetig höhere Devisenerlöse aus dem Export des Opiums in das Land, und Macht und Einfluss der Drogenmafia nehmen zu.

In immer größeren Teilen Afghanistans wird statt Getreide Mohn ausgesät, denn wie schon erwähnt, lohnt sich für die Bauern angesichts der niedrigen Getreidepreise der Weizenanbau nicht mehr. Dieser Preisverfall liegt mit darin begründet, dass Hilfsorganisationen und die Regierung in Kabul immer wieder Getreide verteilen müssen, um Hungerkatastrophen abzuwenden. Auch 2006 sind wieder zweieinhalb Millionen Menschen bedroht[2], weil eine anhaltende Trockenperiode Ernteausfälle zur Folge hat. Es wird schwer werden, diesen Kreislauf – Ausweitung der Rohopiumerzeugung bei gleichzeitigem Rückgang der Getreideproduktion – zu durchbrechen. Denn die Verweigerung von Hilfslieferungen ist kein Mittel im Kampf gegen den Mohnanbau.

Auch drei Jahre nach dem Sturz der Taliban gehört Afghanistan trotz umfangreicher internationaler Hilfsmaßnahmen zu den ärmsten Ländern der Welt. Im »Human Development Index« der Vereinten Nationen rangiert das Land auf Platz 173 von 178 aufgeführten Ländern[3], also noch hinter etlichen von Hunger und Bürgerkrieg zerrütteten Ländern Afrikas. Armut, schlechte Gesundheitsversorgung und Rechtlosigkeit sind allenthalben weiterhin verbreitet. Insbesondere für die Bewohner der Provinzen hat sich nach dem Ende des Talibanregimes wenig geändert.

Neuanfang heißt in vielen Fällen die Möglichkeit der Anschaffung von Handys, Fernsehern und billigen aus dem Ausland eingeführten Altwagen. Nach den Drogenbaronen verdienen die Autohändler das meiste Geld. Vielfach können Jugendliche die neue Freiheit des Fernsehempfangs nicht in ihren konservativen Elternhäusern erleben, sondern müssen sich die Billigproduktionen aus Pakistan oder Indien in Teehäusern oder Suppenküchen anschauen. Von Entwicklung spürt man kaum etwas, die Lebensverhältnisse bleiben katastrophal. Die durchschnittliche Lebenserwartung beträgt gerade 44,5 Jahre[4], zwanzig Prozent der Menschen in den ländlichen Regionen leiden Hunger, noch mehr haben keinen Zugang zu sauberem Wasser, und jedes fünfte Kind stirbt, bevor es fünf Jahre alt wird.[5] Wer in solch einer Situation Familienväter mit moralischen Argumenten davon abbringen will, Mohn anzubauen, muss erfolglos bleiben.

Die unterschiedlichen Bemühungen, den Drgenanbau in Afghanistan zu stoppen, dürften als so gut wie gescheitert angesehen werden. Zwar werden immer wieder Mohnfelder niedergebrannt – 2005 sollen es insgesamt 25 000 Hektar gewesen sein –, nur werden diese Vernichtungsaktionen durch den Neuanbau auf weit größeren Flächen zumindest ausgeglichen. Für 2006 zeichnet sich mit 6100 Tonnen eine Rekordernte ab. So wenig, wie Bauern sich durch rigorose Maßnahmen von der Opiumerzeugung abhalten lassen, so wenig helfen bei ihnen Anreize vonseiten des Staates, sie zum Anbau anderer Pflanzen zu bewegen. Das Gewürz Safran wäre eine lukrative Alternative, da die Anbaubedingungen im Land gut sind. Doch in den abgelegenen Provinzen Afghanistans haben die Menschen keine Erfahrungen, wie dieses kostbare Produkt erfolgreich gewonnen und vermarktet werden kann.

So unterbanden die ISAF-Truppen zumindest am Anfang nicht den Mohnanbau, wie etwa in der Region Kundus. Anstatt den Anfängen zu wehren, wurde das Problem ignoriert. Wenn jetzt gegen den Drogenanbau vorgegangen wird, zieht man sich damit eine noch größere Feindschaft der Bevölkerung zu. Vertreter der Bauern und Händler drohen dem Gouverneur immer wieder damit, dass die Familien wegzögen, wenn die Mohnernte zerstört werde. Ob auch Geld den Besitzer wechselt, um etwaige Einsätze von Polizei und Militär abzuwenden, ist nicht gesichert, aber zu vermuten, da in anderen Teilen Afghanistans Provinzverwaltungen mittels Zahlungen zur Duldung des Mohnanbaus bewegt werden. So ist es nur verständlich, dass ausländische Soldaten sich bei ihren ersten Einsätzen nicht mit solch brisanten Dingen befassen wollen.

Wenn die ISAF-Truppen dann gleich zu Beginn ihrer Offensiven in den südlichen Provinzen den Kampf gegen kriegerische Drogenbarone ins Zentrum der Operation rücken, dann stellt ihr Vorgehen einen gravierenden Unterschied zu den Aktivitäten der im Norden des Landes stationierten Soldaten dar. Bei den Betroffenen muss diese Zwiespältigkeit in der Handlungsweise Misstrauen gegenüber den Absichten der fremden Truppen wecken. Generalleutnant David Richards, der NATO-Kommandeur, bezeichnet die Ausdehnung des NATO-Einsatzes auf Gebiete in Südafghanistan Anfang August 2006 als Maßnahme zur Eindämmung der Drogengeschäfte. »Wir sind mit einer ehrenvollen Aufgabe betraut und müssen die Menschen von der Geisel der Kriegsherren befreien.«[6] Damit räumt der britische General einerseits indirekt ein, dass es auch Spezialeinheiten der Streitkräfte der USA und Großbritanniens in den Jahren zuvor nicht gelungen ist, die Machenschaften der Drogenbarone zu unterbinden, während er andererseits wieder den militärischen Aspekt bei der Beseitigung des vielschichtigsten Problems der afghanischen Gesellschaft betont. Folglich können seine Aussagen bestenfalls als PR-Übung betrachtet werden. US-Soldaten werden abgezogen und durch NATO-Einheiten anderer Länder ersetzt, die den Kampf der Amerikaner fortsetzen. Ein derartiges Vorgehen wird nicht zu einer Lösung der Probleme, sondern zu einer gewaltsamen Verschärfung der Situation und geradezu zwangsläufig zur Erweiterung des NATO-Kontingents führen.

Ohne eine bewusste Zäsur übernehmen die NATO-Truppen ein Erbe, an dem sie schwer zu tragen haben. Denn die Amerikaner haben mit ihrem rücksichtslosen Vorgehen zur Eskalation der Gewalt beigetragen. Immer wieder sterben Frauen und Kinder, vor allem, wenn die US-Luftwaffe den Einsatz der Bodentruppen im Kampf gegen Aufständische unterstützt. Mehrfach werden Gebäude bombardiert, die als Unterschlupf von Terroristen gelten, ohne zu bedenken, dass in ihnen auch Zivilisten leben. Seit dem Sommer 2005 steigt nicht nur die Zahl der getöteten Aufständischen bei den Kämpfen im Süden und Osten Afghanistans, sondern es sind auch zunehmend mehr Opfer unter der Zivilbevölkerung zu beklagen. Während die US-Offiziere beispielsweise am 23. Mai 2006 den Tod von 80 Aufständischen in dem Dorf Tolokan bei Kandahar verkünden, hält Abdul Kadar Nursai von der afghanischen Organisation »Unabhängige Menschenrechtskommission« dagegen, dass 34 Dorfbewohner und 35 Unbekannte begraben worden seien.[7] Damit können höchstens die Hälfte der Toten Aufständische gewesen sein. Talibankämpfer hätten in den Häusern Zuflucht gesucht, berichten Augenzeugen, anschließend sei das Dorf bombardiert worden. Zum wiederholten Male protestiert Präsident Karzai bei den US-Streitkräften, ihre Luftwaffe habe Wohngebiete bombardiert. Im Frühjahr 2006 fliegen amerikanische Piloten mit 340 Einsätzen mehr als doppelt so viele wie im Irak. Dort sind es im gleichen Zeitraum »nur« 160.[8]

Wie bei den Kämpfen in der Sunnitenregion Iraks werden so genannte »Bagatellfälle« mit zivilen Opfern meist überhaupt nicht bekannt, obwohl sie bei den Betroffenen eine enorme Verbitterung auslösen. Am 7. Juli 2006 wirft der afghanische Parlamentsabgeordnete Abdul Kalik der US-Armee vor, ohne Vorwarnung das Auto seiner Familie beschossen zu haben. Bei dem Angriff sei sein Schwager getötet und dessen Ehefrau sowie drei weitere Familienangehörige verletzt worden. Die Amerikaner sichern nach solchen Vorfällen zwar immer wieder eine rasche Untersuchung des Geschehens zu, doch in der Regel geht man den Vorwürfen nur oberflächlich nach. Wie muss es dann auf Afghanen wirken, wenn die US-Außenministerin persönlich ihr Beileid bekundet, als ein kanadischer Soldat bei einem Angriff der US-Luftwaffe irrtümlich getötet wird?[9]

Genau wie die Drogenbarone das Elend der Bauern und den herrschaftsfreien Raum der ländlichen Regionen nutzen, um den Mohnanbau auszudehnen, bilden Korruption, Misswirtschaft und Unterentwicklung im Bereich der Paschtunengebiete den Nährboden für die gewaltsamen Auseinandersetzungen der

Taliban mit den ausländischen Soldaten. Die Taliban konnten ihre großen Erfolge in den neunziger Jahren durch ihre Bekämpfung der Korruption und westlicher Einflüsse erzielen. Nun beschwören sie den Geist des – siegreich beendeten – Krieges gegen die sowjetischen Besatzungstruppen in den achtziger Jahren und gegen die korrupten Gruppierungen, die sich nach dem Abzug der Sowjetarmee im Bürgerkrieg bekämpften.

Auch heute predigen die Taliban die Schaffung eines islamischen Staates ohne Korruption und frei von ausländischen Einflüssen. Ihre Ideologie hat trotz der Niederlage im Krieg 2001 und der Vertreibung nach Pakistan überlebt. Dort wurden neue Kader für den Kampf ausgebildet. Ich habe die Hakkania-Schule bei Peshawar im Herbst 2004 besucht. In dem karg eingerichteten Internat sind acht Mitglieder des ehemaligen Talibanregimes ausgebildet worden. Für Sami Ul Haq, den Direktor der Hakkania, der auch Abgeordneter im pakistanischen Parlament ist, steht die Bekämpfung von Korruption und Verdorbenheit auf dieser Welt im Mittelpunkt der Erziehung. Im Auftreten der Amerikaner sieht er eine Quelle für die Verbreitung des Bösen. Er ist überzeugt, dass es den Afghanen gelingen wird, die US-Soldaten aus ihrem Land zu verjagen. 2004 gelten die Taliban als militärisch und politisch geschlagen. Doch Ul Haq erinnert an den Krieg der Afghanen gegen die sowjetischen Besatzer. Bei diesen blutigen Kämpfen seien zwei Millionen Afghanen gestorben, auch der Kampf gegen die USA werde mit äußerster Konsequenz geführt. Die Argumentation des Direktors der Schule ähnelt frappant jener von Osama bin Laden: »Solange die teuflischen Hände Amerikas in Afghanistan oder einem anderen islamischen Land am Werke sind, werden die Probleme dieser Länder nicht gelöst werden«, gibt er mir mit auf den Weg. Sechshundert junge Männer verlassen jährlich die radikalislamische Schule, darunter viele Afghanen, die dann in ihrer Heimat gegen ausländische Soldaten kämpfen und als Taliban bezeichnet werden.

Wer sie mit Drogenbaronen und Warlords gleichsetzt, unterschätzt die Ausstrahlung dieser jungen Paschtunenkrieger, die den Tod nicht fürchten. Und ausländische Soldaten, die nach Kampfeinsätzen in hermetisch abgeriegelte Lager zurückkehren, werden die Bevölkerung kaum dazu bringen können, den Widerständlern Schutz und Zuflucht zu verweigern, insbesondere wenn sie auf dem Terrain ihrer eigenen Stämme kämpfen. Ob die meisten Aufständischen den Taliban angehören, wie die Offiziere der US-Armee oder der NATO-Verbände immer wieder behaupten, ist nicht bewiesen. Denn nur zu oft verschwinden die Kommandos genauso schnell, wie sie zugeschlagen haben. In den ländlichen Regionen Süd- und Ostafghanistans können sich die Bewaffneten weitgehend ungehindert betätigen, da diese Landesteile weder von der Regierung in Kabul noch von den NATO-Verbänden kontrolliert werden.

Zu einer Zusammenarbeit mit den Stämmen gibt es keine Alternative, und die kann mit militärischen Mitteln nicht erzwungen werden. Doch solange die Gelder für den Wiederaufbau im Netzwerk der Korruption versickern und Projekte von bestimmten Volksstämmen bevorzugt werden, wird sich die Lage in Südafghanistan nicht beruhigen. Solange keine Schulen und Straßen gebaut und keine Strom- und Wasserversorgung eingerichtet werden, ist es ein Geist des Widerstands, der die Politik im Süden Afghanistans bestimmt.

Mit der Einrichtung von Schulen und Gesundheitsstationen im Osten des Landes gibt die deutsche Organisation »Kinderhilfe Afghanistan« ein Beispiel dafür ab, wie erfolgreich Entwicklungsprojekte in den Paschtunengebieten durchgeführt werden können. Mit ihnen werden Brücken zwischen Orient und Okzident geschlagen und Wege aufgezeigt, wie sich ein Kampf und erst recht ein Krieg der Kulturen vermeiden lässt. Vertreter der Organisation entscheiden in Absprache mit den Dorfräten und Stammesvertretern, welche Projekte gebaut oder gefördert werden – und das in einem Gebiet, dessen Alltag drei Jahre zuvor noch von Al-Kaida-Kommandos und Talibanmilizen diktiert wurde. So konnten auch große Mädchenschulen, die die Taliban Mitte der neunziger Jahre geschlossen hatten, dank deutscher Spendengelder wieder eröffnet werden. Lehrerinnen erhalten monatliche Zusatzzahlungen als Anreiz, nicht mit ihren Familien nach Kabul abzuwandern. Denn die staatlichen Gehälter reichen gerade aus, um im Monat zwölf Kilo Fleisch zu kaufen.

Solange die Lebensbedingungen in weiten Teilen der ländlichen Regionen von ehemaligen Warlords abhängen, stehen die Chancen für die Taliban, sich zu reorganisieren, gar nicht so schlecht. Denn diese Provinzfürsten, die schon einmal von den Taliban vertrieben worden waren, nutzen nur zu oft staatliche Gelder, die ihnen ursprünglich für die Entwicklung der von ihnen kontrollierten Gebiete anvertraut waren, nicht zur Entwicklung der Infrastruktur, sondern zum Aufbau ihrer Privatarmeen. Mag Präsident Karzai auch einer korrupten Regierung vorstehen, mag sein Bruder in Drogengeschäfte verwickelt sein – sein Appell an die internationale Gemeinschaft, in ihrem Kampf gegen die Terroristen umzudenken und einen anderen Ansatz zu wählen, hat einen ernsten Hintergrund. Hunderte Tote in wenigen Wochen bei den Kämpfen im Süden des Landes sind für den afghanischen Staatschef nicht akzeptabel. »Wenn man nicht die Wurzeln des Terrors beseitigt, wird schließlich wieder der Westen darunter leiden«, mahnt Karzai.

Dritter Teil

Dialog statt Krieg

8 Al-Kaida-Terror im Irak ignoriert

Durch Zweifler lässt sich US-Präsident Bush von seinem Krieg gegen den Terror nicht abbringen. Er sieht die Vereinigten Staaten auf dem richtigen Weg. Überall in der Welt entstünden Demokratien, der Feind habe keine Rückzugsorte mehr. »Wir können den Krieg gegen den Terror gewinnen«[1], lautet seine Bilanz. Doch der US-Präsident hat Unrecht. Denn Al-Kaida-Anhänger verfügen über Schlupfwinkel in Pakistan, Afghanistan und Irak. Der von den USA geführte Feldzug gegen den Terrorismus ist keineswegs erfolgreich, wie Bush suggerieren will. In Afghanistan steht die Regierung vor dem Zusammenbruch, dem Irak droht der Zerfall, und bei einer Eskalation des Irankonflikts könnte der gesamte Mittlere Osten zum Rückzugsraum für Terroristen werden.

Zwei Entwicklungen kann der Präsident für seine beschönigende Darstellung nutzen. Nur zu oft werden sie übersehen, und genau darauf scheint Bush zu setzen. Einerseits gelingt es den Sicherheitsdiensten der USA und der europäischen Staaten immer wieder, große Anschläge zu verhindern. Es ist nicht die Schwäche der Terroristen, die zu einer relativen Ruhe in den Ländern der westlichen Welt geführt hat, sondern die gute Arbeit der Geheimdienste verhindert Attentate, die den Terror in die USA und nach Europa bringen.

Andererseits erwähnt er nicht, dass sich die Zahl der Opfer terroristischer Anschläge im Mittleren Osten seit dem Beginn des »Krieges gegen den Terrorismus« vervielfacht hat. So fehlen in vielen offiziellen Aufstellungen der US-Regierung die großen Anschläge aus dem Irak; erst 2005 werden die Opfer der Terroranschläge im Irak berücksichtigt. In den Jahren zuvor wurde die Situation verharmlost. Im Terrorismusbericht für das Jahr 2003 heißt es: »Irak konnte von dem von Abu Mussab Al Zarqawi geleiteten Netzwerk nicht mehr länger als Rückzugsgebiet genutzt werden.«[2] Auch US-Verteidigungsminister Rumsfeld spart noch im Februar 2006 den Terror in Irak aus, wenn er die Orte großer Anschläge nennt. Selbst wenn Rumsfeld über Al Kaida spricht, leugnet er einen Zusammenhang zwischen diesen Anschlägen und dem Einsatz seiner Truppen im Irak: »Und es ist wert, darauf hinzuweisen, dass diese Nationen von Terroristen angegriffen wurden, obwohl sie keine Truppen im Irak haben. Somit erweist sich jedes Argument, dass Irak ein Auslöser war, als nicht mit den Tatsachen übereinstimmend.«[3] Größer kann eine Irreführung kaum sein, denn im Irak ermorden Kommandos der Al Kaida bei Anschlägen hunderte Zivilisten. Gleichzeitig sind Terroristen aus den unterschiedlichsten Ländern, die von Rumsfeld genannt werden, in Irak aktiv. Einige von ihnen kehren nach einer Ausbildung und unvorstellbar brutalen Einsätzen in ihre Heimat zurück.

Auch die CIA verharmlost den Terrorismus, um von dem Desaster im Irak abzulenken. In ihrem Bericht für das Jahr 2004 werden 651 Terroranschläge genannt, von denen die meisten in Südostasien verübt wurden. Wie Rumsfeld bezeichnet auch die CIA Iran als bedeutenden Staat, der hinter dem internationalen Terror stehe. Kein Wort davon, dass Hunderte von Al-Kaida-Mitgliedern im Iran inhaftiert sind und Mitarbeiter ausländischer Geheimdienste die Terrorverdächtigen befragen dürfen. Über die zunehmenden Terrorvorbereitungen in Afghanistan und

Pakistan wird gar nicht erst berichtet. Auch die Systematik, mit der Al Kaida die Kriege im Irak und in Afghanistan nutzt, um neue Strukturen zu entwickeln, wird verschwiegen. In Somalia und anderen Staaten Afrikas und Asiens bauen Organisationen, die Al Kaida nahe stehen, Stützpunkte auf, von denen aus sie zukünftige Angriffe auf Ziele in der westlichen Welt starten können. Unter Terrorismusexperten wird debattiert, ob die US-Politik nicht Konfrontationen schafft, die Terroristen nutzen, um ihre Positionen zu verstärken und sich damit größere Aktionsräume zu verschaffen.

Der Einsatz militärischer Mittel und Angriffsdrohungen erweisen sich als untaugliche Instrumente, die Feinde der USA zu schwächen. Denn es entstehen neue Fronten, die es den Terroristen erleichtern, Bündnispartner in ihrem Kampf gegen die USA für sich zu gewinnen. In einem Bericht des außenpolitischen Ausschusses des britischen Unterhauses wird eine größere Terrorgefahr festgestellt. Der Irakkrieg habe extremistische Gruppen gestärkt, das Land sei zu einer Ausbildungsbasis des internationalen Terrorismus geworden. Ein Team der »Oxford Research Group« bezeichnet unter Verweis auf wachsende Umwelt- und Klimaprobleme den Krieg gegen den Terror als »eine zutiefst fehlerhafte Strategie, die hunderte Milliarden von Dollar verschlingt, mehr Unterstützer des Terrorismus schafft als ausschaltet und die Aufmerksamkeit von Bedrohungen der Sicherheit ablenkt, die weit schwerer, anhaltender und zerstörerischer sind«[4].

Unter der Wucht der US-Angriffe ist Al Kaida keineswegs zusammengebrochen, sondern hat sich zu einem Netzwerk von Terrorgruppen entwickelt. Dieses Geflecht von mit der Organisation sympathisierenden Gruppen bildet einen Schutz für den weiter bestehenden harten Kern der Organisation um Osama bin Laden und Ajman Al Sawahiri. Ob sich diese Führungskader weitgehend auf Propaganda beschränken oder ob sie ein Netzwerk von weltweit operierenden Zellen leiten, bleibt umstritten. An der Regelmäßigkeit, mit der die Al-Kaida-Führer ihre Erklärungen veröffentlichen, wird deutlich, dass es ihnen gelungen ist, die Vertreibung aus Afghanistan zu überwinden und sich wieder feste Strukturen zu geben. Das Netzwerk der Kerngruppe von Al Kaida wird immer wieder unterschätzt. Allein aus den Videos, die im Jahre 2006 veröffentlicht werden, lassen sich vielfältige Kontakte zu Zellen von Terroristen erkennen. Beteiligte an den Anschlägen von New York und London werden in Al-Kaida-Videos gezeigt, um die Handlungsfähigkeit der Organisation zu demonstrieren.

Ähnlich wie sich Zarqawi auch erst Monate später zu verschiedenen Anschlägen im Irak bekannte, deckt Sawahiri erst im Nachhinein die direkten Verbindungen zu anderen Terrorgruppen auf. Mit diesem propagandistischen Trick werden gleich mehrere Ziele erreicht. Spekulationen über die Täter und die Motive der Anschläge führen zu einer Atmosphäre der politischen Verunsicherung. Nach dem 11. September 2001 erzielten Bücher Rekordauflagen, in denen der US-Regierung oder amerikanischen Behörden eine Beteiligung an den Anschlägen unterstellt wird. Aus Bin Ladens Kooperation mit den US-Geheimdiensten in den achtziger Jahren im Krieg gegen die sowjetischen Besatzungstruppen in Afghanistan wird abgeleitet, dass auch die Terrorakte am 11. September mit Billigung oder Duldung der Dienste erfolgt sind.

Diese Verschwörungstheorien kann die Al Kaida nutzen, um von der eigenen Brutalität und Menschenverachtung abzulenken. Bei einer Mitwisser- oder gar Mittäterschaft einer demokratisch gewählten Regierung verlieren die Verbrechen den Charakter des Außerordentlichen. Denn damit würde die Verantwortung für die Verbrechen auf mehrere verteilt.

Auch im Irak können Terroristen von der Verwirrung profitieren, die durch Spekulationen über die Täter der großen Terroranschläge entsteht. Wenn Zarqawi monatelang als Phantom bezeichnet wird, kann er seinen Plan zur Torpedierung des Neuaufbaus des Landes schrittweise umsetzen, ohne dass ihm Sabotageakte eindeutig zugeschrieben werden können. Immer wieder habe ich in Bagdad erlebt, dass Iraker überzeugt waren, die US-Streitkräfte seien für die Anschläge auf Schiiten oder auch auf die internationalen Organisationen verantwortlich. Sie fühlen sich in ihrer Auffassung bestärkt, die eigentliche Absicht der USA bestehe gar nicht darin, einen demokratischen Irak zu schaffen. Vielmehr sei das Land besetzt worden, um es zu zerstören. Terroristen und viele Kritiker der USA haben eine Art stille Koalition gebildet. Der Al Kaida im Irak kommt diese Art der bewussten oder unbewussten Unterstützung sehr gelegen. Dabei spielt es keine Rolle, ob sie von unterschiedlichen Hochschulgruppen in Europa oder phantasierenden Verschwörungstheoretikern in allen Teilen der Welt stammt. Terroristen nutzen Zweifel an ihrer Täterschaft systematisch, um die eigene moralische Isolation zu durchbrechen.

Viele Araber haben anfangs mit Abscheu auf die Anschläge von New York oder die Ermordung von Schiiten im Irak reagiert. Es bedurfte eines Gewöhnungseffekts, um diese Verbrechen als Taktik in einem großen Kampf zu sehen und damit akzeptieren zu können. So ist es kein Zeichen der Schwäche, wenn Al Kaida erst fünf Jahre später Dokumente veröffentlicht, die die Verbindungen zu den Tätern der Anschläge des 11. Septembers belegen und damit Beweise für die die Urheberschaft nachreicht. Entsprechende Videofilme wirken vor allem in der arabischen und islamischen Welt anders, wenn sie in der Rückschau gesehen werden. Die Propagandisten von Al Kaida profitieren von der Empörung über das US-Gefangenenlager Guantanamo und die Straftaten an irakischen Häftlingen im Gefängnis von Abu Ghraib, um die eigenen Verbrechen in einem anderen Licht erscheinen zu lassen. Die übergroße Mehrheit der Araber glaubt, dass die USA mit ihrem Krieg gegen Saddam Hussein dem Friedensprozess im Nahen Osten geschadet und die Chancen für eine Demokratie im Irak verringert haben. Eine Befragung der Universität Maryland hat auch ergeben, dass Araber in dem Krieg eine Ursache für die Zunahme des Terrorismus sehen.[5]

Diesen Trend benutzt Al Kaida, um ihre Terrortaktik, nämlich die Angriffe auf zivile Ziele, zu einem Mittel legitimer Kriegführung zu stilisieren. Ohne große Angriffsflächen zu bieten, hat sich die Organisation in der ersten Phase des US-Feldzugs gegen den Terror eingeigelt, um ihre Zerschlagung zu verhindern. In dieser Phase wurden Bündnispartner in der Auseinandersetzung mit der westlichen Welt gesucht. Bildet vor allem der Wahhabismus, die in Saudi-Arabien gelehrte Form des Islam, die Grundlage der von Bin Laden entwickelten Ideologie, so versucht die Organisation sich verstärkt als Verfechter der wahren Lehre des Islam auszugeben. In den Terrorgruppen Iraks, den radikalen sunnitischen Kampfbünden Pakistans und den Salafisten in Algerien und anderen Staaten Nordafrikas hat Al Kaida Bündnispartner gefunden, um ein stabiles Netzwerk aufzubauen. Statt neue Mitglieder zu rekrutieren und auszubilden, kann sie sich durch die Angliederung von Kaderstrukturen ehemals sympathisierender Gruppen viel schneller erweitern. Diese Vergrößerung der Organisation ist trotz des enormen Drucks der Geheimdienste und Spezialeinheiten verschiedener westlicher Staaten gelungen.

Am wichtigsten für den Erfolg von Al Kaida ist das Bündnis mit den unterschiedlichsten Organisationen, die gegen ausländische Truppen vor allem im Irak und in Afghanistan, aber auch in Saudi-Arabien und anderen Ländern kämpfen, in denen fremde Truppen stationiert sind. Hier versucht Al Kaida, möglichst weitreichende Koalitionen einzugehen. Systematisch beziehen Bin Laden und Sawahiri globale Gegenpositionen zum Auftreten der USA und anderer westlicher Staaten in der islamischen Welt. Bis zum Irakkrieg war Al Kaida ein Sammelbecken für Anhänger der Idee des weltweiten heiligen Krieges, also für Menschen, die entschlossen sind, einen Krieg gegen die »Kreuzritter und deren Diener« zu führen, um ein neues Kalifat zu errichten. Die Besetzung Iraks durch die Vereinigten Staaten bietet Al Kaida die Chance, Bündnisse mit anderen politischen Kräften zu schließen, die gegen die US-Soldaten kämpfen. In Zarqawi erwächst Bin Laden ein Partner, dem es nicht zuletzt wegen seiner Brutalität und seines taktischen Geschicks gelingt, mit Kräften des gestürzten Regimes und mit islamischen Widerstandsgruppen zu kooperieren. Doch anders als diese will die von Zarqawi gegründete Al Kaida Irak nicht einen Neuaufbau des Landes ohne ausländischen Einfluss, sondern die Schaffung von Einflusszonen und Bastionen, von denen aus der Kampf fortgesetzt werden kann. Neben abgelegenen Stammesregionen

Süd- und Ostafghanistans, den Berggebieten von Waziristan in Westpakistan und Camps im Kaukasus wollen die Terroristen auch Irak als sichere Basis für ihr weltweit operierendes Netzwerk nutzen.

Hatten die Taliban 1996 mit der Eroberung Kabuls den Bürgerkrieg in Afghanistan beendet und das Land geeint, so setzt Al Kaida alles daran, im Irak den Bürgerkrieg auszulösen und anzufachen. In der Zerstörung staatlicher Strukturen sehen die Terroristen eine Chance, ihren Machteinfluss zu vergrößern. Deshalb flankieren sie ihren Kampf gegen die US-Streitkräfte mit Angriffen auf die Regierung in Bagdad und die irakischen Sicherheitskräfte sowie mit geheimen Terroraktionen gegen die Schiiten und politische Konkurrenten. Der Aufbau demokratischer Strukturen soll um jeden Preis unterbunden werden. Die Terroristen betrachten es als ihr oberstes Ziel, den Neuaufbau der Gesellschaft scheitern zu lassen, hinter dem die Vertreibung der US-Truppen zweitrangig wird. US-Präsident Bush betont die Notwendigkeit, starke Strukturen zu schaffen. Mit seiner Entscheidung im Juli 2006, keine US-Einheiten abzuziehen, sondern die Zahl der im Irak eingesetzten Soldaten noch einmal zu erhöhen, will er den Erfolg der Terroristen durch den Einsatz militärischer Mittel verhindern.

Wenn er diesen Feldzug aber zur entscheidenden Auseinandersetzung des 21. Jahrhunderts erklärt [6] und ihn in den Rang des Kampfes gegen den Faschismus und den Kommunismus erhebt, so versucht er, seinen Krieg gegen den Terror als einzige Möglichkeit darzustellen.

Dabei hat gerade das Vorgehen der US-Truppen im Irak die Bildung einer Front unter ihren Gegnern ermöglicht. Al Kaida hat es nicht nur geschafft, eine starke Organisation im Irak aufzubauen, sondern zusammen mit anderen terroristischen Organisationen auch Teil des Bündnisses gegen die ausländischen Truppen und die Regierung in Bagdad zu werden. Mitglieder von Al Kaida können sich relativ ungehindert in den von dieser Front kontrollierten Gebieten bewegen und dort ihre Angriffe oder Anschläge vorbereiten. Ihnen ist es gelungen, Terror gegen Zivilisten zu organisieren und diese Art des Kampfes überhaupt erst in die Auseinandersetzung einzuführen. Gäbe es nicht die Bekennervideos mit den Aufnahmen von den Anschlägen oder den Erklärungen von Selbstmordattentätern, so wäre es vielfach gar nicht möglich, die Täter zu benennen. Zu sehr haben sich die Kampfformen der unterschiedlichen Gruppen der Anti-US-Koalition in den drei Jahren nach dem Sturz Saddam Husseins angeglichen. Versuche, eine offene politische Organisation aufzubauen, die sich an der Auseinandersetzung beteiligt, zeigen, wie bewusst die Vernetzung betrieben wird. Zarqawi hatte schon immer Kontakte zu anderen politischen Gruppierungen. Die angeblich gefundenen Nummern auf seinem Mobiltelefon deuten darauf hin, dass er bis in Parlamentskreise vernetzt war.

Auch in Afghanistan gelingt es Al Kaida, sich zu stabilisieren. Trotz aller Bestrebungen, sie zu zerschlagen, besteht das Bündnis mit den Taliban weiter. Damit profitiert Bin Ladens Organisation von den Erfolgen der Talibanführung, zerstrittene Flügel wieder zu einigen und mit verschiedenen Stämmen und politischen Organisationen ein Bündnis gegen die Anwesenheit der NATO-Truppen in den südlichen Regionen des Landes aufzubauen. Erfahrene Kommandeure, die bereits in den achtziger Jahren erfolgreich gegen die Sowjettruppen gekämpft haben, befehligen jeweils Tausende von Kämpfern. Auch diese Konfrontation ist das Ergebnis einer gescheiterten Politik. Ausländische Spezialisten haben es nicht vermocht, die Infrastruktur zu erneuern und eine von der Mohnproduktion unabhängige

Wirtschaft aufzubauen. Gerade der aufwändige Lebensstil der Ausländer hat Neidgefühle geweckt und Hass gesät. Mit gezielten Anschlägen haben Terrorkommandos eine Atmosphäre der Unsicherheit erzeugt.

Während die US-Truppen mit der Jagd auf Al-Kaida-Kommandos beschäftigt waren, hat sich in den Dörfern eine Infrastruktur des Widerstands gebildet. Mit der Rückkehr der Taliban entsteht eine Front, die von den Terroristen genutzt werden kann. An dem systematischen Einsatz von Selbstmordattentätern wird der Einfluss der Al Kaida Irak deutlich. Zarqawi schickte wenige Wochen vor seinem Tod Instrukteure nach Afghanistan, um die Taktik dieser Sprengstoffanschläge zu propagieren und Kommandeure der unterschiedlichen Gruppen auszubilden. Seither mehren sich die Selbstmordaktionen, vor allem gegen die NATO-Truppen, die seit Anfang August den Kampf gegen die Aufständischen führen sollen. Ähnlich wie in den Jahren des Kampfes gegen die Sowjettruppen besteht das Ziel der Aufständischen darin, die ausländischen Truppen in die Kasernen zurückzudrängen und größere ländliche Regionen zu kontrollieren. Dabei waren die Menschen in den kleinen Städten und Dörfern nach dem Sturz der Taliban nicht fremdenfeindlich, sondern voller Hoffnungen, dass sich ihre Lebensverhältnisse mit ausländischer Unterstützung schnell bessern würden. Fünf Jahre später gelingt es Al Kaida, diese Enttäuschung einzusetzen, um den Kampf gegen die NATO und die Regierung in Kabul anzuheizen. Wie im Irak soll ein demokratischer Neuanfang verhindert werden. Die Terroristen schöpfen alle Mittel aus, damit der Aufbau eines modernen Staates scheitert.

Al Kaida hat es geschafft, sich an die Spitze eines weltweiten Kampfes gegen die US-Truppen zu stellen. Bereits 1998 hatte Bin Laden US-Bürger als Heiden bezeichnet, die wie Heuschrecken über die arabische Halbinsel herfallen würden. Es gelte, dem Weg des Propheten Mohammed zu folgen, der den Gläubigen ein Beispiel gegeben und gesagt habe: »Ich bin gesandt mit dem Schwert in der Hand, dass zu niemandem anderem als Gott gebetet wird.« Es seien die USA, die die heiligen Stätten des Islam besetzt hätten und von dort aus einen Feldzug gegen die benachbarten islamischen Völker führten.[7] Damit hätten die USA Gott den Krieg erklärt. Deshalb sei es die religiöse Pflicht eines jeden Moslems, »die Amerikaner und ihre Verbündeten – Zivilisten und Soldaten – in jedem Land, in dem dies möglich ist, zu töten, um die Aksa-Moschee und die heilige Moschee von ihrer Umklammerung zu befreien und ihre Armeen aus dem gesamten Land des Islam zu vertreiben«.

Zurück zur reinen Lehre, lautet das Credo Bin Ladens. Er verbindet es mit dem Aufruf zum Kampf gegen die USA, die in seinen Augen das Zentrum für Materialismus und Götzendienst bilden, welche beseitigt werden müssen. Für den Abkömmling eines jemenitischen Stammes aus der Tiefe der arabischen Wüste ist der Kampf gegen den Westen die natürliche Fortsetzung des Kampfes gegen die Sowjetunion, den er in den achtziger Jahren in Afghanistan geführt hat. Nach dem Fall des Sozialismus sieht er im von den USA verkörperten Kapitalismus die Hauptgefahr für seine Religion. Ähnlich wie sein Stellvertreter Zawahiri kennt Bin Laden den Westen genau. Zawahiri hat in den USA gelebt, Bin Laden besuchte eine britische Schule und wuchs in einem auch westlich orientierten Umfeld auf. Sein demonstrativer Verzicht auf Reichtum und Wohlstand, unterstrichen durch seine über Videoaufnahmen verbreiteten Auftritte in karger Umgebung von Bergen oder Wüste, verschafft ihm eine magische Anziehungskraft bei vielen, die für radikalislamische Positionen erreichbar sind. Sein Lebensstil entspricht den Idealen der Beduinenkultur, in der der Mensch weder einem Staat noch Geistlichen, sondern nur Gott verantwortlich ist. In solch einer Weltsicht erscheinen Regierungen, zumal wenn sie unter ausländischem Einfluss stehen, zwangsläufig als verdorben. So darf es nicht verwundern, dass Al Kaida für ihre ersten Anschläge vor allem Saudis rekrutieren konnte. Wenige Wochen nach den Anschlägen vom 11. September erklärten bei einer Umfrage in Saudi-Arabien 95 Prozent der Männer zwischen 25 und 41 Jahren, sie würden die Politik Bin Ladens unterstützen.[8]

Mit diesem ideologischen Gerüst kann die Al Kaida Sammelbecken für Puristen werden, die sich dem Dienst Allahs verschrieben haben. Dieses Aufbäumen der Wüste gegen die Globalisierung kann das schlechte Gewissen unzähliger einflussreicher Araber nutzen, die den weltlichen Verführungen erlegen sind. Reiche Gläubige spenden nicht nur Millionen, um sich damit von ihren Sünden freizukaufen, sie bilden auch eine Art unsichtbaren Schutzwall um Al Kaida. In ihren Augen ist es keine Schandtat, der Organisation zu helfen, sondern ein Beitrag, dem Verfall von Sitte und Moral entgegenzutreten. Wer diese kulturelle Schizophrenie nicht versteht, kann den Kampf gegen Al Kaida nicht erfolgreich führen. Junge Attentäter sind für viele respektierte Bürger arabischer Staaten Helden, obwohl sie bei ihren Selbstmordanschlägen Frauen und Kinder mit in den Tod reißen. Solange Terror nicht als Mord, sondern als Teil eines legitimen Kampfes verstanden wird, wachsen Freiwillige nach.

Anschläge im Westen

»Wie sie uns überall angreifen, werden wir sie überall angreifen.« Ajman Al Sawahiri nennt keine konkreten Ziele, der

Stellvertreter Bin Ladens bleibt allgemein. Doch die Drohungen des Vizechefs von Al Kaida richten sich immer öfter auch gegen die Staaten Europas.

In allen seinen Aufrufen spricht Sawahiri von einem »wir«, das er nicht definiert. Gerade in der Verschwommenheit liegt die Wirkung, da unterschiedlichste Menschen und Gruppen einbezogen werden können. Sawahiri nutzt genau wie Bin Laden Video- und Audiobotschaften, um den eigenen ideologischen Einfluss auf radikalisierte Gläubige in allen Teilen der Welt zu verstärken und Al Kaida als Leitorganisation im Netzwerk des Terrors auszubauen. Verstärkt sollen militante Islamisten angesprochen werden, die in der Diaspora in den Ländern Westeuropas leben.

Wie überall in der Welt verstreute Studenten einer Fernuniversität werden Al Kaidas Sympathisanten zentral gelenkt und ausgebildet. Eine Möglichkeit bietet dabei das Internet. Kampfansagen gegen den Westen für Terrorbereite werden genauso verbreitet wie ideologische Anleitungen, Testamente von Selbstmordattentätern und Bilder ihrer Anschläge. Vor allem Zarqawi legte Wert auf eine systematische Verbreitung von Anleitungen zum Bombenbau. Mehrfach werden ins Internet gestellte Handbücher überarbeitet und in einigen Fällen sogar die Wirkung der Sprengsätze gezeigt. Da Aufnahmen der Anschläge von London über Bosnien bis Kaschmir im Internet zu sehen sind, können radikale Islamisten in Europa sehr schnell das Gefühl entwickeln, sich als Einzelne einem globalen Kampf gegen das Böse anzuschließen.

Einige der Aktivisten haben in Lagern in Afghanistan eine Ausbildung erhalten, andere greifen auf Erfahrungen aus dem Militärdienst in ihren Heimatländern zurück. Rabei Osman Ahmed, ein Ägypter[9], wird in Italien verhaftet und beschuldigt, die Attentate von Madrid mit vorbereitet zu haben. Über das Internet habe er Aktivisten rekrutiert und angeleitet, ohne direkten persönlichen Kontakt zu pflegen, steht in der Anklageschrift. Erfahrungen aus seinem Militärdienst bei einer auf den Einsatz von Sprengstoff spezialisierten Einheit der ägyptischen Armee nutzt Ahmed genauso wie Tonbandaufzeichnungen und auf CDs gebrannte Aufnahmen von Anschlägen und Anleitungen, die aus dem Internet stammen. In seiner Online-Bibliothek findet die Polizei Materialien über unterschiedlichste Anschläge, auch über den im saudi-arabischen Khobar, und gleichzeitig Aufnahmen Gedichte vortragender Kinder, deren Väter in Guantanamo inhaftiert sind.

Mit solchen Videos überwinden Ahmed und andere Radikale in der Fremde Europas ihre Einsamkeit, in der sie leben. Da sie nicht wirklich in die Gesellschaften integriert werden, in denen sie leben, können einzelne Islamisten ihr Gruppengefühl über das Internet entwickeln. Doch auch persönliche Kontakte lassen sich knüpfen. Mohammad Atta und seine Hamburger Gruppe wurden durch ein Training in Lagern Afghanistans auf die Anschläge von New York vorbereitet. Einige der Täter fühlen sich eng verbunden, weil sie sich sehr gut kennen, vom selben Prediger in der Hamburger Al-Quds-Moschee beeinflusst werden und Überzeugungen gemeinsam festigen. Es sind isolierte Zellen, deren Vorbereitungen für Anschläge von einem Hauptquartier finanziert werden und deren Aktionen ferngesteuert sind.

Nach den Angriffen auf Afghanistan und nach der Zerstörung der Ausbildungslager von Al Kaida hat sich die Bedeutung eines solch direkten Kontaktes verringert und wird durch das Internet weitgehend ersetzt. In der Isolation wird der Hass gegen eine Gesellschaft geschürt, der sie die Verarmung in der Heimat anlasten. Die Auswanderung nach Europa erscheint als Resultat der Zerstörung alter Lebenszusammenhänge, die in der Fremde mit einem sklavenähnlichen Leben nicht neu aufgebaut werden können. Im Terror sehen sie einen Racheakt und gleichzeitig einen Schritt zur eigenen Befreiung, die die Taten im göttlichen Auftrag erscheinen lassen.

Erst durch die Kriege in Afghanistan und Irak kann diese neue Generation von Terroristen sich in der Diaspora als Teil eines weltweiten Netzes islamischer Krieger fühlen. Es handelt sich um den Endpunkt einer Entwicklung, die jene arabischen Brigaden initiiert haben, die sich am Krieg der afghanischen Mudjahedin gegen die sowjetischen Besatzungstruppen beteiligten. Zur Zeit des Kalten Krieges haben die USA völlig unterschätzt, dass die Freiwilligen aus islamischen Staaten, vor allem aus Saudi-Arabien, nicht nur gegen den Kommunismus, sondern gegen alles kämpfen wollten, was sich ihrer Ansicht nach wider den Islam richtet. In den Kämpfen in Afghanistan entwickelt sich der islamistische Terrorismus, mit dem Bin Laden zehn Jahre später den Westen bedroht. Mitglieder von Terrorzellen in Europa sehen sich danach als Teile einer globalen Konfrontation zwischen dem Islam und der westlichen Welt, die in ihren Augen die Unterwerfung der islamischen Heimat anstrebt.

Dabei fühlen sich Terroristen durch die Art, mit der die USA den Feldzug gegen den Terror führen, bestätigt. Wenn ein Verdächtiger von US-Soldaten 17 Tage lang nur Wasser und Brot erhält, andere eine Woche lang in Kleinstzellen eingesperrt werden, in denen sie weder stehen noch liegen können, durch dröhnende Musik am Schlafen gehindert oder nach systematischer Unterkühlung verhört werden, verwendet Al Kaida die Aufdeckung dieser Praktiken in ihrer Propaganda gegen den Westen. Durch die Errichtung des Gefangenenlagers Guantanamo, die Folterungen in Abu Ghraib und die Bombardierung von Wohnvierteln, deren Opfer nur zu oft Zivilisten sind, zerstören die USA ihre moralische Grundlage, auf die sie sich im Kampf gegen den Terror berufen. Es sind nicht die normalen Grausamkeiten eines Krieges, sondern die zusätzlichen Maßnahmen, die die Hemmschwelle von Terroristen senken helfen. Asymmetrische Kriege zwischen Armeen, die bei ihren Einsätzen den Normen des Völkerrechts unterworfen sind, und Terrorgruppen, denen jedes Mittel recht ist, um Angst, Unsicherheit und Chaos zu verbreiten, eskalieren zu einem offenen Schlagabtausch, in dem Menschenrechte von beiden Seiten systematisch verletzt werden. In der Folter von Gefangenen durch US-Soldaten oder Geheimdienste sehen viele Moslems Angriffe auf Zivilisten. Das bietet Islamisten einen Vorwand, den Kampf in westliche Länder zu tragen. Auch so gewinnt Al Kaida Reputation und kann die eigenen Kampfformen besser rechtfertigen.

Für den Westen sind die Kämpfe im Irak wie eine Zeitbombe. Sollte das Land im Bürgerkrieg versinken und sich zu einem »failed state« entwickeln, können Terroristen vor allem in den an Syrien und Saudi-Arabien grenzenden Sunnitengebieten Ausbildungszentren für Freiwillige aus anderen Ländern aufbauen. Auch bei einer Befriedung Iraks steigt die Terrorgefahr für Europa, da im Lande ausgebildete, kampferprobte Kader versuchen werden, sich über Zwischenstationen im Kaukasus oder Algerien nach Europa durchzuschlagen. Dabei können sie auf ein Netzwerk zurückgreifen, das wesentlich besser ausgebaut ist, als es die Erfolgsmeldungen der US-Regierung in ihrem Kampf gegen den Terror darstellen.

Auch wenn europäische Geheimdienstvertreter wiederholt behaupten, Al Kaida sei vor allem eine Propagandaorganisation und verfüge nicht mehr über ein schlagkräftiges Kadernetz, so wird doch an den Anschlägen von London vom 7. Juli 2005 das Gegenteil deutlich. Zumindest zwei der Attentäter seien in Lagern der Al Kaida ausgebildet worden, behauptet der Vizechef Al Sawahiri. Obwohl die britische Polizei 10000 Zeugenaussagen gesammelt und 12000 Spuren verfolgt hat, wird auch ein Jahr nach dem Anschlag niemand angeklagt. Bis zur Aussage Al Sawahiris sind die Ermittlungsbehörden sogar davon ausgegangen, dass die Attentäter nicht von der Terrororganisation lenkt wurden, sondern dass die jungen Männer sich in ihren Wohnquartieren im englischen Leeds radikalisiert und ohne Steuerung aus dem Ausland in Großbritannien eine Zelle gebildet und den Anschlag vorbereitet hätten.

Vertreter westlicher Geheimdienste warnen zwar vor einer allgemeinen Gefahr durch islamistischen Terrorismus und bestätigen damit die Einschätzung, dass seit den Kriegen in Afghanistan und Irak die Bereitschaft radikaler Moslems zugenommen hat, sich an Anschlägen zu beteiligen. Doch gerade wegen der Möglichkeit der Schulung über das Internet besteht die Gefahr, dass sich junge Radikale, die nicht einmal in Ausbildungslagern gewesen sein müssen, zusammenschließen, um eine Zelle für einen Terroranschlag zu bilden. Damit entwickeln sich neue Möglichkeiten für eine Beteiligung am heiligen Krieg, der weltweit geführt wird. Derartige Metastasen des Terrors können entstehen, weil die zweite Generation von Einwanderern – in Großbritannien und Frankreich sollte man besser von der dritten sprechen – in den Ghettos westeuropäischer Städte im Gefühl der Benachteiligung aufgewachsen ist. Wirtschaftliche Probleme treffen junge Ausländer besonders hart. Ihre fehlende Integration beantworten sie mit einem neuen Selbstbewusstsein und der Rückorientierung auf die Werte ihrer Eltern oder Großeltern. Und gerade damit werden sie anfällig für eine Radikalität, die im Terrorismus enden kann.

Diese Entwicklung sehen Vertreter der Geheimdienste genau, sie neigen aber dazu, Al Kaida zu unterschätzen, obwohl die Stärke der Organisation in den arabischen Staaten zugenommen hat. Bereits im September 2001 hat mich ein ehemaliger Mitarbeiter des jordanischen Geheimdienstes, der Anfang der neunziger Jahre für den Kampf gegen den islamistischen Radikalismus zuständig war, davor gewarnt, Al Kaida zu unterschätzen. »Ihr werdet die Mitglieder niemals fassen können«, lautete sein Urteil. Für mich schockierend war damals, dass er genau wie mehrere an einem traditionellen Essen beteiligte Offiziere der jordanischen Armee seine Sympathie für die Terrororganisation Bin Ladens immer wieder durchscheinen ließ.

So wäre es fahrlässig, davon auszugehen, dass die Einreise von Kadern der Al Kaida nach Europa allein durch polizeiliche Methoden und geheimdienstliche Aufklärung verhindert werden kann. Dies mag in sehr vielen Fällen gelingen. Auch in Deutschland wurden im Mai 2006 ein Syrer und ein Iraker festgenommen, denen die Bildung eines Schleuserringes angelastet wird, über den selbstverständlich auch aktive Kämpfer nach Deutschland geleitet werden könnten. Größere Mobilität und Netzwerke für illegale Flüchtlinge werden von Sympathisanten des Terrors betrieben, um am Elend von Flüchtlingen zu verdienen und diese Menschen, die vor dem Terror in ihren Heimatländern fliehen, dazu zu benutzen, Reisebewegungen von Terroristen zu verschleiern. Doch selbst wenn die Zahl der verhinderten Anschläge mittlerweile größer ist, als öffentlich bekannt wird, und sich damit eine erfolgreiche Fahndungsarbeit untermauern ließe, werden sich Terrorakte langfristig nur verhindern lassen, wenn die Konflikte im Nahen und Mittleren Osten gelöst werden und damit dem islamistischen Terrorismus der Boden entzogen wird.

9 Historisches Umdenken

Rekordhoch bei US-Militärausgaben

Beängstigend wirkt die Hartnäckigkeit, mit der die US-Regierung an ihrem militärischen Konzept des Feldzugs gegen den Terror festhält. Verteidigungsminister Rumsfeld sieht zwar, dass sich Irak zur zentralen Front des Krieges gegen den Terror entwickelt hat, aber er ignoriert, dass Al Kaida auch wegen der von den USA gewählten Taktik in dieser Auseinandersetzung erstarken konnte. Intern mögen amerikanische Politiker drei Jahre nach dem Sturz Saddam Husseins unzählige Fehler einräumen, gleichwohl beharren sie auf ihrem militärischen Konzept, dem sich ein bedeutender Teil der neuen Staatsverschuldung der USA verdankt.

Im Juni 2006 bewilligte das US-Repräsentantenhaus weitere 52 Milliarden Euro für die Militäreinsätze im Irak und in Afghanistan. Nur Stunden vorher reiste Präsident Bush das zweite Mal nach Bagdad, um diesen Zusatzausgaben durch seinen Auftritt eine große parlamentarische Mehrheit zu sichern. Mit den ab dem 1. Oktober eingeplanten Sondermitteln von 35 Milliarden Euro haben die USA dann insgesamt 365 Milliarden Euro für die Kriege in den beiden Ländern bereitgestellt. Achtzehnmal musste die US-Regierung in ihrem Feldzug gegen den Terror die Genehmigung zusätzlicher Mittel beantragen. Drei Jahre nach dem Sturz Saddam Husseins belaufen sich die monatlichen

Ausgaben allein im Irak auf etwa fünf Milliarden Euro. Darin sind auch Mittel enthalten, die eigentlich für den Aufbau der zivilen Bereiche der irakischen Gesellschaft vorgesehen waren, wegen der katastrophalen Situation aber ebenfalls für militärische Ausgaben genutzt werden.

Dass der als spontan dargestellte Besuch des Präsidenten als ein Public-Relations-Manöver zur Täuschung der US-Öffentlichkeit geplant war, wurde deutlich, als die Streitkräfte Stunden nach seiner Abreise gewaltige Militäroffensiven begannen, über die regierungskonforme Journalisten ausführlich berichteten. Bush beteuerte, der Einsatz der US-Truppen und ihrer Verbündeten bilde den »Grundstein für den Frieden der kommenden Generationen«. Beobachter in Bagdad bezweifeln jedoch, dass die Soldaten in einem Großeinsatz Aufständische und Terroristen schlagen können. Sie behielten Recht: Drei Wochen nach Beginn wurde die Aktion beendet und als Misserfolg bewertet. Auch in Afghanistan scheiterten die US-Truppen bei zeitgleichen Angriffen, ohne dass der Generalstab erklärte, warum die angekündigten Ziele nicht erreicht wurden. In der europäischen Berichterstattung wurde zu selten auf die innenpolitischen Hintergründe der kostspieligen und kontraproduktiven Militärpolitik eingegangen.

Eine Analyse der weltweiten Militärausgaben verdeutlicht die Größe des Militärapparats der USA. Nach dem Bericht des Stockholm International Peace Research Institute (SIPRI) haben diese Ausgaben im Jahr 2005 mit insgesamt 885 Milliarden Euro ein Rekordhoch erreicht. Allein die USA tragen dabei mit 48 Prozent nahezu die Hälfte. 80 Prozent der 33 Milliarden ausmachenden Ausgabensteigerungen gegenüber dem Vorjahr entfallen auf die USA. Die Regierung von US-Präsident George W. Bush habe nach wie vor die »Neigung«, einseitig auf Militäraktionen zu setzen, analysiert das Institut. Die außer Kontrolle geratene Lage im Irak hindere Washington allerdings derzeit daran, weitere Kriege zu führen.[1]

Mit der Erhöhung der Ausgaben ist eine Privatisierung militärischer Aufgaben verbunden. Privatfirmen werden zunehmend für Bereiche herangezogen, für die in der Vergangenheit Soldaten zuständig waren. Bei den laufenden Einsätzen der US-Armee im Irak und in Afghanistan nimmt die Bedeutung privater Militärfirmen weiter zu.[2] Systematisch bereiten sich die US-Streitkräfte darauf vor, mehrere Kampfaufgaben gleichzeitig ausführen zu können. Verteidigungsminister Rumsfeld betonte entgegen der SIPRI-Studie, die Armee sei trotz der Beanspruchung durch die derzeitigen Einsätze in der Lage, einen weiteren Krieg zu führen.[3] Die enormen militärischen Möglichkeiten verringern die Hemmschwelle für den Einsatz der Streitkräfte weiter. Colin Powell, der ehemalige US-Außenminister, warnt vor einer solchen Entwicklung in einem Interview mit einem japanischen Fernsehsender: »Nur weil die Möglichkeit existiert, militärische Stärke einzusetzen, sehe ich keine Notwendigkeit, gerade jetzt darüber nachzudenken.«[4] Drei Jahre zuvor hatte Powell mit falschen Aussagen vor dem Weltsicherheitsrat für einen Militärschlag gegen Irak geworben. In der Rückschau bedauert er seinen Auftritt, obwohl er den Krieg nach wie vor für richtig hält.[5]

Bei den gewaltigen Ausgaben wächst die Versuchung, Fehlschläge zu beschönigen und zu versuchen, auch künftig politische Probleme mit Waffengewalt aus der Welt zu schaffen. Dabei haben die militärischen Auseinandersetzungen seit dem 11. September 2001 mit dem Feldzug gegen den Terror gezeigt, wie begrenzt die Erfolge beim Einsatz militärischer Mittel sind. Auch im Libanonkrieg im Juli 2006 konnte die israelische Armee ihr erklärtes Ziel, die Hisbollah zu zerschlagen, nicht verwirklichen. Obwohl die israelische Armee über eines der weltweit am besten ausgestatteten Waffenarsenale verfügt, vermochten die zahlenmäßig unterlegenen und vergleichsweise schlecht ausgerüsteten Schiitenkommandos einen schnellen Vormarsch der israelischen Truppen zu verhindern. Ähnliches widerfährt den hochgerüsteten US-Truppen im Irak. Beim Einsatz gegen Guerillakämpfer bekommt selbst eine mit modernster Technik ausgestattete Armee ihre Grenzen aufgezeigt.

Auch wenn Politiker und Militärs vehement widersprechen, so stehen die ausländischen Soldaten im Irak vor ähnlichen Problemen wie die amerikanischen Streitkräfte in den sechziger Jahren in Vietnam. Ihre Gegner weichen Angriffen aus und entwickeln Anschläge und Terror zu ihren wichtigsten Kampfformen. Am systematischen Einsatz von Selbstmordattentätern wird deutlich, dass diese Art asymmetrischer Kriege weder rasch zu gewinnen noch zu beenden ist.

Primat der Politik

Kofi Annan sieht die drohenden Gefahren von Eskalationen. Er hatte den US-Angriff auf den Irak abgelehnt und auch noch achtzehn Monate später als einen Verstoß gegen die UN-Charta verurteilt. Für den UN-Generalsekretär besteht das Grundprinzip der internationalen Ordnung in einer strikten Begrenzung des Einsatzes militärischer Mittel. Während des Libanonkriegs warnt er in einer Rede vor dem Weltsicherheitsrat eindringlich vor der Anwendung von Gewalt und mahnt die diplomatische Lösung von Konflikten an: »Krieg ist nicht – und ich wiederhole –, Krieg ist nicht die ›Fortsetzung der Politik mit anderen

Mitteln‹. Im Gegenteil, er stellt ein katastrophales Versagen politischen Könnens und Vorstellungsvermögens dar.«[6] Damit erklärt Annan den Lehrsatz des preußischen Generals Carl von Clausewitz als für nicht mehr zeitgemäß. Dieser hatte vor zweihundert Jahren Krieg als »bloße Fortsetzung der Politik mit anderen Mitteln« definiert.

Nur zu gern greifen Politiker bis heute auf diese in einer von Militärkultur geprägten Gesellschaft entwickelten Formel zurück, um den Einsatz von Gewalt als etwas Natürliches erscheinen zu lassen. Dabei wurden und werden Kriege vor allem geführt, um politische Interessen durchzusetzen und Einflusssphären zu sichern oder gar auszudehnen. Doch nach dem Ende des Zweiten Weltkriegs und des Kolonialzeitalters hat sich die internationale Gemeinschaft weitestgehend darauf verständigt, Konflikte nicht mehr gewaltsam, also mit Waffen, zu lösen. Mit der fortschreitenden Globalisierung entwickeln sich internationale Beziehungen zu einer Art Weltinnenpolitik. Ob dringend benötigte Maschinenteile oder Computer-Hardware, die Entfernung zwischen Produzent und Konsument spielt heute keinerlei Rolle mehr. Während technologische Neuerungen dazu führen, dass Telefonate von Kontinent zu Kontinent in Einzelfällen bereits billiger als Gespräche innerhalb eines Landes sind, haben sich die politischen Entscheidungsprozesse diesen neuen Gegebenheiten noch nicht angepasst.

In einer solchen Situation mit starken kulturellen und wirtschaftlichen Brüchen und Ungleichzeitigkeiten führt ein weitgehend auf den Einsatz von militärischen Mitteln reduzierter Krieg gegen den Terror in die Sackgasse. Mit der Konzentration auf das Militärische werden die Auseinandersetzungen nur verstärkt und Bündnisse der radikalen Kräfte in der islamischen Welt befördert, die einem weiteren Vordringen westlicher Werte

Einhalt gebieten wollen. Bin Ladens Einfluss ist nicht geschwächt, vielmehr wächst seine Bedeutung in der islamischen Welt vor dem Hintergrund des sich zuspitzenden Kulturkampfes. Bisher beschränkt sich der Erfolg der Terroristen vor allem auf die sunnitischen Teile der islamischen Welt. Ein militärisches Vorgehen gegen Iran könnte ihnen weiteren Schub verleihen und möglicherweise zu einer Front von sunnitischem und bisher international selten ausgeübtem schiitischem Terrorismus führen. Die Erfahrungen der Entwicklung des Terrorismus im Irak und in Afghanistan zeigen, dass die Gefahr seiner Ausweitung als Folge eines weiteren Krieges gar nicht groß genug eingeschätzt werden kann.

Solange die US-Regierung im Einsatz der Streitkräfte den »Grundstein für den Frieden der kommenden Generationen« sieht[7], wird in der islamischen Welt die Ablehnung dieser Art der Politik wachsen. Nicht nur im Nahen und Mittleren Osten machen sich die USA mehr Feinde als Freunde. Überwogen in den ersten Monaten nach dem Sturz Saddam Husseins Gefühle der Enttäuschung, so sind sie drei Jahre später in offene Ablehnung umgeschlagen. Altes Misstrauen, den USA sei gar nicht an einer Entwicklung der Region gelegen, gewinnt immer stärker die Oberhand. Es sind nicht einzelne Fehler, die den USA angelastet werden, sondern es ist das Ausmaß des Scheiterns insgesamt, das auf Unverständnis stößt und sich in Hass verwandelt. Wenn trotz des Einsatzes von Milliarden Dollar Hilfsgeldern der Opiumanbau in Afghanistan zunimmt, wenn Hilfsprogramme unter militärischem Schutz verwirklicht werden müssen und Schülerinnen von ausländischen Soldaten auf dem Weg zum Unterricht begleitet werden, ist die Politik des Neuaufbaus zunächst einmal gescheitert.

Ohne eine schonungslose Kritik der bisherigen Fehler und

ohne radikale Änderungen im Auftreten ausländischer Soldaten können die Probleme im Irak und in Afghanistan nicht gelöst werden. Ziel muss nicht die Fortsetzung oder Verbesserung der bisherigen Politik, sondern deren rigorose Veränderung sein. Wenn selbst der oberste NATO-Kommandeur in Afghanistan vermutet, dass sich bis zum Frühjahr 2007 entscheiden wird, ob große Teile der afghanischen Bevölkerung die Seite wechseln und künftig die Taliban unterstützen, dann kann die Dramatik der Situation deutlicher nicht zum Ausdruck gebracht werden. Denn die von ihm genannte Halbjahresfrist fällt in den Winter. Damit können Änderungen nur begrenzt vorgenommen werden, da weite Teile der Regionen nicht zugänglich sind.

Wenn Offiziere es als Erfolg sehen, dass NATO-Verbände Hunderte von Aufständischen getötet haben, zeichnet sich damit ein noch größeres Scheitern ab. Denn Erfolge müssen an einer Verringerung der Zahl der Toten, an der Eindämmung der Korruption und an einer Verstärkung der Hilfsmaßnahmen gemessen werden. Zunehmende Kämpfe steigern die Konfrontation und vergrößern Feindbilder. Dabei bildet deren Abbau eine Voraussetzung für die Beruhigung der Situation.

Bereits wenige Kilometer südlich von Kabul gelten Ausländer als Feinde, von denen sich Bauern unterdrückt fühlen. In einem Tal der Provinz Wardak habe ich im September ausschließlich Kritik und Ablehnung gehört. Es wird kaum möglich sein, in solch einer Atmosphäre einen raschen positiven Wandel herbeizuführen. Die Bewohner ganzer Regionen haben sich von der Regierung abgewendet. Sie müssen für einen grundsätzlichen Neuanfang gewonnen werden. Es geht darum, die Bereitschaft, mit der Regierung in Kabul zusammenzuarbeiten, auf eine neue Basis zu stellen.

Diese Neuorientierung können ausländische Soldaten nur

begrenzt bewirken. Einer der Gründe dafür ist, dass auf fremden Truppen eine schwere Hypothek lastet, da sie in der Geschichte immer wieder aus dem Land vertrieben wurden. Alexander der Große scheiterte genauso wie die Kolonialtruppen Großbritanniens, von denen 1842 nur ein Sanitätsarzt das Vordringen nach Afghanistan überlebte. Auch die Armeen der ehemaligen Sowjetunion wurden von Aufständischen zum Rückzug gezwungen. So steht die NATO vor der Aufgabe, zu beweisen, dass ihre Kontingente nicht als Besatzer, sondern als Beschützer eingesetzt sind, die ein Wiederaufbrechen des Bürgerkriegs verhindern sollen. Mit den laufenden Kampfeinsätzen wird genau dieser Auftrag unterminiert. Bei den Gefechten wird Vertrauen sehr schnell zerstört. Dieses wieder herzustellen kostet Zeit und Mühen, wenn es denn überhaupt möglich ist.

Religion verdrängt Nationalismus

Schon seit Ende des Zweiten Weltkriegs sehen sich die Staaten des Westens im Nahen und Mittleren Osten mit einem wachsenden Misstrauen konfrontiert. Richtete sich diese allgemeine Stimmungslage zunächst noch gegen die ehemaligen Kolonialmächte Großbritannien und Frankreich, so sind im Verlauf der Entwicklung zunehmend die USA davon betroffen. Mit der Gründung des Staates Israel entzündete sich ein Dauerkonflikt, dessen friedliche Beilegung sich bis heute nicht abzeichnet. Die Araber sahen in dem Beschluss der Vereinten Nationen, das historische Palästina 1948 zu teilen und je einen Staat für Juden und Palästinenser zu gründen, einen äußeren Angriff auf die Region. Aus der Rückschau entpuppt es sich als schwerer Fehler, dass die internationale Gemeinschaft die Realisierung des

Teilungsplans nicht erzwungen hat und dass zwei Staaten gebildet wurden.

Dieser Fehler setzt sich bis heute fort. Wenn es um den palästinensisch-israelischen Konflikt geht, werden UN-Resolutionen nicht ernst genommen und deren Umsetzung nicht angemahnt oder gar erzwungen. Dabei wären diese Resolutionen eine geeignete Grundlage, um den Konflikt zu beenden. Araber haben kein Verständnis dafür, dass die internationale Staatengemeinschaft einerseits Israels Weigerung duldet, sich aus den 1967 annektierten Gebieten zurückzuziehen, andererseits jedoch Kuwaits Besetzung 1991 durch den Irak mit einem Krieg beantwortet. Denn zahlreiche Araber sahen im irakischen Diktator einen Vorkämpfer zur Durchsetzung gesamtarabischer Interessen. Für sie stellte die Besetzung Kuwaits die Beseitigung eines korrupten prowestlichen Regimes und einen ersten Schritt zur Einigung der arabischen Welt dar. In Wirklichkeit versetzte Saddam Hussein mit seiner Politik dem Panarabismus den Todesstoß.

Dass Bin Laden der saudischen Regierung Unterstützung für den Kampf gegen irakische Truppen anbietet, zeigt das neue Selbstbewusstsein der islamistischen Kräfte.[8] Nach dem Abzug der Sowjettruppen aus Afghanistan sucht er für seine Anhänger und die von ihm mit Unterstützung der CIA organisierten arabischen Mudjahedin neue Kampfaufgaben. Dabei ist bezeichnend, dass er nicht Israel, sondern das irakische Regime bekämpfen will.

Zwei Tendenzen haben den arabischen Nationalismus geschwächt und ausgehöhlt. Mehr und mehr orientieren sich Menschen in der arabischen Welt global und entwickeln eine Identität von Weltbürgern. Beamte, Händler und Intellektuelle sind zunehmend weniger bereit, sich in der Auseinandersetzung um den Aufbau nationaler Staaten zu verschleißen. Gleichzeitig verliert das national orientierte Lager viele Anhänger an eine erstarkende religiöse Bewegung, die sich nicht mehr nationalen Idealen verpflichtet fühlt.

Auch bei Israelis und Palästinensern ist eine Kehrtwendung hin zur Religion seit Ende der achtziger Jahre verstärkt zu beobachten. Fundamentalistische Ideen, also eine Besinnung auf vermeintliche Grundlagen der religiösen Überzeugungen, dienen immer mehr als Quelle, die Entwicklung einer modernen Zivilgesellschaft abzublocken. Der Zerfallprozess der Selbstverwaltungsbehörden der Palästinenser aufgrund von Vetternwirtschaft, Korruption und Karrieredenken und der damit zusammenhängende Wahlsieg der radikalislamischen Hamas verdeutlichen, dass dem Nationalismus bereits die Kraft fehlt, als tragende Säule für einen historischen Kompromiss mit Israel zu dienen. War es doch die vorher regierende Fatah-Bewegung von Jassir Arafat, die in Palästina als bedeutendster Faktor eines säkularen Nationalismus galt. Die derzeitige Situation bietet also denkbar schlechte Voraussetzungen für den dringend notwendigen und überfälligen Erfolg eines Lösungskonzepts zwischen Israelis und Palästinensern, das auf die Bildung zweier Nationalstaaten abzielt.

So sehen die meisten Palästinenser die Räumung der israelischen Siedlungen im Gazastreifen auch nicht als Ergebnis internationaler Friedensbemühungen, sondern als Resultat der Anschläge islamistischer Organisationen. Auch Israels Rückzug aus dem Süden Libanons wird als Reaktion auf die Dauerangriffe der schiitischen Hisbollah-Milizen gewertet. Viele Menschen im Orient sind nicht bereit, Appelle oder Forderungen des Westens zu befolgen, auf Angriffe und Terror zu verzichten, nicht zuletzt weil es der internationalen Staatengemeinschaft nicht gelingt,

UN-Resolutionen kompromisslos Geltung zu verschaffen. Damit erscheint ihnen eine religiöse Orientierung als Ausweg.

Seit dem Ende des Zweiten Weltkriegs haben Hoffnungen, Probleme im Orient friedlich beizulegen, immer wieder Rückschläge erlitten. Die arabisch-israelischen Kriege, der Bürgerkrieg im Libanon und der Krieg zwischen Iran und Irak in den achtziger Jahren haben die Entwicklung der Region schwer beeinträchtigt und zum Teil sogar verhindert. Erwartungen, die Staaten des Westens würden solch einer Kette von Tod und Zerstörung ein Ende bereiten, erfüllen sich nicht. In Europa werden diese Kriege nicht einmal richtig wahrgenommen.

Fehlender Wille oder das Scheitern der internationalen Bemühungen zur Lösung der Konflikte verstärkt das Auseinanderklaffen der Wertesysteme zwischen dem Morgen- und dem Abendland, also dem Orient und dem Westen. Im Orient wächst der Verdacht, Forderungen nach Frieden und Demokratie würden als taktische Mittel zur Durchsetzung eigener Interessen in einer globalen Auseinandersetzung genutzt. Auch den schwachen Protest in der westlichen Welt gegen die Unterdrückung islamischer Bewegungen wie zum Beispiel in Ägypten interpretieren deren Anhänger als Zeichen, dass bürgerliche Rechte nur angemahnt werden, wenn dies im Interesse des Westens ist.

Durch die Kriege nach dem 11. September werden diese Gefühle verstärkt. Mit ihren Alleingängen torpedieren die USA Versuche, die diplomatischen Möglichkeiten voll auszuschöpfen. In seinem Unilateralismus ignoriert Präsident Bush die eigentlichen Wurzeln des Terrorismus. Statt die Probleme der Region mittels einer systematischen Politik anzugehen, eröffnet er den Feldzug gegen den Terror und schafft eine Front, deren Linie mehr und mehr längs der Grenzen zwischen Christentum und Islam zu verlaufen droht. Wie Saddam Hussein mit der

Besetzung Kuwaits die arabische Welt endgültig spaltete und den Panarabismus ad absurdum führte, drohen die Menschenrechte durch das internationalem Recht zuwiderlaufende Vorgehen der US-Truppen ihren universellen Anspruch zu verlieren. Da sie von den USA im Kampf gegen den Terror auch offiziell eingeschränkt werden, können sie diesbezüglich auch nicht mehr als Werte dienen. Und dieser taktische Umgang mit demokratischen Prinzipien ist Wasser auf die Mühlen Bin Ladens.

Christen in der arabischen und islamischen Welt leiden zusätzlich unter dieser Politik. Unter den 2000 Irakern, die im Herbst 2006 täglich nach Syrien fliehen, ist der Anteil der Christen besonders hoch. In der vom Hohen Flüchtlingskommissariat seit Dezember 2003 geführten Statistik sind 44 Prozent Christen. Nach Einschätzung des katholischen Bischofs von Bagdad hat die Hälfte der Christen den Irak bereits verlassen. Unter ihnen war die Erbitterung besonders groß, dass der US-Präsident in einer Rede als Reaktion auf den 11. September einen Kreuzzug ankündigte. Auch wenn Bush diesen Begriff später nicht wiederholt hat, so dient er Al Kaida als Begründung, gegen die Christen in den arabischen und islamischen Staaten zu mobilisieren. Während im Irak Anschläge und Angriffe auf Kirchen zunehmen, sehen sich die Christen in Syrien, Jordanien und Palästina schleichenden Repressionen ausgesetzt. Auch ihr Anteil hat sich nahezu halbiert. Sollte dieser Trend nicht gestoppt werden, so wird es in den islamischen Ländern des Nahen und Mittleren Osten in einigen Jahrzehnten nur noch vereinzelt Christen geben. Dies ist eine dramatische Entwicklung, weil Christen und Moslems in den vergangenen Jahrhunderten weitgehend friedlich in der Region zusammengelebt hatten.

Nur ein entschlossenes Ausschöpfen aller diplomatischen

Möglichkeiten, um die einzelnen Konflikte aus der Welt zu schaffen, kann für eine Normalisierung der Gesamtsituation im Nahen und Mittleren Osten sorgen. Und wenn dabei der Ruf nach demokratischen Reformen laut wird, dann muss diese Forderung an alle gerichtet sein, unabhängig von Bündnisüberlegungen. Selektiver Druck auf Syrien und Iran führt eher zu einer Verhärtung der innenpolitischen Verhältnisse in diesen Ländern. Je größerem Druck sich die islamische Führung in Teheran ausgesetzt sieht, desto erfolgloser werden auch die Versuche bleiben, den Problemen in den Nachbarländern Irak und Afghanistan auf friedlichem Wege beizukommen. Syrien wird radikale Palästinenserfraktionen so lange unterstützen, wie das eigene Verhältnis zu Israel nicht durch einen Friedensvertrag geregelt und die strittige Frage um die Golanhöhen geklärt ist. Und Saudi-Arabien muss daran gelegen sein, die Bildung demokratischer Staaten in der Region zu torpedieren, um Modelle positiven politischen Wandels zu verhindern, da durch sie das eigene System gefährdet werden könnte. Nur durch die Auflösung der globalen Frontstellung und die Beendigung der einzelnen Konflikte wird langfristig die Ausbreitung des islamistischen Terrorismus im Nahen und Mittleren Osten zu verhindern sein. Dies ist eine der Voraussetzungen, die bereits existierenden Netzwerke dieser Terroristen wieder aufzulösen.

10 Dialog der Kulturen

Feindbilder

In Bagdad herrscht Krieg zwischen Schiiten und Sunniten. Seit September 2006 werden auch Christen ermordet und Kirchen beschossen. In der irakischen Hauptstadt und dem im Norden gelegenen Mosul eskaliert der Bürgerkrieg und bekommt Züge eines Krieges der Kulturen. Hilflos schaut die internationale Gemeinschaft der täglich zunehmenden Brutalisierung der Auseinandersetzungen zu, ohne einen Plan für die Beendigung der Gewaltausbrüche zu entwickeln. Schon lange sind die Toten nicht mehr Soldaten oder Mitglieder von Milizen oder Untergrundgruppen, auch die Anzahl der Opfer unter den Zivilisten erhöht sich stetig: Junge und Alte, vor allem Männer, doch auch mehr und mehr Frauen oder Kinder. Wer einer anderen Glaubensrichtung oder gar Religion angehört, läuft Gefahr, getötet zu werden. Bereits überkommene Feindbilder bestimmen die Konfrontation. Es sind nicht mehr politische Kämpfe, der Glaube bildet die Trennungslinie, längs der die Auseinandersetzung geführt wird. Mit Saddam Husseins Sturz hat der Nationalismus seine einende Kraft verloren, nicht zuletzt weil der Diktator seine Terrorherrschaft auf der Verwirklichung nationaler Ideale gründete.

Mit der Bildung von Parteien und freien Wahlen kann das nach dem Ende des alten Regimes entstandene Vakuum nicht ausgefüllt werden. Neue Gruppierungen nutzen die Wirren der Nachkriegszeit, um die Aufteilung Iraks vorzubereiten. War es früher die Zustimmung oder die Ablehnung des Regimes, von der es abhing, ob jemand gefördert oder verfolgt wurde, so bestimmt heute die Gruppenzugehörigkeit das Schicksal der Menschen – Sunniten töten Schiiten und umgekehrt. Christen werden ermordet, weil man in ihnen nicht Iraker, sondern Parteigänger westlicher Mächte sieht. Aus dem Krieg der Glaubensrichtungen wird auch ein Krieg der Religionen, weil Fanatiker, die Christen umbringen, westliche Kultur und Christentum gleichsetzen.

Im Orient werden alte Kampfmuster und Feindbilder wiederbelebt. Was viele Europäer im »Türkensturm auf Wien« mit dem Feindbild des Islam verbinden, sind für Moslems die Soldaten des Abendlands, die den Islam angreifen wollen. Waren dies historisch die Kreuzritter und die Armeen der Kolonialmächte Frankreich und Großbritannien, so unterstellt man heute den US-Truppen, sie seien ausgezogen, den Islam zu bekämpfen und eine neue Kultur zu verbreiten.

Damit ist eine paradoxe Situation entstanden. Genauso wie sich in Europa seit den achtziger Jahren ein Feindbild Islam aufgebaut hat und sich seit den Anschlägen der vergangenen Jahre Menschen in Paris, London oder Berlin durch islamistischen Terror bedroht fühlen, sehen viele Moslems im Orient in den ausländischen Soldaten im Irak und in Afghanistan die Krieger eines modernen Kreuzzugs des Westens. Aus der Geschichte herrührende Ängste fließen in die laufende Auseinandersetzung ein und erhöhen die Gefahr, die derzeitigen Konflikte als weltweite Auseinandersetzung zwischen Christentum und Islam zu interpretieren.

Während im Westen der Islam als Störfaktor zur Entwicklung einer globalen Gesellschaft gesehen wird, da man ihm und etlichen islamischen Staaten die Fähigkeit abspricht, sich zu ändern, wird im Orient befürchtet, der Westen wolle sich vor allem diese Teile der islamischen Welt unterwerfen, um die dortigen Rohstoffvorkommen zu kontrollieren und ausbeuten zu können. Im Terror Al Kaidas und im unilateralen Vorgehen, mit dem die USA auf die Anschläge reagieren, sehen viele Beobachter ihre Ängste und Vorurteile bestätigt. Zwischen dem Westen und der islamischen Welt ist eine tiefe Vertrauenskrise entstanden. In der Auswanderung der Christen aus der arabisch-islamischen Welt manifestiert sich eine sich stetig vergrößernde Kluft, die sich zwischen Teilen des Morgen- und des Abendlands auftut.

Mit Klischees wird die jeweils andere Seite dargestellt. Medien und Öffentlichkeit der westlichen Welt weigern sich zum Beispiel über Jahre hinweg, ein differenziertes Bild Irans zu zeichnen oder wahrzunehmen. Der Sturz des Schahs, eines der letzten großen Helden der Regenbogenpresse, wird den Ayatollahs lange nicht verziehen. In der Berichterstattung prägen hassverzerrte Gesichter von Demonstranten und zum Kampf gegen den Westen aufrufende Geistliche das Bild der Islamischen Republik. Statt in seiner Vielschichtigkeit wird Iran als Zentrum islamistischer Radikaler gezeigt. Bei solch einer Wahrnehmung können die Chancen für einen Dialog nicht genutzt und die großen in der islamischen Welt bestehenden Unterschiede nicht mehr gesehen werden.

Beim Weltwirtschaftsforum 2006 in Davos bedauert der ehemalige US-Präsident Bill Clinton, auf Dialogangebote aus dem Iran nicht eingegangen zu sein. »Ich denke, wenn man genug Selbstvertrauen hat in das, was man ist, und in das, was man glaubt, muss man keine Angst haben, mit irgendjemandem zu reden.« Sein Instinkt sage ihm, dass er zu seiner Zeit als Präsident Kontakte mit Iran mehr hätte fördern müssen, als er es getan habe, erklärt Clinton. Es gelte, Wege zu suchen, um andere Menschen zu verstehen.[1] Diese Unfähigkeit, aufeinander zuzugehen und miteinander zu sprechen, treibt skurrile Blüten. So wird Irans Ex-Präsident Khatami in den USA erst nach seiner Amtszeit ein größeres Maß an Aufmerksamkeit zuteil. Selbst US-Präsident Bush zeigt sich an den Aussagen des Geistlichen während dessen Besuchs in den Vereinigten Staaten im September 2006 interessiert. Fünf Jahre zuvor hatte Bush Khatamis Angebote, dass sich Iran am Kampf gegen den Terror beteiligen wolle, und unterschiedliche Signale zur Aufnahme von bilateralen Verhandlungen noch ignoriert.

Überbrachte Feindbilder verhindern, dass politische Akteure miteinander reden, statt gegeneinander zu kämpfen. Gerade im verkrampften Verhältnis zwischen den USA und Iran, das durch gegenseitige Ablehnung und periodischen rhetorischen Schlagabtausch gekennzeichnet ist, wird deutlich, wie notwendig es ist, Barrieren zu überwinden. Zeigt doch das gute Verhältnis der USA zu Saudi-Arabien, dass die Regierung in Washington keine Berührungsängste hat, wenn es um den Kontakt zu islamischen Regimen geht. Seit Ende des Zweiten Weltkriegs bestehen enge Beziehungen zwischen den beiden Staaten. Auch US-Firmen sind mit saudischen Unternehmen verflochten. Die Kooperation zwischen dem Bechtel-Konzern und den Firmen der Bin-Laden-Gruppe bildet ein herausragendes Beispiel. Ihren Waffenbedarf decken die Saudis vor allem in den USA. Diese enge politische, wirtschaftliche und militärische Verbundenheit zwischen den USA und Saudi-Arabien fand im Kampf gegen die Sowjetarmee in Afghanistan ihre ideologische Fortsetzung. Arabische Mudjahedin wurden zwar durch Saudi-Arabien organisiert und finanziert, aber durch Mitarbeiter der US-Geheimdienste ausgerüstet. Tausende junge Männer der arabischen Halbinsel kämpften nicht nur in Afghanistan, sondern auch in Kaschmir, Tschetschenien oder Bosnien.

Salafiten aufzurüsten, die später die Kerntruppen Al Kaidas stellen, gleichzeitig aber gegen die Islamische Republik Iran zu mobilisieren, schafft den USA in der islamischen Welt jedoch auch Feinde, denn Kritiker sehen in diesem unterschiedlichen Verhalten eine Bündnispolitik, die zuallererst der Sicherung von Interessen und der Ausweitung des Einflusses dient. Im Scheitern des Versuchs, Irak in ein modernes, demokratisches prowestliches Musterland der arabischen Welt zu verwandeln, müssen Bestrebungen, die gesamte Region zu reformieren, einen gewaltigen Rückschlag hinnehmen. Den korrupten und despotischen Regimen in der Region kann dies nur recht sein, da sie – wenn auch meist nur mit verdeckter Unterstützung für die Aufständischen im Irak – ihren Beitrag zur Schaffung und Verbreitung des dortigen Terrors geleistet haben.

Gescheiterter Demokratieexport

Nach dem bisherigen Debakel bei der Demokratisierung Iraks und Afghanistans mit militärischen Mitteln kann die US-Regierung ihre Bemühungen hinsichtlich einer Errichtung demokratischer Verhältnisse im gesamten Mittleren Osten nicht mehr fortsetzen, will sie nicht Gefahr laufen, traditionelle Bündnispartner wie Ägypten, Jordanien und Saudi-Arabien zu verlieren. Gleichgültig, ob diese Staaten republikanisch oder monarchisch geprägt sind, sie unterliegen einem autoritären oder gar diktatorischen Regierungsstil. Presse- und Versammlungsfreiheit existieren nur eingeschränkt oder fehlen völlig, und Menschenrechte werden nur teilweise oder gar nicht respektiert. In solchen Ländern mit einer weit verbreiteten Korruption haben Oppositionsgruppen große Chancen, gegen die herrschenden Eliten Wahlen zu gewinnen.

Seit Jahren gibt es in einer Vielzahl arabischer Länder Bestrebungen, die Wirtschaft zu reformieren und die Gesellschaft zu demokratisieren. Regierungssysteme westlicher Staaten galten Oppositionellen in islamischen Staaten dabei sehr wohl als Vorbild bei ihren Reformbemühungen. Moralische Unterstützung aus dem Westen war ihnen auch willkommen. Selbst die Moslembrüder sahen sich gezwungen, Formen westlicher Demokratie in ihre Politik zu übernehmen, auch wenn sie die Zulassung konkurrierender Parteien oft nur akzeptieren, um sich das Wohlwollen westlicher Regierungen zu sichern. Doch seit den Folterskandalen von Abu Ghraib und seitdem des Terrors Verdächtigte in Guantanamo gefangen gehalten werden, verliert das westliche Demokratiemuster seinen Vorbildcharakter. Genau wie im Iran die Schwächung der Reformbewegung durch die politische Katastrophe im Irak nach dem Sturz Saddam Husseins verstärkt wird, sind auch große Teile der arabischen Mittelschichten zu westlichen Demokratiemodellen auf Distanz gegangen. Unter Demokratisierungsprozess werden zunehmend vom Ausland aufgezwungene Veränderungen verstanden. Diese Kritik wächst wegen des Zögerns der USA, auch dann die Demokratisierung politischer Systeme einzufordern, wenn es sich um verbündete Regime handelt.

In den Augen von Oppositionspolitikern, die sich von freien Wahlen Chancen auf eine Beteiligung an der Macht versprechen, handelt es sich bei Reformforderungen aus dem Westen um den Versuch, durch politische Änderungen den ausländischen Einfluss zu steigern. Deshalb werden vor allem gegenüber Regimen Demokratieforderungen erhoben, die sich diesbezüglichen Versuchen westlicher Staaten entziehen. Nehmen Wahlen einen anderen Ausgang als erhofft, so wird dieses Ergebnis sogar nicht akzeptiert. Als Beispiel für solch ein Vorgehen des Westens wird der Entzug der Finanzhilfen für die palästinensische Regierung gesehen, seit sie von der Hamas gestellt wird, die aus der letzten Wahl in Palästina als eindeutiger Sieger hervorgegangen ist.

Welche Ausmaße das Misstrauen gegenüber westlicher Politik erreicht hat, wird an den Spekulationen deutlich, denen zufolge die USA eigentlich gar keine Änderungen im Orient anstreben und im Irak sogar vorsätzlich für chaotische Verhältnisse gesorgt haben, um zu demonstrieren, dass sich die Beseitigung eines diktatorischen Regimes gar nicht auszahlt. In der Eliminierung eines starken irakischen Zentralstaats sehen gerade Intellektuelle, die mit Saddam Hussein sympathisiert haben, eine Schwächung der arabischen Welt, die den Amerikanern zudem die Möglichkeit biete, sich die Kontrolle über die Ölquellen anzueignen.

Dabei steigert die wachsende Diskrepanz zwischen den ideologischen Ansprüchen der Regimes und ihrer nicht zu leugnenden Repressionen, Korruption und Inkompetenz das Bedürfnis nach Mitsprache. Forderungen nach Rechtsstaatlichkeit und einer Rechenschaftspflicht der Herrschenden wachsen. Außerdem müssen die Träger dieser innergesellschaftlichen Tendenz eines Strebens nach Demokratisierung sich zunehmend von der Außenpolitik der USA absetzen, um ihre Chancen auf Machtbeteiligung zu wahren. In zahlreichen Fällen werden die Kritik an bestehenden Verhältnissen und der

Wunsch nach ihrer Veränderung mit einer Ablehnung der US-Politik verbunden.

Vor allem islamische Parteien stellen in vielen Ländern die wichtigsten Oppositionskräfte. Ihr traditionell taktisches Verhältnis zu demokratischen Prozessen, die sie als Möglichkeiten zur Durchsetzung ihrer Machtinteressen nutzen wollen, können sie heute als Kritik demokratischer Herrschaftsstrukturen vortragen. Demokratie wird durch den Ruf nach der Einführung des unabänderlichen islamischen Rechtssystems, der Scharia, relativiert. Auch im Iran werden Forderungen laut, die in der Verfassung verankerten demokratischen Strukturen gegen eine islamische Herrschaft auszuwechseln. Demzufolge wäre die Bildung der Regierung nicht mehr ein Ergebnis von Wahlen, sondern das Kabinett würde durch einen islamischen Führer eingesetzt und wäre diesem gegenüber auch verantwortlich.

Bisher lassen sich die Auswirkungen des Scheiterns westlicher Politik bei der Schaffung demokratischer Strukturen noch nicht absehen. Zaghafte Demokratisierungsversuche und die Forderungen, diese Staatsform zu übernehmen, erleiden schwere Rückschläge. Vor allem Regime, die bisher noch nicht vom Terrorismus betroffen sind, wie die in den Vereinigten Arabischen Emiraten oder Katar, werden auch künftig keine Parteien zulassen und ihre absoluten Herrschaftsformen beibehalten. Dabei können die in solchen Staaten Herrschenden die hohe Zahl der Ausländer nutzen, um Forderungen nach der Einführung demokratischer Verhältnisse zu blockieren, da ansonsten nicht nur die Machtinteressen der Führungselite, sondern auch die Privilegien der einheimischen Bevölkerung gefährdet wären, die auf der Ausbeutung und Rechtlosigkeit der Fremden beruhen.

Den fehlenden demokratischen Strukturen entspricht die eingeschränkte Pressefreiheit in den meisten Ländern des Orients. Kontrolle wird spürbar, wenn es sich um die Darstellung innenpolitischer Verhältnisse handelt. So unterschiedlich Fernsehprogramme und Zeitungen nach außen auch wirken mögen, in der positiven Orientierung auf das jeweilige politische System ähneln sich die Medien von Syrien bis Saudi-Arabien und überbieten sich höchstens in ihrer Geschmacklosigkeit, mit der sie den jeweils Herrschenden huldigen. Schon ein Blick auf die Nachrichtensendungen der staatlichen Fernsehanstalten lässt erahnen, wie mit kritischen Journalisten verfahren wird.

Im Unterschied dazu herrschte im Irak nach dem Sturz Saddam Husseins Pressefreiheit. Unabhängige Tageszeitungen entstanden genauso wie die Publikationen politischer Parteien und garantierten eine freie Darstellung der Situation im Lande. Deutlich wurde dies an der unterschiedlichen Beurteilung der jeweiligen Entwicklungen oder der Politik der USA. So war der Schock groß, als bekannt wurde, dass in irakischen Zeitungen Berichte über den Krieg und den Wiederaufbau durch amerikanische Soldaten erschienen und als bezahlte Werbung gedruckt worden waren, ohne sie als solche kenntlich zu machen. Für diese positive Darstellung des Auftretens der US-Truppen war eine Washingtoner Public-Relations-Firma zuständig, während eine US-Sondereinheit das Verfassen der proamerikanischen Artikel besorgte. Mitarbeiter der US-Firma, denen die Übersetzung und die Platzierung der Berichte oblagen, hatten sich gegenüber den irakischen Zeitungen als freie Journalisten ausgegeben. Wenige Tage bevor die Manipulation durch die US-Armee bekannt wurde, hatte Verteidigungsminister Rumsfeld ausdrücklich die freien Medien im Irak gelobt. Während er die Kritik an solcher indirekter Propaganda zurückwies, warf er Journalisten vor, in ihren Berichten die Wirklichkeit im Irak zu verzerren.

Im Mai 2006 hat das Pentagon diese Art der Manipulation gestoppt. In einem Bericht wurde bekannt, dass der »Presse Club Bagdad« von der US-Armee mit dem Ziel gegründet worden sei, Journalisten zu entlohnen, wenn sie zum Beispiel über die Eröffnung von durch die USA finanzierten Schulen oder Kläranlagen berichten.[2] Summen in zweistelliger Millionenhöhe wurden für ein entsprechendes Programm vom Pentagon bereitgestellt. Bei solch einer Systematik, mit der die irakische Berichterstattung beeinflusst werden sollte, kann man schwerlich von der Unterstützung beim Aufbau einer freien Presse sprechen. Drei Jahre nach dem Sturz Saddam Husseins sind die irakischen Medien weitgehend zu Propagandainstrumenten der Bürgerkriegsparteien verkommen und haben sich damit dem in den Staaten der Region herrschenden Niveau angepasst.

Auch aus innenpolitischen Gründen will die USA die Situation im Irak beschönigen. So behauptet Bushs Stellvertreter Dick Cheney im März 2006 im amerikanischen Fernsehsender CBS, die positive Darstellung der Regierung beschreibe die Situation im Irak besser, als es die Nachrichtenmeldungen von Journalisten täten. Während er und seine Kollegen die realen Verhältnisse darstellten, würden die Journalisten mit ihrer ewigen Berichterstattung über Anschläge ein falsches Bild erzeugen. Ob es sich hier um eine bewusste Verfälschung der Tatsachen oder um die Unfähigkeit zu einer realistischen Lageeinschätzung handelt, ist nicht entscheidend. Auch die Militärs sind an einer systematischen Irreführung der Öffentlichkeit beteiligt. So meinte General Peter Pace, der Generalstabschef, am 5. März 2006, die Lage entwickle sich »sehr, sehr gut«, obwohl die Gewaltausbrüche im Irak dramatisch zunehmen, immer mehr Menschen sterben und in einem internen Bericht die Situation in allen großen Provinzen, auch in Bagdad, Basra und Mosul, als ernst bezeichnet wird. Für ihn bilden die für wenige Wochen zurückgegangenen Anschläge auf US-Einheiten offenbar das Maß der Dinge.

Zentrale Rolle des Völkerrechts

Mit ihren Kriegen im Mittleren Osten spielen die USA zunehmend Kräften in der Region in die Hände, die sich der Globalisierung internationaler Beziehungen vehement widersetzen. Sie sehen darin den Versuch, die zu Zeiten des Kolonialismus nur teilweise gelungene Unterwerfung der Region zugunsten ausländischer Interessen nachzuholen und den Herrschaftsanspruch des Westens über den Orient durchzusetzen. Da sich der Islam als Waffe erwiesen habe, mit der eine kulturelle Überfremdung verhindert werden konnte, werde die Kontrolle der Region jetzt militärisch erzwungen. Im fehlenden internationalen Mandat für den Einmarsch in den Irak habe sich gezeigt, dass dieses einseitige Vorgehen der USA der Ansatz gewesen sei, die Region unter ihren Einfluss zu bringen.

Tatsächlich haben die USA nicht nur nach Auffassung von UN-Generalsekretär Kofi Annan beim Irakkrieg das Völkerrecht, in dem die zwischenstaatlichen Beziehungen festgelegt sind, nicht eingehalten. Das Gewaltverbot sieht die Rechtfertigung eines Krieges nur in wenigen Ausnahmen vor. Schon seit dem Mittelalter gibt es Versuche, zwischenstaatliche Konflikte zu regeln. Grundprinzipien wie die Anerkennung der Souveränität eines Landes und die Gleichstellung aller Staaten sind bereits Bestandteile der Vereinbarungen zum Westfälischen Frieden, mit dem der Dreißigjährige Krieg beendet wurde. Nach Ende des Ersten Weltkriegs definierte der Völkerbund 1919 die Wahrung des internationalen Friedens als gemeinsames Interesse aller Mitgliedstaaten. Mit der Gründung der Vereinten Nationen wurden bereits vorher geltende Vorstellungen in deren Charta aufgenommen. Darin nimmt der grundsätzliche Verzicht auf die Anwendung von Gewalt, also das Verbot, Kriege zu führen, eine zentrale Stellung ein. Die 1945 beschlossene Charta untersagt den Mitgliedstaaten der UN prinzipiell jede Androhung oder Anwendung von Gewalt in ihren internationalen Beziehungen.

Eigentlich sind nur zwei sehr eng gefasste Ausnahmen dieses Gewaltverbots vorgesehen. Zum ersten dürfen Staaten sich im Falle eines Angriffs militärisch verteidigen, und zum zweiten muss der UN-Sicherheitsrat darüber entscheiden, ob eine »Bedrohung oder ein Bruch des Friedens oder eine Angriffshandlung« vorliegt und somit militärische Maßnahmen ergriffen werden sollen. Obwohl sich die Mitgliedstaaten mit den Prinzipien einverstanden erklärten, wurde diesen in den sechzig Jahren seit Gründung der Vereinten Nationen wiederholt zuwidergehandelt. Dabei hat sich der Charakter von Kriegen im Zeitalter der Globalisierung gravierend geändert. Oft stehen sich keine regulären Armeen gegenüber, da Kriege von Guerillaverbänden wie denen der Hisbollah oder wie im Irak von Aufständischen geführt werden. Schwerer wiegt noch, dass Staaten militärisches Vorgehen nicht mehr als Kriege, sondern als bewaffnete Interventionen bezeichnen, um eine Anwendung des Völkerrechts und der UN-Charta zu unterlaufen.

Mit dem Zerfall der Sowjetunion und der Auflösung des Warschauer Paktes ist eine neue Situation entstanden. Die USA sind nun die alleinige Supermacht und können ihre Politik nahezu uneingeschränkt verfolgen. Denn während der Zeit des Kalten Krieges herrschte eine Art Pattsituation, in der eine Dominanz der Weltpolitik durch eine Supermacht nur um die Gefahr eines weiteren Weltkriegs möglich war. Seit 1991 ist die internationale Politik zunehmend durch den Unilateralismus der USA geprägt, die das Recht beanspruchen, ihre Interessen notfalls auch militärisch durchzusetzen. In den vergangenen Jahren hatten die USA sich geweigert, verschiedene internationale Abkommen anzuerkennen oder zu ratifizieren, so etwa die Einrichtung eines internationalen Strafgerichtshofs oder das Kyoto-Protokoll zur Klimapolitik.

Wenn Washington es will, wird auf die Einhaltung von UN-Resolutionen gepocht; sieht die Regierung diese Notwendigkeit nicht, so werden Entscheidungen des Sicherheitsrates auch nicht erzwungen. Durch diesen taktischen Umgang mit internationalem Recht, internationalen Vereinbarungen und Beschlüssen der Vereinten Nationen wird die Normierung internationaler Politik zunehmend erschwert, und es droht eine weitere Verwilderung der internationalen Beziehungen. Die Unfähigkeit der internationalen Gemeinschaft, die Krisen im Irak und in Afghanistan beizulegen, macht die Notwendigkeit eines zwischen den Staaten abgestimmten gemeinsamen weltweiten Vorgehens erforderlich. Mit dem Einsatz der ein neues Betätigungsfeld suchenden NATO oder der Bildung einer »Koalition der Willigen« können insbesondere Konflikte in islamischen Ländern nicht beendet werden, da den Truppen westlicher Staaten dort die hierzu notwendige Neutralität abgesprochen wird.

Mit einer längst überfälligen Reform der Vereinten Nationen kann die Staatengemeinschaft eine bereits existierende Organisation stärken, um den Anforderungen im Zeitalter der Globalisierung besser gewachsen zu sein. Für die Lösung internationaler Probleme kommt einer Neutralität der Vereinten Nationen zentrale Bedeutung zu. Nur dann vermag sie jene Autorität zu erlangen, die notwendig ist, um Konfliktparteien das Einlenken zu erleichtern. Es wäre fahrlässig, die Rolle internationaler Organisationen und ihre Bedeutung bei der Ausräumung von Konflikten zu unterschätzen. Nicht umsonst waren die ersten Terrorangriffe im Irak darauf gerichtet, die UN davon abzuschrecken, sich am Aufbau neuer Strukturen im Lande zu beteiligen. Im Nachhinein lässt sich sagen, dass die Vereinten Nationen einen schweren Fehler begangen haben, als sie ihre internationalen Mitarbeiter nach dem Terroranschlag auf ihren Stützpunkt in Bagdad weitgehend aus dem Irak abzogen. Ebenso kurzsichtig war es, den politischen Neuanfang Afghanistans Hilfsorganisationen zu überlassen, die der schwierigen Aufgabe, eine von Bürgerkriegen und Eroberung durch fremde Truppen zerrüttete Gesellschaft in die Normalität zurückzuführen, nicht gewachsen sind.

An den nicht gelöschten Krisenherden im Nahen und Mittleren Osten wird deutlich, wie dringend es einer Stärkung der Vereinten Nationen bedarf. Die Weltorganisation muss eine zentrale Rolle bei der Lösung von Konflikten übernehmen. Wenn dies nicht gelingt, werden Kriege und Krisen in dieser Region nicht eingedämmt werden können und zu einer Blockade der Entwicklung der globalen Wirtschaft und Sicherheit führen.

Ohne eine Intensivierung des Dialogs der Kulturen lassen sich die Mechanismen zur Beilegung internationaler Auseinandersetzungen nicht verbessern. In einer Atmosphäre weltweiter Verunsicherung wird es immer wichtiger, den Rückzug der

Menschen auf das ihnen Bekannte, Vertraute oder das Traditionelle abzuschwächen und die Bereitschaft zu wecken, sich mit dem Fremden auseinander zu setzen, sowie zu verhindern, dass darin etwas Feindliches gesehen wird. Bei dem Verhalten, auf Fremdes zumindest mit Ablehnung zu reagieren, handelt es sich um ein globales Problem. Wenn Ausländern bereits in Europa vielfach mit Ablehnung begegnet wird, dann darf es erst recht nicht verwundern, wenn ausländischen Soldaten in einer ihnen fremden Kultur Misstrauen, wenn nicht gar Feindschaft entgegengebracht wird.

In einer Zeit, in der weltweite wirtschaftliche Verbindungen Menschen unterschiedlicher Kulturen in immer intensiveren Kontakt bringen, müssen die zwischen ihnen vorhandenen kulturellen Barrieren abgebaut werden, um zu verhindern, dass aus diesen Barrieren Frontlinien werden. Dies ist umso dringender, als der Abbau von kulturellen Barrieren in den vergangenen Jahren nicht mit der wirtschaftlichen und politischen Entwicklung Schritt gehalten hat. Damit sehen sich Menschen als Opfer dieser Entwicklung, weil sie das Gefühl entwickeln, sie nicht mehr beeinflussen zu können.

Ein rücksichtsloses Auftreten wie das der US-Soldaten im Irak und in Afghanistan muss geradezu reflexartig heftige Gegenwehr auslösen. Diesen Mechanismus nicht erkannt zu haben, müssen sich Politiker als Fehler anlasten lassen. Eine solche Einschätzung vermag die Probleme nicht zu lösen. Im Aufeinandertreffen mit einer fremden Kultur wird die Gefahr gesehen, die einen militärischen Reflex auslöst, statt die Kulturbarrieren abzubauen.

Terroristen, Drogenbaronen oder zum Bau der Atombombe entschlossene Politiker werden dafür verantwortlich gemacht, dass man gegen sie aufrüstet. Dabei wird in Wahrheit in der unbekannten Kultur das Bedrohliche gesehen. Im Krieg gegen das vermeintlich Böse wird der Feldzug gegen das Andersartige gleich mit geführt.

Um diesen Kreislauf der Gewalt zu durchbrechen, ist es notwendig, sich mit dem Anderen eingehender zu befassen. Im Verhältnis zum Nahen Osten bedeutet dies eine Auseinandersetzung mit dem Islam. Eine solche Auseinandersetzung kann erbitterte Formen annehmen, geht es in ihr doch auch darum, die eigenen Werte zu verteidigen. Sowenig auf die Veröffentlichung von Karikaturen verzichtet werden darf, so bewusst muss denjenigen, die dies tun, aber auch sein, dass damit Gefühle verletzt werden. Das Akzeptieren des Anderen macht den Unterschied zu einem Denken, das durch Konfrontation bestimmt ist. Zum Dialog der Kulturen und Zivilisationen gibt es keine Alternative.

Teil eines solchen Dialogs muss es auch sein, die Grundlagen für einen globalen Kampf gegen den Terrorismus zu entwickeln und diesen zu führen. Die Bereitschaft für diesen Kampf ist mittlerweile überall vorhanden, da weltweit Opfer von Terrorakten zu beklagen sind. Die Unkenntnis darüber, dass seit 2004 im Mittleren Osten mehr Menschen von Terroristen getötet worden sind als in allen anderen Teilen der Welt zusammen, weist bereits auf die Beschränktheit der Analyse hin.

Welch große Tabus gebrochen werden müssen, um die Spannungen in der Welt abzubauen, zeigt sich in der Atomfrage. Etwa dreißig Staaten sind in der Lage, eine Bombe zu bauen. Auch mit Drohungen und Sanktionen allein wird langfristig nicht zu verhindern sein, dass ein weiteres Land in den Besitz einer solchen Waffe gelangt. Warum sollen Länder auf deren Entwicklung verzichten, wenn andere drohen, dies mit dem Einsatz taktischer Atomwaffen zu erzwingen?

Politisches Können und Vorstellungsvermögen bleiben gefordert, um Konflikte auszuräumen und bestehende Konfrontationen zu entschärfen. Dazu bedarf es im Zeitalter der Globalisierung auch eines globalen Ethos. Dies ist der einzige Weg, um Kriege und Terror im Mittleren Osten langfristig einzudämmen und zu beenden.

Anmerkungen

Einführung

1 Rede des US-Präsidenten George W. Bush, 16. 09. 2001.
2 Rede des US-Präsidenten George W. Bush, 19. 01. 2005.
3 »Bush's Faith Worries Albright«. CNN, 22. 05. 2006.
4 Pressekonferenz von US-Präsident George W. Bush und dem britischen Premierminister Tony Blair, 25. 05. 2006.
5 Ebd.

Erster Teil: Iran und die Bombe

1. Eine neue Atommacht?

1 Pressekonferenz von Präsident Mahmoud Ahmadinejad, Teheran, 24. 04. 2006.
2 CNN-Interview mit Ehud Olmert, 21. 05. 2006.
3 »Nuclear Weapons Is Years Off For Iran, Research Panel Says«. In: *New York Times*, 07. 09. 2005.
4 »Iran could have nuclear bomb means by 2009«. Reuters (englischer Dienst), 29. 06. 2006.
5 »Iran, Player or Rogue?« In: Bulletin of the Atomic Scientists. September/Oktober 2003.
6 Rede von Hojatoleslam Hassan Rohani, Teheran, 30. 09. 2005.
7 Ebd.
8 Ebd.
9 Ebd.
10 Ebd.
11 Ebd.
12 »Peaceful Nuclear Activity and Our Constructive Interaction with the World«. In: *National Interest. Journal of the Center for Strategic Research.* Band 1. Ausgabe 1. Teheran 2005, S. 7.

13 Siehe Anm. 6.
14 Ebd.
15 Presseerklärung der Polizei von Malaysia, 20. 02. 2004.
16 Ebd.
17 »Zeugenaussage: Angeklagter im Atomprozess schwer belastet«. In: *Spiegel Online*, 17. 07. 2006.
18 Siehe Anm. 6.
19 »Iran Seeks Incentives From Europe in Nuclear Impasse«. In: *New York Times*, 19. 05. 2005.
20 »U.S. Challenge in Iran«. In: *New York Times*, 26. 06. 2005.
21 »Does U.S. Pressure on Iran help or hinder?« Reuters (englischer Dienst), 18. 06. 2003.
22 »Iranian Militia vow to defend Islamic system«. Reuters (englischer Dienst), 19. 06. 2003.
23 Internationaler Währungsfonds (IMF) Country Report No. 06/129, April 2006.
24 »Iran Leader Linked to '79 Embassy Crisis«. In: *Washington Post*, 30. 06. 2005.
25 Rede von Präsident Mahmoud Ahmadinejad vor paramilitärischen Schülerverbänden, Teheran, 26. 10. 2005.

2. Die Geschichte einer Erzfeindschaft

1 »Welcome to the Bazaar«. In: *New York Times*, 13. 06. 2006.
2 Executive Order 12957, 15. 03. 1995.
3 CRS Report for Congress. The Iran-Libya Sanction Act (ILSA).
4 »Iran's Khatami Warns of Catastrophe if U. S. Strikes«. Reuters (englischer Dienst), 24. 09. 2001.
5 »Chatami fordert EU zur Isolierung der USA wegen ›Kriegshetze‹ auf. Deutsche Presse-Agentur (dpa), 12. 06. 2002.
6 Rede des US-Präsidenten George W. Bush, 29. 01. 2002.
7 Brief des iranischen Außenministers Kamal Kharrazi an UN-Generalsekretär Kofi Annan, 03. 02. 2002.
8 Rede des US-Präsidenten George W. Bush, 01. 05. 2003.
9 »Rice Warns of ›Made in America‹ Solution to Iran's Nuclear Plans. In: *Telegraph*, 27. 06. 2003.
10 »Military Action on Iran an Option – U.S. Official«. Reuters (englischer Dienst), 20. 06. 2003.
11 »US-Außenamt: Iran strebt weiter nach Atomwaffen – Armitage hat ›keinen Zweifel‹ an Kernwaffenprogramm. Agence France-Presse (AFP), 13. 02. 2004.

12 Ebd.
13 Unclassified Report to Congress on the Acquisition of Technology Relating to Weapons of Mass Destruction and Advanced Conventional Munitions, 1 July Through 31 December 2003. Siehe: https://www.cia.gov/cia/reports/721_reports/july_dec2003.htm#iran, 01. 09. 2006.
14 Ebd.
15 Commission on the Intelligence Capabilities of the United States regarding Weapons of Mass Destruction. Siehe: http://www.wmd.gov, 12. 07. 2006.
16 »Iran Disguising Weapons Programs as Energy Projects, Rice Says«. 04. 02. 2005. Siehe: http://usinfo.state.gov/xarchives/display.html?p=washfileenglish&y=2005&m=February&x=20050204143922ESnamfuaK0.6416742&t=dhr/democracy-latest.html, 06. 05. 2006.
17 »Centcom-Chef warnt den Iran vor militärischer Macht der USA«. AFP, 27. 11. 2004.
18 »The Coming Wars«. In: *The New Yorker*, 31. 01. 2005.
19 »Chirac droht Terrorstaaten mit Atomwaffeneinsatz«. dpa, 19. 01. 2006.
20 Ebd.
21 »The Iran Plans«. In: *The New Yorker*, 17. 04. 2006.
22 Ebd.
23 Ebd.
24 »Rice Is Seeking $ 85 Million to Push for Change in Iran«. In: *New York Times*, 16. 02. 2006.
25 Ebd.
26 BP Statistical Review of World Energy, June 2006.
27 Rede des US-Präsidenten George W. Bush, 31. 01. 2006.
28 Siehe Anm. 26.
29 Ebd.
30 China Country Analysis. Energy Information Administration. Siehe: http://www.eia.doe.gov/emeu/cabs/china.html#oil, 23. 05. 2006.
31 Siehe Anm. 26.
32 »Russlands clevere Geopolitik im Vorfeld des G8-Gipfels«. In: *Novosti*, 23. 06. 2006.
33 Presseerklärung OMV. Siehe http://omv.com, 10. 06. 2006.
34 Siehe Anm. 32.
35 Siehe Anm. 26.

3. Risiko eines Krieges

1 Brief des iranischen Präsidenten Mahmoud Ahmadinejad an US-Präsident George W. Bush, 08. 05. 2006. Siehe: http://www.generalkonsulatiran.de, 28. 08. 2006.

Zweiter Teil: Der Krieg gegen den Terror

4. Der Irak versinkt in Chaos und Anarchie

1 »White House Pressed on ›Mission Accomplished‹ Sign«. CNN, 29. 10. 2003.
2 »Four U.S. Soldiers Killed in Iraq, Iraqis more Furios«. In: *Islam Online*, 26. 05. 2003.
3 »Jobless Iraqi Soldiers Issue Threats«. In: *Christian Science Monitor*, 05. 06. 2003.
4 Ebd.
5 »The Iraqi Jobless; U.S. Administrator Seeks to Restore a Broken Economy«. In: *New York Times*, 03. 06. 2003.
6 »Lernen vom Irak«. In: *Die Zeit*, 20. 05. 2005.
7 »Private Security Companies. The Case for Regulation«. SIPRI Policy Paper No. 9, Januar 2005.
8 »Fast 10 000 Roboter bei US-Armee im Irak im Einsatz«. Associated Press (AP), 27. 06. 2006.
9 »Rumsfeld Visits 2 Cities in Iraq, Meeting Troops«. In: *New York Times*, 01. 05. 2003.
10 »US Used White Phosphorus in Iraq«. BBC, 16. 11. 2005.
11 »US-Marineinfanterist: In Haditha alle Regeln befolgt – keine Rache«. dpa, 11. 06. 2006.
12 Ebd.
13 »Marines May Have Excised Evidence on 24 Iraqi Deaths«. In: *New York Times*, 18. 08. 2006.
14 »I Came Over Here Because I Wanted to Kill People«. In: *Washington Post*, 30. 07. 2006.
15 »›Marines‹ Cheer Song About Killing Iraqi Civilians«. Cair Presseerklärung, 12. 06. 2006.
16 »US-Inspekteur kritisiert Wasser- und Elektrizitätsprojekte im Irak – Wiederaufbau liegt im Zeitplan weit zurück«. AFP, 27. 01. 2006.
17 »U.S. Pays 150 Iraqi Clinics, and Manages to Build 20«. In: *New York Times*, 30. 04. 2006.

18 »Mystery in Iraq as 300 $ Million is Taken Abroad. In: *New York Times*, 22. 02. 2005.
19 »US-Aufsichtsbehörde – Iraks Regierung von Korruption durchsetzt«. Reuters, 09. 07. 2006.
20 Siehe Anm. 18.

5. Terroristen auf dem Vormarsch

1 »Die Amerikaner sind selber schuld«. In: *Tagesspiegel*, 08. 08. 2003.
2 »Die Rolle der Vereinten Nationen beim Wiederaufbau des Irak«. In: *Neues aus Japan*, Nr. 5, April 2005.
3 »Dutzende Tote bei Anschlagsserie in Bagdad«. Tagesschau.de, 28. 10. 2003.
4 Ebd.
5 Text of Al-Zarqawi Message Threatening More Attacks. Federation of American Scientists. Siehe: http://www.fas.org/irp/world/para/zarqawi040604.html, 23. 05. 2006.
6 »Saudi Militants in Iraq: Assessment and Kingdom's Respond«. CSIS-Studie, 19. 11. 2005.
7 Ebd.
8 »Dispute Between Al-Zarqawi and His Mentor Al-Maqdisi«. Memri, 14. 09. 2005.
9 Ebd.
10 Taeschner, Franz: *Zünfte und Bruderschaften im Islam.* Texte zur Geschichte der Futuwwa. München 1979, S. 47 ff.
11 Siehe Anm. 8.
12 »Al Kaida hinter Anschlag auf Goldene Moschee«. Reuters, 28. 06. 2006.
13 »Iraks Al Kaida kündigt Fortsetzung des Kampfes an«. Reuters, 08. 06. 2006.
14 »Text of Document Found in Al-Zarqawi House«. AP (englischer Dienst), 15. 06. 2006.

6. Pulverfass Irak

1 »Number of Civilian Deaths Highest in July, Iraqis Say«. In: *New York Times*, 16. 08. 2006.
2 »Neuer Höhepunkt der Gewalt zwischen Schiiten und Sunniten«. AP, 02. 07. 2006.
3 »Skepsis bei Eröffnung der Aussöhnungskommission im Irak«. Reuters, 22. 07. 2006.

4 »Konferenz der irakischen Stämme und Clans zur nationalen Aussöhnung«. dpa, 26. 08. 2006.
5 Ebd.
6 Rede des US-Präsidenten George W. Bush, 16. 08. 2006.
7 »Iraks Stammesführer wollen Terrorismus den Boden entziehen – Konferenz in Bagdad verabschiedet ›Ehrenerklärung‹«. AFP, 26. 08. 2006.
8 »Iraq Shi'ite Leader Calls for Security Committees«. Reuters (englischer Dienst), 13. 08. 2006.
9 IMF Länderreport 06/301.
10 Ebd.

7. Rückschläge in Afghanistan

1 »Karsai fordert verstärkten Kampf gegen Korruption«. AP, 28. 08. 2006.
2 »2,5 Millionen Afghanen von Hunger bedroht«. Katholische Nachrichten-Agentur (KNA), 26. 07. 2006.
3 »Afghan Living Standards Among the Lowest, U. N. Finds«. In: *New York Times*, 22. 02. 2005.
4 Ebd.
5 Ebd.
6 »NATO sagt Drogenbaronen in Südafghanistan den Kampf an«. Reuters, 29. 07. 2006.
7 »Offenbar mehr Tote bei US-Angriff in Afghanistan als bislang bekannt«. AP, 26. 05. 2006.
8 »US-Armee fliegt in Afghanistan doppelt so viele Angriffe wie im Irak«. AFP, 18. 06. 2006.
9 »In Afghanistan getöteter Kanadier war bekannter Leichtathlet – Rice spricht von ›bedauerlichem Vorfall‹«. AFP, 06. 09. 2006.

Dritter Teil: Dialog statt Krieg

8. Al-Kaida-Terror im Irak ignoriert

1 »Bush glaubt an Sieg im Krieg gegen den Terrorismus«. AP, 08. 05. 2006.
2 Patterns of Global Terrorism 2003. Siehe: http://www.state.gov/documents/organization/31912.pdf, 14. 05. 2006.
3 Rede von US-Verteidigungsminister Donald H. Rumsfeld auf der 42. Münchner Sicherheitskonferenz, 04. 02. 2006.

4 »Studie: US-Anti-Terrorpolitik erhöht Gefahr neuer Anschläge«. dpa, 12. 06. 2006.
5 »Bürger arabischer Staaten bewerten Irakkrieg negativ – Umfrage: Mehr Terrorismus und weniger Demokratie«. AFP, 03. 12. 2005.
6 Rede des US-Präsidenten George W. Bush, 31. 08. 2006.
7 Text of Fatwah Urging Jihad Against Americans. 23. 02. 1998. Siehe: http://www.ict.org.il/articles/fatwah.htm, 12. 04. 2006.
8 Gold, Dore: Hatred's Kingdom. Washington, D.C., 2003, S. 185.
9 »From Tapes, a Chilling Voice of Islamic Radicalism in Europe«. In: *New York Times*, 18. 11. 2005.

9. Historisches Umdenken

1 SIPRI Yearbook 2005.
2 »Private Security Companies. The Case for Regulation«. SIPRI Policy Paper No. 9, Januar 2005.
3 US-Verteidigungsminister Donald Rumsfeld, Truppenbesuch in Nevada, 29. 8. 2006.
4 »Powell – Kein Militäreinsatz gegen Iran erforderlich«. Reuters, 06. 03. 2005.
5 »Colin Powell on Iraq, Race, and Hurricane Relief«. abc News, 08. 09. 2005.
6 Rede des UN-Generalsekrärs Kofi Annan vor dem Weltsicherheitsrat, 06. 08. 06.
7 US-Präsident George W. Bush, Bagdad, 13. 06. 2006.
8 Gold, Dore: *Hatred's Kingdom*. Washington, D. C., 2003, S. 169.

10. Dialog der Kulturen

1 Rede Clintons in Davos, 28. 01. 2006.
2 »INQUIRY; U.S. Urged to Stop Paying Iraqi Reporters«. In: *New York Times*, 24. 05. 2006.

Personenregister

Orts- und Sachregister

Dank

Bis in die letzten Minuten ist die Entstehung dieses Buches von den Krisen und Spannungen im Nahen und Mittleren Osten beeinflusst worden. Vor dem Hintergrund eines weiteren Krieges im Libanon, des zunehmenden Terrors und des eskalierenden Bürgerkriegs im Irak sowie des weitgehenden Zusammenbruchs der Sicherheit in Afghanistan war es für mich schwierig, die Lage zu beschreiben. Hinzu kam das ständige Auf und Ab bei den Verhandlungen zur Lösung des Konflikts um das iranische Atomprogramm. Fern in Europa können die verdeckten Spannungen und der Nervenkrieg in einem Land wie der Islamischen Republik Iran, in dem bereits US-Spezialeinheiten verdeckt operieren sollen, nicht nachvollzogen werden.

Ohne die Hilfe von Philipp Hennig hätte ich die Belastung nicht durchstehen können. Unermüdlich hat er mit recherchiert, sich in endlose Diskussionen verwickeln lassen, Vorschläge gemacht und Texte redigiert. In der Rückschau verschwimmen die Umwege, die diplomatische und politische Prozesse und Entscheidungen durchlaufen. Doch inmitten einer Phase, in der sich entscheidet, ob im Mittleren Osten ein weiterer Krieg mit unabsehbaren Folgen geführt wird oder ob die Weichen zur Lösung der Konflikte gestellt werden, reicht Selbstbewusstsein über analytische Fähigkeiten nicht mehr, um die Arbeit an einem langen Text fortsetzen zu können. Da ist Unterstützung gefragt, und Philipp Hennig hat sie geboten.

Eine große Hilfe, die schwierige Lage im Mittleren Osten zu begreifen, waren für mich die Informationen und Einschätzungen von Mahmoud Abbas, dem irakischen Editor, der für das ZDF gearbeitet hat und am 14. August 2004 getötet wurde. Bis heute sind die Umstände seines Todes am Stadtrand von Falludjah nicht geklärt. Mahmoud Abbas' Angehörige machen US-Soldaten verantwortlich. Die Leiche des Zweiunddreißigjährigen wurde in einem schwarzen Plastiksack am Straßenrand gefunden. Bereits während des Irakkriegs 2003 hatte Mahmoud Abbas als Editor die Berichte unseres Teams geschnitten und mir mit Informationen und Schilderungen über die Lage in Bagdad geholfen, die Situation besser zu begreifen. Noch wichtiger für mein Verständnis waren seine Berichte über die Entstehung der Netzwerke der Aufständischen, die ab Sommer 2003 gegen die US-Truppen kämpften. Sie haben mir den zunehmenden Einfluss und die Bedeutung der Terroristen deutlich gemacht.

Auch die Politik im Iran kann sehr leicht eine verschlossene Welt bleiben. Ohne Hintergrundinformationen und Hilfe bei der Deutung sind die komplizierten Winkelzüge iranischer Innenpolitik kaum nachzuvollziehen. So möchte ich mich bei verschiedenen Politikern und Intellektuellen für die Bereitschaft bedanken, mit mir zu sprechen und zu diskutieren. Bei derartigen Treffen wird immer wieder deutlich, wie unterschiedlich politische Entscheidungen interpretiert werden können und wie schwer es damit wird, die Taktik der jetzigen Akteure richtig zu beurteilen.

Schließlich möchte ich allen danken, die mit oder ohne Verständnis darunter leiden mussten, dass ich unter für mich nicht einfachen Bedingungen den Text in der vorliegenden Form zu Ende schreiben wollte, und die dazu beigetragen haben, dass das Buch auch erscheinen konnte.

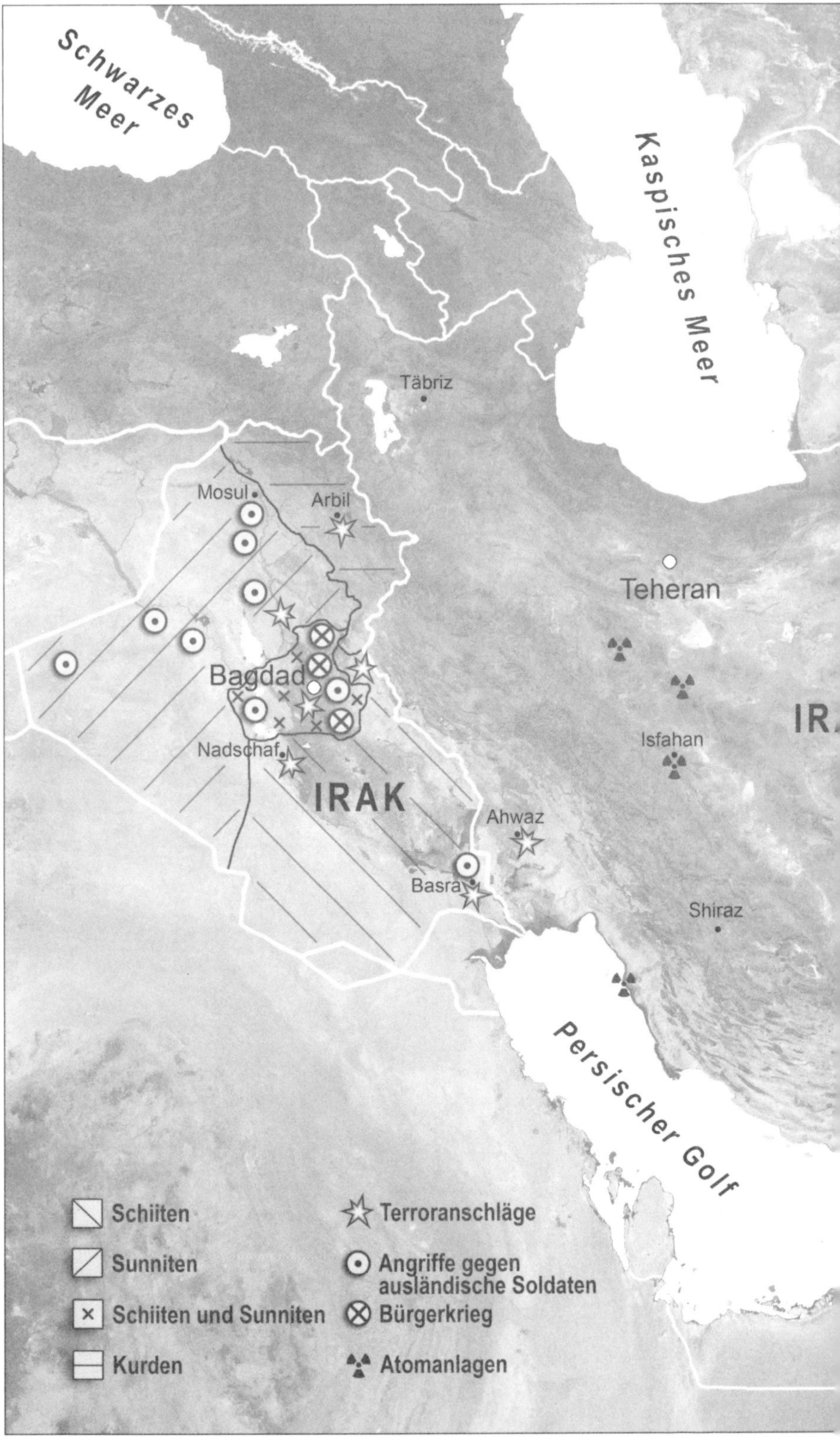

Schwarzes Meer
Kaspisches Meer
Täbriz
Mosul
Arbil
Teheran
Bagdad
Isfahan
IRA
Nadschaf
IRAK
Ahwaz
Basra
Shiraz
Persischer Golf
Schiiten
Sunniten
Schiiten und Sunniten
Kurden
Terroranschläge
Angriffe gegen ausländische Soldaten
Bürgerkrieg
Atomanlagen